TRAINING Grundwissen
CHEMIE

Killian • Beilner • Pistohl

Chemie – Mittelstufe 1
Aufgaben mit Lösungen

für G 8

STARK

Bildnachweis

Umschlagbild: Christiane Bottlender

Kapitelbild 1: © Peter Wienerroither

Seite 66: Birger Pistohl, Deggendorf

Kapitelbild 2: © Christophe Michot – Fotolia.com

Seite 99: Bauxit © Dave Dyet/www.sxc.hu; Aluminiumfolie © Timothy Large – Fotolia.com; Aluminiumkoffer © Mikko Pitkänen – Fotolia.com; Tretroller © Gilles Cohen – Fotolia.com

Seite 101: Silicium-Wafer NASA Glenn Research Center ImageNet; Silicium-Einkristall http://nix.larc.nasa.gov/info;jsessionid=4ugcaqi1rs1d2?id=C-1998-00319&orgid=2) Das Foto wurde unter der GNU-Lizenz für freie Dokumentation veröffentlicht, http://commons.wikimedia.org/wiki/ Commons: GNU_Free_Documentation_License Solarzelle © Lars Sundström/www.sxc.hu; Quarz © Guy Sagi – Fotolia.com; Computerchip © Chris Cummings/www.sxc.hu, Computerprozessor © dima v/www.sxc.hu

Kapitelbild 3: © Frank Boellmann – Fotolia.com

Seite 111: Zinkchlorid http://commons.wikimedia.org/wiki/Image:Zinc_chloride.jpg Eisenoxid http://de.wikipedia.org/wiki/Bild:Eisen%28III%29-oxid.JPG Das Foto wurde unter der GNU-Lizenz für freie Dokumentation veröffentlicht, http://commons.wikimedia.org/wiki/Commons:GNU_Free_Documentation_ License; Magnesiumoxid http://de.wikipedia.org/wiki/Bild:Magnesium_oxide.jpg

Seite 116: Steinsalz © pipp/www.sxc.hu; Speisesalz http://de.wikipedia.org/wiki/Bild:Speisesalz.jpg Fotograf: Christian Thiele; das Foto wurde unter der GNU-Lizenz für freie Dokumentation und der „Creative Commons Namensnennung-Weitergabe" veröffentlicht, http://commons.wikimedia.org/wiki/ Commons:GNU_Free_Documentation_License und http://creativecommons.org/licenses/by-sa/2.0/de/deed.de

Seite 132: Birger Pistohl, Deggendorf

Kapitelbild 4: © Redaktion

Seite 173: ullstein bild – TopFoto

Seite 175: Birger Pistohl, Deggendorf

Kapitelbild 5: ullstein bild – JOKER/Beutz

ISBN 978-3-89449-776-7

© 2008 by Stark Verlagsgesellschaft mbH & Co. KG
www.stark-verlag.de
1. Auflage 2007

Das Werk und alle seine Bestandteile sind urheberrechtlich geschützt. Jede vollständige oder teilweise Vervielfältigung, Verbreitung und Veröffentlichung bedarf der ausdrücklichen Genehmigung des Verlages.

Inhalt

Vorwort

Stoffe und Reaktionen 1

1 Stoffe und Stoffeigenschaften 2
1.1 Gegenstand – Stoff – Stoffportion 2
1.2 Eigenschaften der Stoffe und ihre Bestimmung 3

2 Stoffe und Teilchen 20
2.1 Teilchenarten: Atome, Moleküle, Ionen 20
2.2 Das Teilchenmodell 21
2.3 Änderung des Aggregatzustandes 23

3 Stoffe mischen und trennen 31
3.1 Homogene und heterogene Stoffgemische 31
3.2 Trennen von Stoffgemischen 33

4 Stoffe verschwinden und entstehen: Chemische Reaktionen 42
4.1 Charakteristika einer chemischen Reaktion 42
4.2 Typen chemischer Reaktionen 43
4.3 Energiebeteiligung bei chemischen Reaktionen 44
4.4 Aktivierung chemischer Reaktionen 45
4.5 Gesetzmäßigkeiten bei chemischen Reaktionen 48
4.6 John Daltons Atomhypothese 51
4.7 Die Reaktionsgleichung 52
4.8 Verhältnisformel und Molekülformel 55
4.9 Regeln zum Aufstellen der Formeln und zur Benennung
     binärer Verbindungen 57
4.10 Wertigkeit 58

Atome 73

1 Der Aufbau der Atome 74
1.1 Das Atommodell von Rutherford 74
1.2 Die Bausteine der Atome 76
1.3 Isotope 77
1.4 Das Atommodell von Bohr 78

2	Das Periodensystem der Elemente	88
2.1	Der Aufbau des Periodensystems	88
2.2	Tendenzen im Periodensystem	91
2.3	Metalle, Halbmetalle, Nichtmetalle	96
2.4	Typische Reaktionen einiger Hauptgruppenelemente	98
2.5	Vorkommen, Verwendung und Darstellung wichtiger Hauptgruppenelemente	99

Salze, Metalle und molekulare Stoffe ... 109

1	Allgemeine Ordnungsprinzipien für Stoffe	110
2	**Salze sind Ionenverbindungen**	**111**
2.1	Synthese von Salzen aus den Elementen	111
2.2	Ionen, Ionenbindung und Ionengitter	114
2.3	Physikalische und chemische Eigenschaften von Salzen	115
2.4	Wichtige Salze in Natur und Technik	119
3	**Metalle sind atomare Stoffe**	**127**
3.1	Darstellung von Metallen aus Verbindungen	127
3.2	Atome, metallische Bindung und Metallgitter	128
3.3	Eigenschaften von Metallen	129
4	**Molekulare Stoffe**	**135**
4.1	Darstellung und Eigenschaften von Wasserstoff	135
4.2	Ammoniak als molekulare Verbindung	136
4.3	Die Elektronenpaarbindung (= Atombindung, = kovalente Bindung)	137
4.4	Weitere Beispiele molekularer Stoffe	138
5	**Qualitative Analysemethoden**	**146**
5.1	Ionennachweise	146
5.2	Nachweise durch Flammenfärbung	148
5.3	Nachweis molekular gebauter Stoffe	150

Quantitative Aspekte chemischer Reaktionen ... 157

1	**Masse, Teilchenzahl und Volumen**	**158**
1.1	Atommasse und Stoffmenge	158
1.2	Molare Masse, molare Teilchenzahl und molares Volumen	160
1.3	Rechnen mit Reaktionsgleichungen	163

2	Energiebilanz	165
2.1	Energiebeteiligung bei chemischen Reaktionen	165
2.2	Energiebilanz bei der Bildung von Salzen	166

Molekülstruktur und Stoffeigenschaften ... 177

1	Das Orbitalmodell	178
2	Der räumliche Bau von Molekülen	180
2.1	Elektronenpaarabstoßungsmodell	180
2.2	Polare Atombindung	181
3	Zwischenmolekulare Kräfte	183

Lösungen ... 193

Stichwortverzeichnis ... 255

Autoren: Ludwig Killian, Claudia Beilner und Birger Pistohl
(Kapitel 1 unter Mitwirkung von Waltraud Habelitz-Tkotz)

Vorwort

Liebe Schülerin, lieber Schüler,

zu Beginn des Chemie-Unterrichts kommen viele neue Begriffe auf dich zu. Viele davon verwendet man im Alltag. Beispielsweise hast du sicher schon von einer Emulsion oder Lösung gehört. Aber was genau ist der Unterschied? Worin unterscheiden sich Salze und Metalle? Dieses Trainingsbuch hilft dir, diese Begriffe einzuordnen, nach und nach das Verhalten der kleinen Teilchen, der Atome, zu begreifen und dein neues Wissen schließlich auf neue Fragestellungen anzuwenden. Die Themen sind klar untergliedert und richten sich nach dem Lehrplan der Mittelstufe.

Zum Aufbau dieses Buches:

- In allen Kapiteln werden zunächst die **Fachausdrücke** und **Zusammenhänge** erklärt. Mit diesen Abschnitten kannst du den Unterrichtsstoff wiederholen, oder dir auch selbstständig erarbeiten.
- Blau eingerahmt findest du wichtige Begriffe und zu jedem abgeschlossenen Kapitel eine **Zusammenfassung**. Viele **Abbildungen** helfen, den neuen Lernstoff zu verstehen und sich besser einzuprägen.
- Zu jedem Kapitel gibt es **zahlreiche Aufgaben**, mit denen du den erlernten Stoff selbstständig einüben und überprüfen kannst, ob du schon alles verstanden hast. Die mit einem (∗) gekennzeichneten Aufgaben sind etwas anspruchsvoller und regen in besonderer Weise zum Nachdenken an; du kannst sie beim ersten Durcharbeiten auch überspringen.
- Zu jeder Aufgabe findest du im hinteren Teil des Buches eine **ausführliche Lösung**. So kannst du kontrollieren, welche Aufgaben du richtig gelöst hast.

Viel Spaß beim Üben mit diesem Buch und beim Entdecken der Geheimnisse der Chemie!

Stoffe und Reaktionen

Brennt eine Glühbirne im wörtlichen Sinn, so handelt es sich um eine chemische Reaktion. Dagegen findet beim Leuchten einer Glühbirne „nur" eine physikalische Reaktion statt.

1 Stoffe und Stoffeigenschaften

1.1 Gegenstand – Stoff – Stoffportion

Im täglichen Leben gehen wir mit vielen verschiedenen Dingen um, die aus ganz unterschiedlichen Materialien bestehen können, aber den gleichen Zweck erfüllen. Dagegen können aber ganz unterschiedliche Gegenstände aus dem gleichen Material bestehen.

Beispiel

Getränkeflaschen können aus Kunststoff oder Glas gefertigt sein. Aber aus dem gleichen Kunststoff wie Getränkeflaschen lassen sich auch Kleidungsstücke herstellen.

Soll ein Gegenstand ganz genau beschrieben werden, gibt man deshalb an, welche **Form** er hat, wie **groß** er ist und aus welchem **Material** er besteht. Die Frage nach dem Material eines Gegenstandes ist immer dann besonders wichtig, wenn davon wichtige Eigenschaften abhängen, z. B. ob der Stoff einer Jacke Wasser abweisend ist. Die Naturwissenschaft, die sich mit dem Vorkommen, der Gewinnung, den Eigenschaften und der Verwendung von Materialien beschäftigt ist die **Chemie**. Chemiker können auch aus vorhandenen Materialien neue Materialien mit völlig anderen Eigenschaften herstellen.

> In der Chemie werden die verschiedenen Materialien **Stoffe** genannt. Manchmal verwenden Chemiker stattdessen aber auch Begriffe wie **Substanz, Reagenz, Chemikalie** oder **Materie**.

Soll neben der Stoffart auch angegeben werden, wie viel von dem Stoff benötigt wird, so spricht der Chemiker von **Stoffportion**. Chemiker verwenden zur Mengenangabe die bekannten Einheiten (Kilo-)Gramm oder (Milli-)Liter. Die zur Einheit Gramm gehörige Messgröße ist die **Masse** m, zur Einheit Liter gehört die Messgröße **Volumen** V. Das Volumen, v. a. bei Gasen, ist auch von der jeweils herrschenden Temperatur und vom Druck abhängig, deshalb muss bei Volumenangaben in der Chemie auch immer die herrschende Temperatur und der Druck angegeben werden.

> Das Volumen, das eine Stoffportion bei 0 °C bzw. 273,15 K und 1 013,25 hPa einnimmt, wird als **Normvolumen** V_n. Das Volumen, das eine Stoffportion bei Raumtemperatur, genauer bei 25 °C bzw. 298,15 K und Normdruck einnimmt, wird **Standardvolumen** V^0 genannt.

1.2 Eigenschaften der Stoffe und ihre Bestimmung

Obwohl es unglaublich viele verschiedene Stoffe gibt, kann man jeden Stoff eindeutig an seinen Eigenschaften erkennen. Einige dieser Eigenschaften, wie die Farbe, der Geruch, der Geschmack, die Verformbarkeit und Härte lassen sich sehr schnell und einfach mithilfe der Sinnesorgane wahrnehmen. Manchmal helfen uns einfache Hilfsmittel, um Eigenschaften wie das magnetische Verhalten, die Wärmeleitfähigkeit, die elektrische Leitfähigkeit, die Löslichkeit oder Brennbarkeit eines Stoffes zu prüfen und so einen Stoff zu identifizieren. Besser als mit unseren Sinnesorganen lassen sich die Eigenschaften mit **Messungen** erfassen. Aus den messbaren Eigenschaften kann man häufig schließen, ob ein vorliegender Stoff aus nur einer Stoffart besteht – man spricht hier von **Reinstoff** (= Einstoff) – oder aus einem Stoffgemisch. Jeder Reinstoff hat charakteristische Eigenschaften, mit denen er identifiziert werden kann.

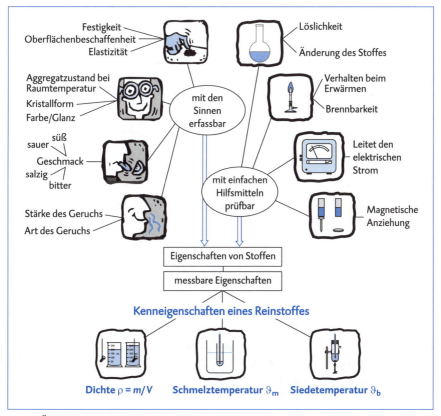

Abb. 1: Überblick über wichtige Eigenschaften von Stoffen

Magnetisches Verhalten

Wird ein Gegenstand von einem Stabmagneten angezogen, so ist er magnetisch. Diese seltene Eigenschaft besitzen von allen Metallen nur **Eisen, Cobalt** und **Nickel**.

Beispiel

Ein kupferfarbenes Cent-Stück wird von einem Magneten angezogen. Deshalb kann es nicht aus Kupfer bestehen, da Kupfer nicht magnetisch ist. Es besteht aus Eisen.

Löslichkeit

Jeder Stoff ist in einer Flüssigkeit nur begrenzt löslich. Gibt man zu viel von ihm hinzu, so bleibt ein Bodenkörper. Die Flüssigkeit über einem solchen Bodenkörper nennt man **gesättigte Lösung**.

Beispiel

Einige Feststoffe wie Kalk oder Gips lösen sich nicht nennenswert in Wasser, andere, wie Kochsalz oder Zucker, lösen sich dagegen gut.

Um die Löslichkeit verschiedener Stoffe vergleichen zu können, wird die Masse eines Stoffes in Gramm angegeben, die sich bei 20 °C und normalem Luftdruck in 100 g eines Lösemittels (meist Wasser) löst. Da die Löslichkeit eines Stoffes sowohl von der Temperatur des Lösemittels und bei Gasen auch vom Druck abhängt, müssen diese bei der Angabe der Löslichkeit immer mit angegeben werden.

Wärmeleitfähigkeit

Einige Stoff nehmen die Wärme aus Ihrer Umgebung sehr schnell auf, andere sehr langsam oder so gut wie gar nicht.

Beispiel

Das Material eines Kochtopfbodens sollte die Wärme sehr gut leiten, damit sich der Topf schnell aufheizt. Die Griffe dagegen sollten eine geringe Wärmeleitfähigkeit besitzen.

Metalle sind gute Wärmeleiter, Glas, Porzellan, Holz und viele Kunststoffe sind schlechte Wärmeleiter, also gute **Isolatoren**. Als Symbol für die Wärmeleitfähigkeit wird häufig der griech. Buchstabe λ (Lambda) verwendet.

Ihre Einheit wird in $\frac{W}{m \cdot K}$ angegeben.

Um die unterschiedliche Wärmeleitfähigkeit verschiedener Stoffe zu vergleichen, legt man möglichst gleich große Stücke kreisförmig auf eine Keramik- oder Metallplatte. Dann tropft man auf jedes Material einen gleich großen Tropfen Kerzenwachs. Nach dem Erkalten des Wachses wird die Keramikplatte in der Mitte vorsichtig mit einer kleinen, nicht leuchtenden Gasbrennerflamme erwärmt. Das Material, bei dem das Kerzenwachs zuerst schmilzt, besitzt die höchste Wärmeleitfähigkeit.

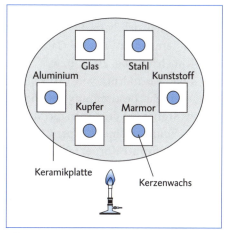

Abb. 2: Versuchsaufbau zur Bestimmung der Wärmeleitfähigkeit

Elektrische Leitfähigkeit

Mithilfe einer Flachbatterie, einer Leuchtdiode oder eines Glühlämpchens und eines einfachen Stromkreises lässt sich die elektrische Leitfähigkeit von festen und flüssigen Stoffen schnell bestimmen. Will man die Unterschiede in der elektrischen Leitfähigkeit herausfinden, benötigt man zusätzlich ein Strommessgerät, das in den Stromkreis eingebaut wird. Es zeigt die Stromstärke in Ampere an, die bei der angelegten Spannung fließt.

> Metalle, Lösungen und Schmelzen von Salzen, saure und alkalische Lösungen sowie Graphit leiten den elektrischen Strom. Porzellan, Glas, Holz und viele Kunststoffe leiten den elektrischen Strom nicht, sie sind **Isolatoren**.

Dichte

1 Kilogramm Blei wiegt selbstverständlich genauso viel wie ein 1 Kilogramm Federn, d.h. beide Stoffportionen haben die gleiche Masse. Vergleicht man aber nicht gleiche Massen, sondern gleiche Volumina dieser beiden Stoffe miteinander, so ist Blei „schwerer" – exakter wäre es, von dichter zu sprechen.

> Den Quotienten aus der Masse m und dem Volumen V einer Stoffportion nennt man Dichte. Als Größensymbol für die Dichte schreibt man den griech. Buchstaben ρ (Rho).
>
> $\text{Dichte} = \dfrac{\text{Masse}}{\text{Volumen}}; \quad \rho = \dfrac{m}{V}; \quad [\rho] = 1\dfrac{g}{cm^3} = 1\dfrac{kg}{m^3}$

Da das Volumen einer Stoffportion sich mit der Temperatur ändert – viele Stoffe dehnen sich beim Erwärmen aus – hängt die Dichte eines Stoffes auch von der Temperatur und bei Gasen zusätzlich vom Druck ab. In Tabellen wird die Dichte häufig bei 20 °C bzw. 293 K und Normdruck von 1 013 hPa angegeben. Zur Bestimmung der Dichte eines Stoffes benötigt man die Masse und das Volumen eines Körpers. Unregelmäßig geformte Körper taucht man zur **Volumenbestimmung** in einen mit Wasser gefüllten Messzylinder. Der Anstieg des Wasserspiegels entspricht dem gesuchten Volumen.

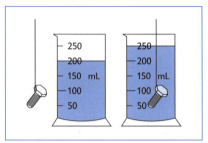

Abb. 3: Volumenbestimmung unregelmäßiger Körper

Die **Dichte von Reinstoffen**, also von Stoffen, die nur aus einer Stoffart bestehen, ist bei bestimmten äußeren Bedingungen eine Konstante. Die Dichte von Stoffgemischen hängt vom Mischungsverhältnis ab.

Schmelz- und Siedetemperatur

Jeder Stoff kommt abhängig von der Temperatur in den drei Zustandsformen fest, flüssig und gasförmig vor. Diese drei Zustandsformen nennt man auch **Aggregatzustände**.

Um anzugeben, in welchem Aggregatzustand ein Stoff gerade vorliegt, setzt man folgende Buchstaben in runden Klammern hinter den Namen des Stoffes:
- s vom engl. **solid** für einen **Feststoff**,
- l vom engl. **liquid** für **Flüssigkeiten** und
- g vom engl. **gaseous** für **Gas**.

Die Übergänge zwischen den verschiedenen Aggregatzuständen eines Stoffes werden mit Fachbegriffen benannt:
- **Schmelzen** und **Erstarren** für den Übergang fest – flüssig bzw. flüssig – fest,
- **Verdampfen** und **Kondensieren** für den Übergang flüssig – gasförmig bzw. gasförmig – flüssig und
- **Sublimieren** und **Resublimieren** für den Übergang fest – gasförmig bzw. gasförmig – fest.

Beispiel   Zu Eis steif gefrorene Wäsche, die bei Minusgraden auf der Leine hängt, wird trotzdem trocken, weil das feste Eis sich direkt in Wasserdampf verwandelt. Bei der Bildung von Rauhreif lässt sich Wasserdampf direkt in Form von Eiskristallen auf Bäumen nieder. Bei bestimmtem Druck und Temperaturverhältnissen kann Wasser sublimieren oder resublimieren.

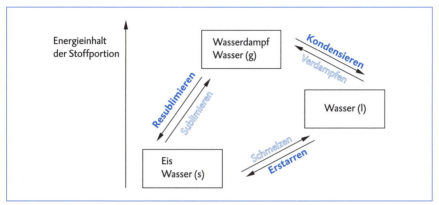

Abb. 4: Aggregatzustände des Wassers und Übergänge

> Die Temperatur, bei der ein Stoff vom festen in den flüssigen Zustand übergeht, wird **Schmelztemperatur** ϑ_m[1] genannt. Ihr Wert ist gleich der **Erstarrungstemperatur**. Die Temperatur, bei der der Übergang vom flüssigen in den gasförmigen Zustand erfolgt, wird **Siedetemperatur** ϑ_b genannt. Ihr Wert ist gleich dem der **Kondensationstemperatur**.

Die Schmelz- und Siedetemperatur von Wasser kann man bestimmen, indem man zerkleinerte Eiswürfel in einem hitzefesten Behälter füllt und langsam erwärmt. Die Temperatur wird in regelmäßigen Zeitabständen abgelesen, so lange, bis das Wasser kocht. Beim Erwärmen fällt auf, dass nach einem kurzen schnellen Temperaturanstieg auf 0 °C sich die Temperatur so lange nicht mehr ändert, bis alles Eis geschmolzen ist. Für das Schmelzen von Eis ist Energie, die sog. **Schmelzwärme**, notwendig. Erst wenn alles Eis geschmolzen ist, steigt die Wassertemperatur wieder an. Bei 100 °C bilden sich Wasserdampfblasen im Inneren des Wassers, das Wasser siedet. Wenn man weiter Wärme zuführt, ändert sich die Temperatur nicht; sie bleibt, so lange noch Wasser im Behälter ist, konstant bei 100 °C.

---

[1] Der griech. Buchstabe ϑ (sprich: Theta) wird für Temperaturangaben in °C verwendet. Der Index m leitet sich vom engl. *melting* = schmelzend, der Index b vom engl. *boiling* = siedend ab. Für Temperaturangaben in K verwendet man das Symbol T.

Die während des Siedens aufgenommene Wärme wird als **Verdampfungswärme** bezeichnet. Trägt man die Messwerte anschließend in ein **Zeit-Temperatur-Diagramm** ein, so erhält man den folgenden Kurvenverlauf (siehe Abb. 6). Aus ihm lassen sich die Schmelz- und die Siedetemperatur von Wasser – an den Bereichen des Diagramms, an denen die Temperatur längere Zeit nicht ansteigt – direkt ablesen.

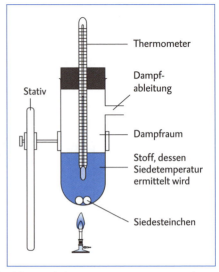

Abb. 5: Einfache Apparatur zur Bestimmung der Siedetemperatur im Schullabor

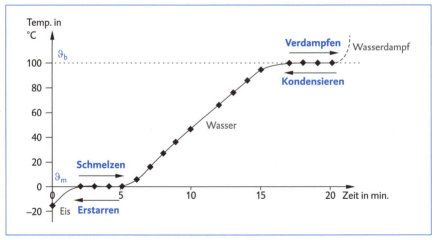

Abb. 6: Zeit-Temperatur-Diagramm beim Erhitzen von Eis

Stoffportionen, die wie Wasser eine eindeutige, charakteristische Schmelz- und Siedetemperatur besitzen, sind normalerweise nur aus einer einzigen Stoffart zusammengesetzt. Sie werden **Reinstoffe** (= Einstoffe) genannt.

Stoffe und Stoffeigenschaften 9

Zusammenfassung

- Stoffeigenschaften sind meistens von äußeren Bedingungen, wie z. B. Druck, Temperatur, abhängig. Je nach herrschendem Druck und Temperatur kann ein Stoff deshalb fest (s), flüssig (l) oder gasförmig (g) sein, also seinen **Aggregatzustand** ändern.

- Farbe, Glanz, Geruch, Geschmack, Verformbarkeit und Härte sind wichtige, mit den Sinnen erfassbare **Stoffeigenschaften**.

- Wärmeleitfähigkeit, elektrische Leitfähigkeit und magnetische Anziehung sind wichtige Merkmale zur Identifikation von Stoffen oder ganzen Stoffklassen.

- Stoffe lösen sich unterschiedlich gut in verschiedenen Lösemitteln.

- Konstante Dichte, Schmelztemperatur und Siedetemperatur sind charakteristische messbare Stoffeigenschaften, an denen ein **Reinstoff** (= Einstoff) eindeutig erkannt werden kann.

Aufgaben

1 Ergänze das Strukturdiagramm mithilfe der folgenden Begriffe: Masse m, Form, Größe/Quantität, Volumen V, Stoff(art).

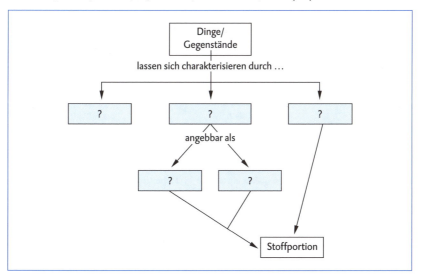

2 Womit beschäftigt sich die Naturwissenschaft Chemie?

3 Welche Worte werden als Synonyme (= gleichbedeutend) für den Begriff „Stoff" gebraucht?

10 ◢ Stoffe und Reaktionen

4 Wer bin ich? Ordne die folgenden Steckbriefe den Stoffen Kupfer, Aluminium, Quecksilber, Eisen, Gold, Schwefel, Iod und Kochsalz (Natriumchlorid) zu.

Gesucht wird A

Farbe:	weiß
Aggregatzustand bei 20 °C:	fest
Dichte bei 20 °C:	2,16 g/cm^3
Schmelztemperatur:	801 °C
Siedetemperatur:	1 413 °C
Besondere Kennzeichen:	kristallin, gut wasserlöslich, wässrige Lösungen leiten den elektrischen Strom, salziger Geschmack

Gesucht wird B

Farbe:	rotbraun glänzend
Aggregatzustand bei 20 °C:	fest
Dichte bei 20 °C:	8,94 g/cm^3
Schmelztemperatur:	1 083 °C
Siedetemperatur:	2 595 °C
Besondere Kennzeichen:	sehr guter elektrischer Leiter

Gesucht wird C

Farbe:	gelb glänzend
Aggregatzustand bei 20 °C:	fest
Dichte bei 20 °C:	19,32 g/cm^3
Schmelztemperatur:	1 064 °C
Siedetemperatur:	3 080 °C
Besondere Kennzeichen:	elektrischer Leiter, beständig gegen Luft, Wasser und die meisten Chemikalien

Gesucht wird D

Farbe:	schwarzgrau, leicht glänzend
Aggregatzustand bei 20 °C:	fest
Dichte bei 20 °C:	4,93 g/cm^3
Schmelztemperatur:	113,5 °C
Siedetemperatur:	184,5 °C
Besondere Kennzeichen:	sublimiert bei Raumtemperatur, bildet beim Erwärmen ein gefärbtes, giftiges Gas

Gesucht wird E

Farbe:	silber glänzend
Aggregatzustand bei 20 °C:	flüssig
Dichte bei 20 °C:	13,55 g/cm^3
Schmelztemperatur:	−38,87 °C
Siedetemperatur:	357,25 °C
Besondere Kennzeichen:	mäßiger elektrischer Leiter, sehr giftige Dämpfe

Gesucht wird F

Farbe:	silbergrau leicht glänzend
Aggregatzustand bei 20 °C:	fest
Dichte bei 20 °C:	7,87 g/cm^3
Schmelztemperatur:	1 539 °C
Siedetemperatur:	2 880 °C
Besondere Kennzeichen:	elektrischer Leiter, magnetisch

Stoffe und Stoffeigenschaften ⌁ 11

Gesucht wird G		Gesucht wird H	
Farbe:	silberweiß glänzend	Farbe:	gelb, kristallin
Aggregatzustand bei 20 °C:	fest	Aggregatzustand bei 20 °C:	fest
Dichte bei 20 °C:	2,70 g/cm³	Dichte bei 20 °C:	2,18–2,21 g/cm³
Schmelztemperatur:	660 °C	Schmelztemperatur:	ab ca. 119 °C
Siedetemperatur:	2 467 °C	Siedetemperatur:	ab ca. 444 °C
Besondere Kennzeichen:	weich und dehnbar, wichtiges Leichtmetall, beständig gg. Sauerstoff und Luftfeuchtigkeit, guter Wärmeleiter	Besondere Kennzeichen:	schlechter Wärmeleiter, leitet elektr. Strom nicht, verbrennt an der Luft mit blauer Flamme zu stechend riechendem Gas, häufig in der Nähe von Vulkanen zu finden

5 Schreibe einen Steckbrief für Wasser.

6 Welche der folgenden Stoffe lassen sich gut in Wasser lösen, welche sind schwerlöslich?

a Ergänze die entsprechenden Begriffe in der Tabelle:

Stoff	Löslichkeit[1] in g/100 g	Gute Löslichkeit in Wasser	Schwerlöslich in Wasser
Haushaltszucker (Rohrzucker)	203,9	☐	☐
Kochsalz (Natriumchlorid)	35,88	☐	☐
Salpeter (Kaliumnitrat)	31,66	☐	☐
Soda (Natriumcarbonat)	21,66	☐	☐
Alaun (Kaliumaluminiumsulfat)	6,01	☐	☐
Gips (Calciumsulfat)	0,20	☐	☐
Löschkalk (Calciumhydroxid)	0,12	☐	☐
Kalkstein (Calciumcarbonat)	0,0015	☐	☐

1 Die Angaben der Löslichkeit beziehen sich auf Raumtemperatur

b Wie viel Gramm Kochsalz, Zucker oder Gips kann man bei Raumtemperatur maximal in 1 Liter Wasser lösen, ohne dass ein Bodenkörper entsteht?

7 Eisenoxid, Eisensulfid, Kupfersulfid und Zinksulfid sind häufig an der Erdoberfläche zu findende Mineralien. Welche Vorhersage lässt sich daraus über ihre Löslichkeit machen?

8 Welche Eigenschaft würdest du zur Unterscheidung der folgenden Stoffe heranziehen? Welche gemeinsame Eigenschaft besitzen die Stoffe?
a Brennspiritus, Essigessenz, Reinigungsbenzin, Wasser
b Zucker, Salz, Vitamin C
c Kupfer, Silber, Gold

9* Welche Folgerungen zur Abhängigkeit der Löslichkeit von Feststoffen lassen sich aus dem Löslichkeitsdiagramm ziehen. Ordne die Stoffe Kochsalz und Haushaltszucker den Kurven a und b mithilfe der Tabelle aus Aufgabe 7 a zu.

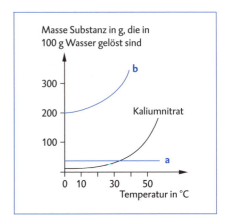

10* Das Diagramm rechts zeigt die Temperaturabhängigkeit der Löslichkeit der Gase Kohlenstoffdioxid und Sauerstoff in Wasser.
a Formuliere eine verallgemeinernde „Je …, desto …" Regel zur Abhängigkeit der Löslichkeit von Gasen von der Temperatur.
b Entnimm der Grafik, ob sich bei der gleichen Temperatur mehr Kohlenstoffdioxid oder mehr Sauerstoff in Wasser löst.

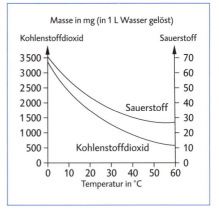

c Erläutere, warum es im Sommer manchmal zu Fischsterben aufgrund von Sauerstoffmangel kommt.
d Manche Leute stellen eine Flasche mit Leitungswasser in den Kühlschrank, bevor sie mit einem „Soda stream"-Gerät Kohlenstoffdioxid einleiten. Entscheide, ob dies sinnvoll ist.

11 In zwei der Versuchsaufbauten haben sich Fehler eingeschlichen, zwei sind korrekt.
Entscheide, welche Experimente zur Messung der elektrischen Leitfähigkeit richtig aufgebaut wurden und gib an, welche Fehler sich bei den beiden anderen Versuchsaufbauten eingeschlichen haben.

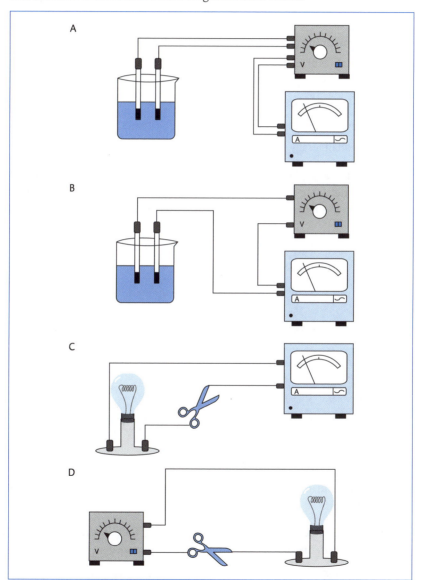

14 ◆ Stoffe und Reaktionen

12 Mit einer Leitfähigkeitsapparatur werden verschiedene Gegenstände auf ihre elektrische Leitfähigkeit getestet. Entscheide, bei welchen das Lämpchen leuchtet.

☐ Eisennagel

☐ Schaschlikspieß aus Holz

☐ Glasstab

☐ Bleistiftmine aus Graphit

☐ 1-Euro-Münze

☐ Joghurt-Becher aus Kunststoff

☐ Kochsalzkristall

☐ Salzwasser

☐ Haushaltsessig

13 Entscheide mithilfe der folgenden Tabelle zur Wärmeleitfähigkeit, in welcher Reihenfolge das Kerzenwachs auf den Stoffen Glas, Stahl, Kunststoff, Marmor, Kupfer und Aluminium beim Experiment S. 5 Abb. 2 schmelzen wird.

Stoff	Wärmeleitfähigkeit λ in W/m · K	Stoff	Wärmeleitfähigkeit λ in W/m · K
Silber	418	Beton/Kalksandstein	1
Kupfer	385	Ziegel	0,6
Aluminium	220	Holz (trocken)	0,1–0,2
Lötzinn	51	Kunststoff PVC	0,14–0,17
Edelstahl (V2A)	15	Korkplatten	0,041
Granit/Marmor	3,50	Mineralwolle	0,036–0,042
Glas	1,16	Polystyrol (Styropor)	0,03
Porzellan	1	Luft	0,026

Tab. 1: Wärmeleitfähigkeit verschiedener Stoffe (bei 20 °C)

14 Erläutere, warum die Böden von Kochtöpfen häufig eine Schicht aus Kupfer enthalten.

15 Informiere dich, welche der Stoffe aus obiger Tabelle zur Wärmeleitfähigkeit verwendet man zur Isolierung von Häuserwänden?

16 Designer haben auf der letzten Baumesse Heizkörper aus Glas vorgestellt. Begründe, ob du einen solchen Glasheizkörper kaufen würdest.

Stoffe und Stoffeigenschaften | 15

17 Alle Metalle, deren Dichte kleiner als 5 g/cm³ ist, sind Leichtmetalle, Metalle, deren Dichte größer als 5 g/cm³ ist, sind Schwermetalle.

Stoff	Aggregat-zustand	Dichte in $\frac{g}{cm^3}$	Stoff	Aggregatzustand	Dichte in $\frac{g}{cm^3}$
Luft	Gasförmig	0,0012928	Magnesium	Fest	1,74
Stickstoff		0,00125055	Aluminium		2,70
Sauerstoff		0,00142908	Zink		6,92
Kohlenstoffdioxid		0,001977	Eisen		7,86
			Messing		8,3
Wasserstoff		0,00008988	Kupfer		8,92
Helium		0,0001785	Silber		10,5
Ethanol	Flüssig	0,79	Blei		11,4
Wasser		1,0	Gold		19,32
Quecksilber		13,55			

Tab. 2: Dichten einiger Stoffe bei Standardbedingungen 20 °C und 1 013 hPa

a Entscheide mithilfe der Tabelle, ob Gold, Blei, Aluminium, Eisen und Magnesium Leicht- oder Schwermetalle sind.
b Überlege, weshalb Automobilhersteller z. Zt. Motoren aus Magnesium-Legierungen erproben.
c Entscheide, welcher Würfel auf der Waagschale aus Messing und welcher aus Gold besteht.

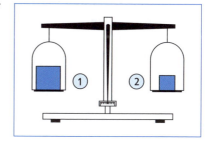

18 Im Märchen von Hans im Glück heißt es: „Nach sieben Jahren Lehrzeit beim Müller fasst Hans den Entschluss, nach Hause zurückzukehren. Der Müller entlohnt ihm mit einem kopfgroßen Goldklumpen, den die schöne Müllerstochter für Hans in ihr rotes Tuch schlägt." Entscheide durch Rechnung, ob Hans den Goldklumpen – wie es im Märchen erzählt wird davontragen kann. Nimm an, dass das Volumen des Goldklumpens ca. 2 L beträgt.

19 Im Schullabor wurde eine 100 mL Einwegspritze (vgl. Abbildung) erst mit herausgezogenem Spritzenstempel (= evakuierter Zustand) leer gewogen. Anschließend wurde die Spritze mit jeweils 100 mL verschiedener Gase gefüllt und erneut gewogen. Dabei erhielt man die folgenden Wägeergebnisse:

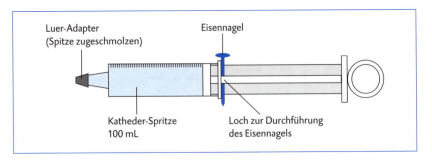

Gewogen wurde	Masse
Spritze leer	25,000 g
Spritze + Luft	25,129 g

Gewogen wurde	Masse
Spritze + Kohlenstoffdioxid	25,198 g
Spritze + Helium	25,017 g

a Berechne die Dichte ρ der Gase in g/L.
b Welches der obigen Gase verwendet man zur Füllung von Gasballons, die von selber aufsteigen können?
c Erläutere mithilfe der Ergebnisse aus Teilaufgabe 1 das folgende Versuchsergebnis.
Hinweis: Im Gegensatz zum Sauerstoff aus der Luft unterhält Kohlenstoffdioxid die Verbrennung nicht.

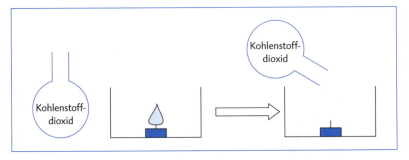

d Berechne die Masse der Luft in einem Klassenraum der 12 m lang, 10 m breit und 3 m hoch ist.

20 Das folgende Diagramm zeigt die Temperaturänderung einer Ethanol-Portion (Trink-Alkohol) mit der Zeit beim Erwärmen. Welche Angabe lässt sich aus dem Diagramm ableiten? Erläutere den Kurvenverlauf mithilfe des Teilchenmodells.

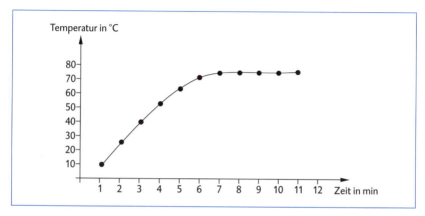

21* Vergleiche die Siedekurven (Zeit-Temperatur-Diagramm beim Übergang vom flüssigen zum gasförmigen Aggregatzustand) von Wasser und Salzwasser (Kochsalzlösung).

a Was fällt auch im Vergleich zur Siedekurve von Ethanol (Aufg. 20) auf?

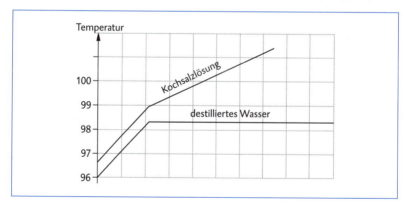

b Ergänze den folgenden Merksatz: _____ haben eine charakteristische, konstante Siedetemperatur, die Siedetemperatur von Stoffgemischen hängt von der jeweiligen _____ ab.

18 / Stoffe und Reaktionen

22 Beantworte mithilfe der folgenden Tabelle die Aufgaben a–d.

Stoff	ϑ_m in °C	ϑ_b in °C
Aluminium	660	2 467
Brom	−7	59
Eisen	1 537	2 730
Gold	1 064	2 807
Messing	ca. 1 000	ca. 2 500
Propan	−189,7	−42
Quecksilber	−39	357
Schwefel	113	445
Silber	962	2 212
Wolfram	3 400	5 900
Zinn	232	2 270

Tab. 3: Schmelz- und Siedetemperaturen
einiger Stoffe bei normalem Luftdruck

a Gib jeweils den Aggregatzustand in Kurzschreibweise an, den die Stoffe Brom, Propan, Quecksilber, Schwefel und Wolfram bei Raumtemperatur besitzen.

b Die Herstellung von Zinnfiguren durch Einfüllen einer Zinnschmelze in entsprechende Hohlformen ist ein immer noch beliebtes Hobby. Erläutere, warum man gerade Zinn dafür verwendet.

c Welchen Stoff aus der obigen Tabelle würdest du zur Herstellung von Glühfäden in Glühlampen verwenden. Welche weitere Eigenschaft muss das Material aus dem Glühfäden hergestellt werden noch besitzen?

d* Überlege, was die Ursache dafür sein könnte, dass bei Messing, einer Legierung aus Kupfer und Zink keine genaue Angabe zur Schmelz- und Siedetemperatur gemacht wurde.

Stoffe und Stoffeigenschaften 19

23 Quer durch das Kapitel Stoffe und Eigenschaften:
Ergänze jeweils den richtigen Fachbegriff (so genau wie möglich):

Den Quotienten aus der Masse einer Stoffportion und dem zugehörigen Volumen nennt man …	
Ein Stoff, der glänzt, der elektrischen Strom und Wärme leitet und gut verformbar ist, gehört höchstwahrscheinlich zur Stoffklasse der …	
Die Siedetemperatur eines Stoffes ist gleich seiner …	
Metalle, deren Dichte kleiner als 5 g/cm^3 ist, werden … genannt.	
Die Schmelztemperatur eines Stoffes ist gleich seiner …	
… ist ein Schwermetall, magnetisch und gleichzeitig unser wichtigstes Gebrauchsmetall.	
Verschiedene Stoffportionen, die bei Normbedingungen die gleiche und konstante Dichte, Schmelz- und Siedetemperatur aufweisen, sind höchstwahrscheinlich …	
Die Bezeichnungen fest, flüssig und gas(förm)ig bezeichnen den … eines Stoffes.	
Den direkten Übergang vom festen in den gasförmigen Zustand nennt man …	

2 Stoffe und Teilchen

2.1 Teilchenarten: Atome, Moleküle, Ionen

Um Vorgänge in unserer Umgebung erklären zu können, hat man begonnen sich Bilder/Modelle zu machen, mit denen es gelingt, schwierige Zusammenhänge anschaulich zu erklären. **Modelle** vereinfachen viele Zusammenhänge, sodass jedes Modell seine Grenzen hat und man mit ihm nicht alles erklären kann. In diesem Fall muss man das Modell verfeinern oder auf andere Modelle zurückgreifen. Eines der ältesten Modelle in der Chemie wurde von dem griechischen Philosoph DEMOKRIT (etwa 460–360 v. Chr.) entwickelt, der vorschlug, dass alle Stoffe aus unsichtbar kleinen Teilchen aufgebaut sind.

> Die „Basisteilchen", aus denen alle Stoffe aufgebaut werden können, heißen **Atome**, das bedeutet so viel wie „nicht weiter teilbar".

Dass es den Menschen ganz schön schwer fällt, sich vorzustellen, dass auch so lückenlose Stoffe wie Wasser oder Aluminium aus unsichtbar kleinen Teilchen aufgebaut sein sollen, erkennt man daran, dass es erst zu Beginn des 19. Jahrhunderts dem englischen Naturforscher J. DALTON (1766–1844) gelang, dieser Idee Demokrits zu ihrem endgültigen Durchbruch zu verhelfen. Er legte damit die Grundlage für die Entwicklung der Chemie zu einer modernen Naturwissenschaft.

> Die Teilchenarten, aus denen alle Stoffe aufgebaut sind, kann man in drei große Gruppen einteilen: **Ionen, Atome** und **Moleküle**.

Alle Stoffe, die aus Ionen aufgebaut sind, werden **Salze** genannt (siehe S. 111). In der Regel kann man Salze daran erkennen, dass sie **kristallin** sind, d. h. auf Teilchenebene regelmäßige Gitter bilden, relativ hohe Schmelz- und Siedetemperaturen aufweisen und ihre Lösungen oder Schmelzen den elektrischen Strom leiten. **Metalle** sind dagegen aus jeweils einer einzigen Atomart aufgebaut. Man erkennt sie an ihrem Glanz, daran dass sie sowohl Wärme als auch den elektrischen Strom gut leiten und schmiedbar sind. Vorläufig wird noch der Sammelbegriff „Teilchen" verwendet. Die folgende Abbildung bietet einen Überblick, wie die drei genannten Teilchenarten zusammenhängen.

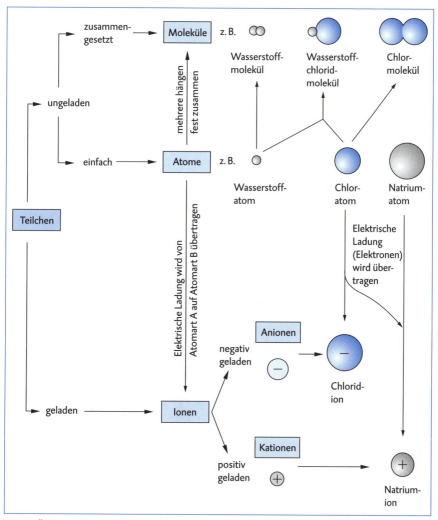

Abb. 7: Überblick über die Teilchen

2.2 Das Teilchenmodell

Wenn man mithilfe der Vorstellung, dass alle Stoffe aus kleinen unsichtbaren Teilchen aufgebaut sind, Vorgänge aus deiner Umgebung erklären möchte, wendet man normalerweise die folgenden Schritte an:

22 Stoffe und Reaktionen

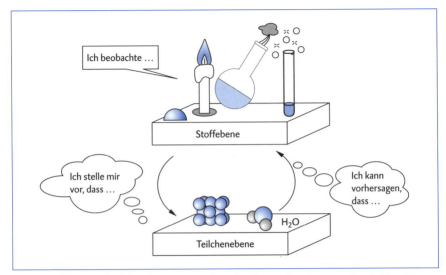

Abb. 8: Stoffebene und Teilchenebene – zwei wichtige Denkkategorien, die es zu unterscheiden gilt.

Wichtig ist, dass man immer genau zwischen der Stoff- und der Teilchenebene unterscheidet:

> Charakteristisch für die Denkweise der Wissenschaft Chemie sind **zwei Betrachtungsebenen:**
> **Stoffebene:** Beobachtungen an Stoffportionen und Reaktionen (Fakten)
> **Teilchenebene:** Deutung der Fakten durch die Vorstellung von der Existenz kleinster Teilchen und Teilchenverbände (Modellvorstellungen)

Kernaussagen des Teilchenmodells
- Alle Stoffe bestehen aus **kleinen Teilchen** (Teilchen = Sammelbegriff für Atome, Moleküle, Ionen).
- Diese Teilchen haben eine Masse, aber man kann sie selbst durch das beste Mikroskop nicht direkt mit den Augen sehen. Allerdings kann man sie mithilfe der Rastertunnelmikroskopie abbilden.
- Zwischen den kleinen Teilchen ist nichts.
- Gleiche Reinstoffe bestehen aus gleichen kleinen Teilchen. Die kleinen Teilchen verschiedener Stoffe unterscheiden sich in **Masse, Form** und **Größe**.
- Die kleinen Teilchen sind ständig in Bewegung. Mit steigender Temperatur nimmt diese Bewegung zu, mit fallender ab; bei gleich bleibender Temperatur bleibt die Bewegung aller kleinen Teilchen zusammen genommen erhalten.

Stoffe und Teilchen ⟋ 23

- Zusammenstöße zwischen zwei kleinen Teilchen verlaufen so, dass beide zusammengenommen ihre **Bewegungsenergie** behalten.
- Zwischen den kleinen Teilchen herrschen **Anziehungskräfte** (Kohäsionskräfte) und **Abstoßungskräfte**, die stark vom Abstand abhängig sind. Je kleiner die Abstände zwischen den Teilchen sind, desto stärker wirken die Anziehungskräfte.

Das Teilchenmodell ist eine vereinfachte Vorstellung vom Aufbau der Stoffe, die aber viele Erscheinungen anschaulich deuten kann. Wie jedes Modell ist es nicht perfekt, sondern hat Grenzen. Mit dem einfachen Teilchenmodell können und dürfen noch keine Aussagen über die Gestalt oder das Aussehen der kleinen Teilchen gemacht werden. Hierzu benötigt man Informationen über die Bausteine und den Aufbau der kleinen Teilchen.

2.3 Änderung des Aggregatzustandes

Mithilfe der Kernaussagen des Teilchenmodells, lassen sich auch die Aggregatzustandsänderungen von Stoffen anschaulich erklären.

Beispiel

Eis schmilzt beim Erwärmen und das entstandene Wasser verdampft. Auf Teilchenebene erklärt man dies so, dass sich die Teilchen durch die Erwärmung schneller bewegen. So erreichen die Teilchen im Wasserdampf bei 100 °C Geschwindigkeiten von etwa 660 m pro Sekunde.

Erwärmt man einen Stoff, so stoßen die Teilchen häufiger gegen die Gefäßwände, so dass sich ein elastisches Gefäß z. B. ein Luftballon ausdehnt, weil durch die vielen Wandstöße der Teilchen der Druck auf die Gefäßwand steigt. Die Anziehungskräfte zwischen den Teilchen können überwunden werden, Teilchen trennen sich voneinander und der Stoff wird gasförmig. Umgekehrt ist es möglich, dass durch hohen Druck ein Gas verflüssigt wird.

Beispiel

Füllt man z. B. eine Spritze mit etwas Feuerzeuggas, verschließt den Kanülenanschluss mit einem Stopfen und drückt dann den Spritzenkolben so fest wie möglich in die Spritze hinein, so kann man an der Gefäßwand kleine Flüssigkeitstropfen beobachten; das Feuerzeuggas ist kondensiert. Aus dieser Beobachtung kann man folgern, dass die Teilchen in Flüssigkeiten einen kleineren Abstand voneinander aufweisen als die Teilchen in Gasen.

Wie man sich die Aggregatzustände im Teilchenmodell vorstellen kann, zeigt die folgende Zusammenstellung:

Aggregatzustand	fest	flüssig	gasförmig
Bildhafte Darstellung			
Anordnung der Teilchen	regelmäßig	unregelmäßig	völlig ungeordnet
Abstand der Teilchen	sehr klein	klein	sehr groß
Geschwindigkeit der Teilchen	langsam, schwingen auf ihren Plätzen hin und her	schnell, wechseln die Plätze	sehr schnell, ständige Zusammenstöße
Anziehungskräfte, die zwischen den Teilchen wirken	sehr stark	stark	nicht

Tab. 4: Aggregatszustände von Stoffportionen im Teilchenmodell

Zusammenfassung

- Charakteristisch für die Denkweise der Wissenschaft Chemie ist die grundsätzliche Unterscheidung zwischen der real wahrnehmbaren **Stoffebene** und der für uns nicht sichtbaren, modellhaften **Teilchenebene**.

- Mithilfe des **einfachen Teilchenmodells** lassen sich physikalische Eigenschaften von Stoffportionen deuten. Chemische Reaktionen lassen sich nicht mit dem einfachen Teilchenmodell erklären.

- **Kernaussagen** des einfachen Teilchenmodells: Alle Stoffe bestehen aus kleinen Teilchen. Der Raum zwischen den Teilchen ist völlig leer. Die Teilchen verschiedener Stoffe unterscheiden sich in ihrer Größe, Form und Masse. Zwischen den Teilchen wirken Anziehungskräfte, die vom Abstand abhängig sind. Die Teilchen sind in ständiger Bewegung. Je höher die Temperatur ist, desto heftiger bewegen sich die Teilchen.

Aufgaben 24 Butan wird auch als „Flüssiggas" bezeichnet und ist z. B. in Einwegfeuerzeugen enthalten. Die folgende Grafik zeigt ein schematisiertes Zeit-Temperatur-Diagramm von Butan bei Normdruck.

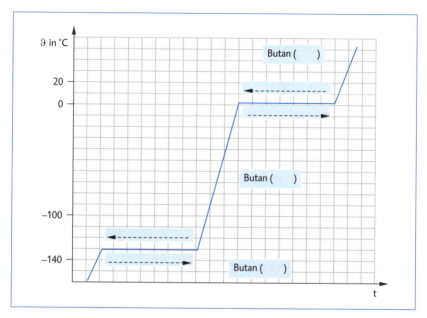

a Ergänze die fehlenden Fachbegriffe für die jeweilige Aggregatzustandsänderung, sowie den jeweils vorliegenden Aggregatzustand des Butans in der üblichen Abkürzung.
b Lies die Schmelz- und Siedetemperatur von Butan aus der Grafik ab.
ϑ_m(Butan) =
ϑ_b(Butan) =
c Erläutere mithilfe des Teilchenmodells, warum sich die Temperatur einer Butan-Portion nicht verändert, wenn die Schmelz-/Siedetemperatur erreicht wird.
d Ermittle aus der Grafik, in welchem Aggregatzustand Butan bei Raumtemperatur vorkommen sollte. Erläutere, warum Einwegfeuerzeuge eine Flüssigkeit enthalten.

25 Ergänze zur Wiederholung der Kernaussagen des Teilchenmodells die folgenden „Je ..., desto ..." Sätze.
a Je ... die Temperatur einer Stoffportion ist, desto schneller bewegen sich die Teilchen.

b Je niedriger die Temperatur einer Stoffportion, desto ... ist der Abstand zwischen den Teilchen.
c Je höher die Temperatur einer Stoffportion ist, desto ... sind die Teilchen angeordnet.
d Je kleiner der Abstand zwischen den Teilchen eines Stoffes ist, desto ... wirken die Anziehungskräfte zwischen den Teilchen.
e Je größer der Druck ist, der auf eine Gasportion wirkt, desto ... ist der Abstand zwischen den Teilchen.
f Je kleiner der Abstand zwischen den Teilchen eines Gases ist, desto ... ist seine Dichte.
g Je ... die Anziehungskräfte zwischen den Teilchen sind, desto ... sind die Schmelz- und die Siedetemperatur des Stoffes.

26* Im Handel werden so genannte „Lava-Lampen" angeboten, die dadurch faszinieren, dass nach ca. 30-minütiger Betriebszeit der Leuchte in einem Glaszylinder farbige Flüssigkeitstropfen (Wachs) unterschiedlicher Größe in einer farblosen Flüssigkeit (Wasser) nach oben aufsteigen und anschließend wieder zu Boden sinken. Im ausgeschalteten Zustand findet sich das farbige Wachs als Feststoff auf dem Lampenboden. Die Lampen sind folgendermaßen aufgebaut:

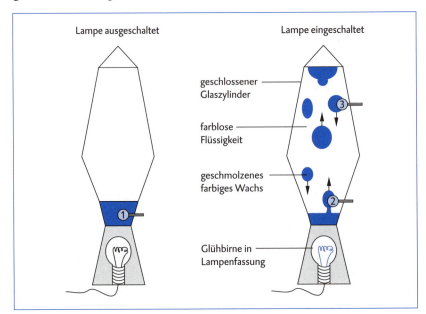

a Beschreibe mithilfe des Teilchenmodells, wie eine Lava-Lampe funktioniert.
b Skizziere die Anordnung der Teilchen im Wachs an den mit 1–3 markierten Orten.

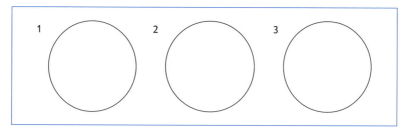

27 Teste die Erklärungskraft des Teilchenmodells, indem du die folgenden Vorgänge mithilfe der Kernaussagen des Teilchenmodells interpretierst:
a Nach einem Platzregen sind überall auf der Straße Regenpfützen zu sehen. Nun scheint die Sonne wieder und kaum ist eine Stunde vergangen, sind die Pfützen verschwunden.
b Leon behauptet, dass er einen Luftballon mithilfe einer leeren Flasche aufblasen kann. Die folgende Abbildung zeigt, wie er dabei vorgeht.

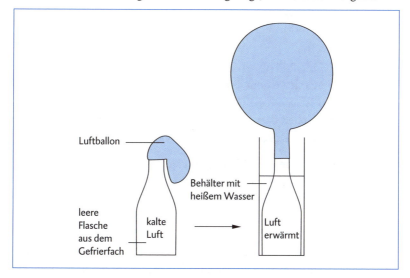

c Im Zeltlager beschließen Tina und Susi ihren Früchtetee mit kaltem, statt wie daheim mit heißem Wasser zuzubereiten. Auch nach einer Viertelstunde ist der Tee immer noch nicht richtig rot gefärbt und schmeckt nach nichts.

d Holger hat heute morgen heimlich das Rasierwasser seines Vaters benutzt. Schon bald riecht es die ganze Klasse.

e Martin füllt ein Limoglas ($V = 200$ mL) mit Haushaltszucker voll. Er wettet, dass er den Zucker in ein genau gleich großes Glas schütten kann, das schon halb mit Wasser gefüllt ist, ohne dass dieses überläuft. Wird er die Wette gewinnen?

f Mutter erklärt Sophia: Wenn du die Erdbeeren für die Panna cotta schnell und schonend auftauen willst, so stelle den Behälter mit Erdbeeren einfach in kaltes Leitungswasser (ca. 18 °C). So tauen sie schneller auf, als wenn du sie bei Raumtemperatur (22 °C) an Luft stehen lässt.

g Anna zeigt Maria einen Trick mit dem sie ein geschältes hartgekochtes Ei in eine leere Milchflasche befördert. Überlege auch, wie Anna das Ei wieder aus der Flasche herausholen kann?

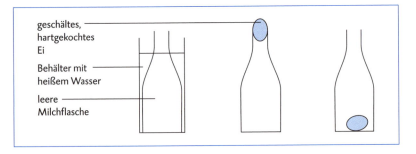

h* Felix erzählt seinem Freund: „Stell dir vor, was mir heute seltsames passiert ist. Ich habe eine Dose Cola aus dem Kühlfach genommen und bin mir sicher, dass das Cola darin noch nicht gefroren war. Aber, kaum hatte ich die Dose geöffnet, fror das Cola zu Eis."

28 Aggregatzustände und Teilchenvorstellung

a Zeichne in die drei Quadrate ein, wie du dir die Anordnung der Wachs-Teilchen in festem Wachs, flüssigem Wachs und Wachsdampf vorstellst.

b Ergänze die folgenden Begriffe an den richtigen Stellen des Arbeitsblattes: sehr groß, sehr klein, klein, fest, flüssig, gasförmig, kondensieren, erstarren, schmelzen, verdampfen, veränderlich (3x), unveränderlich (3x), mittel, langsam, schnell, nicht, sehr stark, stark, langsamer (2x), schneller (2x), völlig ungeordnet, regelmäßig, unregelmäßig.

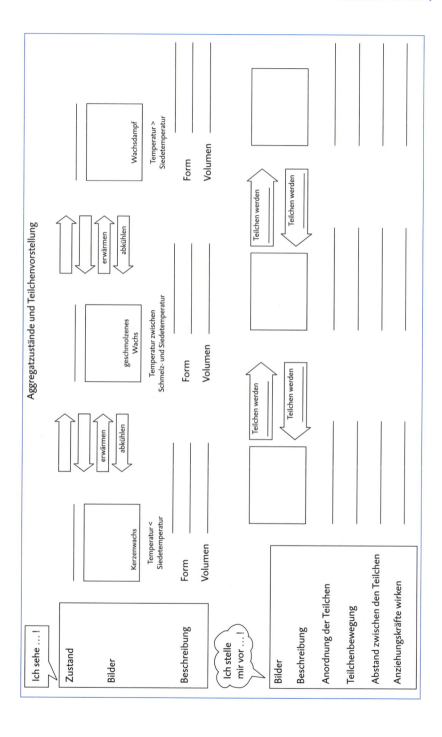

29* Mithilfe des LINDE-Verfahrens kann Luft verflüssigt werden. Die folgende Abbildung zeigt das Funktionsprinzip einer Anlage zur Luftverflüssigung.
  a Erläutere unter Zuhilfenahme des Stoff-Teilchen-Konzeptes die Vorgänge an den Stationen 1–5, die letztendlich zur Luftverflüssigung führen.
  b Zeichne ein, wie die Fließrichtung des Kühlwassers im Kühler a für eine effiziente Kühlung gewählt werden sollte.

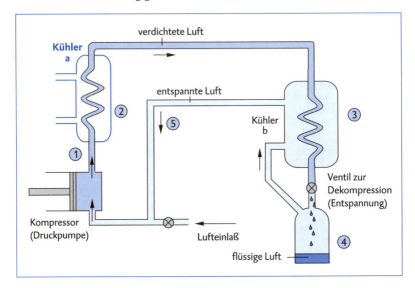

30 Gibt man einen Iod-Kristall in farblosen Alkohol, so erhält man nach einiger Zeit eine gleichmäßig braun gefärbte Iod-Tinktur (Iod-Alkohol-Gemisch). Stelle die ablaufenden Vorgänge auf Teilchenebene in der folgenden Filmleiste zeichnerisch dar.

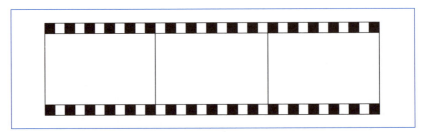

3 Stoffe mischen und trennen

3.1 Homogene und heterogene Stoffgemische

Wasser, Kupfer und Kochsalz sind Reinstoffe, Salzwasser, Messing und Steinsalz hingegen Gemische. Ein Reinstoff besteht nur aus einer Stoffart. Deshalb besitzt er klar definierbare, konstante Eigenschaften, wie die Siedetemperatur oder die Dichte (siehe S. 5 f.). Gemische hingegen bestehen aus verschiedenen Stoffen und können mit physikalischen Trennmethoden in diese einzelnen Stoffe aufgetrennt werden. Die Eigenschaften eines Gemisches ergeben sich somit aus den einzelnen Stoffeigenschaften, wobei dem Mischungsverhältnis eine entscheidende Rolle zukommt.

Beispiel

Das Gemisch Salzwasser besteht aus den Reinstoffen Kochsalz und Wasser. Je nach Salzgehalt schmeckt das Wasser mehr oder weniger salzig. Es könnte sich um eine dickflüssige Salzlake handeln oder um fast reines Wasser. Aus diesem Grund gibt man bei vielen Gemischen die genaue Zusammensetzung an: Physiologische Kochsalzlösung $c(NaCl) = 0,9\,\%$, d. h. pro 100 mL Lösung sind 0,9 g Kochsalz in Wasser gelöst.

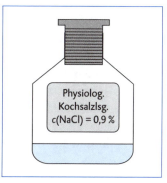

Abb. 9: Gemisch Salzwasser

Rein äußerlich betrachtet unterscheiden sich Salzwasser und Messing nicht von Reinstoffen, deshalb wird diese Art von Gemischen als **homogen** bezeichnet (*homos*, griech.: gleich). Bei Steinsalz und Rauch hingegen erkennt man sofort das Gemisch, da man verschiedene Stoffe optisch unterscheiden kann. Solche Gemische bezeichnet man als **heterogene** Gemische (*heteros*, griech.: verschieden).

Übersicht über die homogenen Gemische:

	in Feststoff	in Flüssigkeit	in Gas
Feststoff	**Legierung**	**Lösung**	–
Flüssigkeiten	–	**Lösung**	–
Gas	–	**Lösung**	**Gasgemisch**

32 • Stoffe und Reaktionen

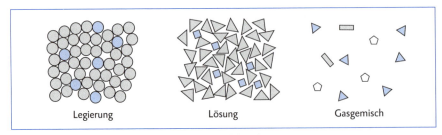

Abb. 10: Darstellung homogener Gemische auf der Teilchenebene

Beispiele

- **Legierung:** Messing ist eine Legierung; es sieht aus wie ein goldglänzendes Metall, ist aber ein Gemisch aus grauem Zink und rötlichem Kupfer.
- **Lösungen:**
  fest/flüssig: Salzwasser
  flüssig/flüssig: Schnaps ist optisch nicht von Wasser zu unterscheiden, enthält aber bis zu 50 % Alkohol. Es ist eine Lösung aus zwei flüssigen Bestandteilen.
  gasförmig/flüssig: Nicht stilles Mineralwasser enthält gelöstes Kohlenstoffdioxid, das beim Öffnen der Flasche zischend entweicht.
- **Gasgemisch:** Luft ist ein Gasgemisch aus 78 % Stickstoff, 21 % Sauerstoff und 1 % Edelgasen und weitere Gase (Kohlenstoffdioxid, Methan etc.).

Übersicht über die heterogenen Gemische:

	in Feststoff	in Flüssigkeit	in Gas
Feststoff	Gemenge	Suspension	Rauch
Flüssigkeiten	(kein spez. Name)	Emulsion	Nebel
Gas	Poröser Stoff	Schaum	–

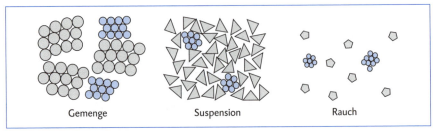

Abb. 11: Darstellung heterogener Gemische auf der Teilchenebene (Teil 1)

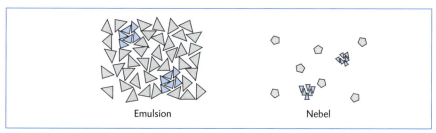

Abb. 12: Darstellung heterogener Gemische auf der Teilchenebene (Teil 2)

Beispiele

- **Gemenge:** Steinsalz ist ein Gemenge aus Kochsalz, Eisenoxid und anderen Mineralien.
- **Suspension:** Naturtrüber Apfelsaft enthält feste Schwebstoffe.
- **Rauch:** Feste Ascheteilchen sind in Luft verwirbelt.
- Ein mit Wasser vollgesogener Schwamm ist ein heterogenes Gemisch aus Flüssigkeit in einem Feststoff.
- **Emulsion:** Beim Salatdressing aus Essig und Öl kann man die verschiedenen Flüssigkeiten in der Emulsion gut unterscheiden. Milch ist eine Emulsion aus Wasser und Öl.
- **Nebel:** In der Luft verteilte Wassertropfen ergeben einen Nebel.
- **Poröser Stoff:** Trockener Tafelschwamm oder Bimssteine.
- **Schaum:** Im Badeschaum bestehen die Schaumblasen aus mit Luft gefülltem Seifenwasser.

3.2 Trennen von Stoffgemischen

Als Chemiker steht man häufig vor dem Problem, dass die gesuchte Substanz nicht als Reinstoff vorliegt, sondern als Teil eines Stoffgemisches. Je nach Gemischtyp bieten sich bestimmte physikalische Trennverfahren an.

Trennen einer Suspension

Durch **Sedimentation** setzen sich festen Bestandteile aus der Suspension am Boden des Gefäßes ab; die Flüssigkeit darüber kann abdekantiert werden. Die Sedimentation kann durch **Zentrifugation** durch bis zu mehreren tausend Umdrehungen pro Minute beschleunigt werden. Alternativ kann die Suspension filtriert werden. Die festen Bestandteile bleiben im Filter zurück, die Flüssigkeit wird als Filtrat aufgefangen.

Trennen einer Lösung (Feststoff in einer Flüssigkeit)
Beim **Eindampfen** und beim **Destillieren** wird die Lösung erhitzt. Bei der Destillation wird die Flüssigkeit wieder aufgefangen, beim Eindampfen geht sie verloren. In beiden Fällen bleibt der Feststoff zurück.

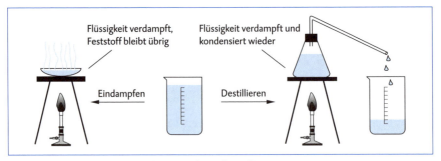

Abb. 13: Trennen einer Lösung durch Eindampfen und Destillieren

Trennen einer Lösung (Flüssigkeit in einer Flüssigkeit)
Besitzen zwei Flüssigkeiten in einer Lösung unterschiedliche Siedetemperaturen, so können sie durch Destillation getrennt werden, da beim Erhitzen zuerst die Komponente mit der niedrigeren Siedetemperatur verdampft, am Rückflusskühler kondensiert und getrennt aufgefangen werden kann. Mithilfe eines Thermometers wird die Temperatur beobachtet. Beginnt diese zu steigen, so muss die Vorlage gewechselt werden, da die zweite Komponente zu sieden beginnt.

Beispiel

Wein ist hauptsächlich ein Gemisch aus Gärungsalkohol und Wasser (die restlichen Bestandteile sind gelöste Geschmacks-, Geruchs- und Farbstoffe). Der Alkohol hat eine Siedetemperatur von 78 °C; Wasser siedet bei 100 °C. Erhitzt man folglich den Wein auf etwa 80 °C, verdampft der Alkohol, aber nur wenig Wasser. Somit erhält man fast reinen Alkohol in der Vorlage der Destillationsapparatur. (Alkohol und Wasser bilden ein sog. azeotropes Gemisch aus 96 % Alkohol und 4 % Wasser. Dieses Gemisch siedet bei niedrigerer Temperatur als reiner Alkohol.)

Bei einer **Destillation** mit einer Destillationsapparatur sind besonders zwei Dinge zu beachten:
- Die Destillationsapparatur muss „offen" sein, damit der Überdruck, der beim Erhitzen entsteht, ausgeglichen werden kann.
- Im Rückflusskühler muss das Kühlwasser gegen die Destillationsrichtung fließen, damit im Kühler die Temperatur in Richtung Vorlage abnimmt.

Stoffe mischen und trennen 35

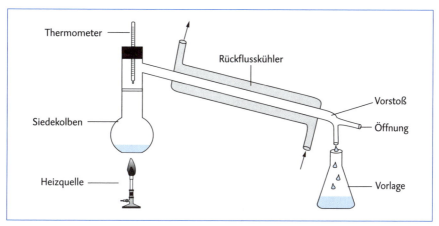

Abb. 14: Trennen einer Lösung aus zwei Flüssigkeiten durch Destillation

Trennen einer Emulsion

Emulsionen können häufig im Scheidetrichter getrennt werden. Dabei sollten die Flüssigkeiten eine unterschiedliche Dichte aufweisen: Die Flüssigkeit mit der größeren Dichte sammelt sich im unteren Teil des Scheidetrichters und kann abgelassen werden.

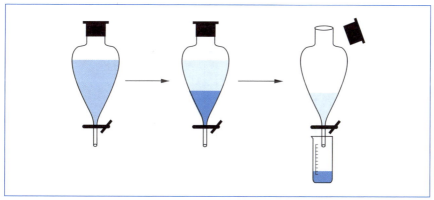

Abb. 15: Trennen einer Emulsion im Scheidetrichter

Weitere Trennmethoden

- **Extraktion:** Trennen von Stoffgemischen aufgrund unterschiedlich guter Löslichkeit.
- **Magnetscheiden:** Trennen von festen Stoffgemischen aufgrund magnetischer Eigenschaften.

36 — Stoffe und Reaktionen

- **Sieben:** Trennen von festen Stoffgemischen aufgrund unterschiedlicher Korngröße
- **Adsorbieren:** Kann man als Spezialfall für eine Filtration ansehen. Ein Stoff bleibt an einem anderen Stoff, dem Adsorbat, „hängen".

Beispiel

Aktivkohle wird z. B. in großen Gasfilteranlagen eingesetzt in Müllverbrennungskraftwerken eingesetzt, um Giftstoffe aus dem Abgas zu entfernen.

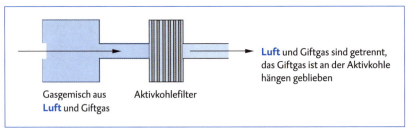

Abb. 16: Adsorption von Giftstoff an Aktivkohle

- **Chromatografie:** Trennung von Stoffgemischen aufgrund
  - unterschiedlicher Löslichkeit in verschiedenen Lösungsmitteln und
  - Adsorptionsstärke der Stoffe an anderen Stoffen.

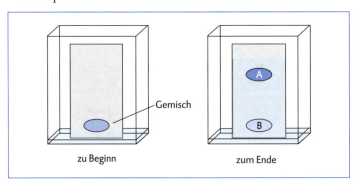

Abb. 17: Trennen zweier Feststoffe durch Chromatografie

Das Lösungsmittel steigt an dem Feststoff, auf dem das Stoffgemisch aufgetragen wurde, empor. Stoff A ist in dem Lösungsmittel gut löslich, es wandert mit dem Lösungsmittel, Stoff B ist unlöslich, er wandert nicht.

Zusammenfassung

- Gemische werden in homogene und heterogene Gemische unterschieden:
  Homogene Gemische: Die Bestandteile können optisch nicht unterschieden werden.
  Heterogene Gemische: Die Bestandteile können erkannt werden.
- Gemische können mit physikalischen Trennmethoden in Reinstoffe getrennt werden. Für jeden Gemischtyp gibt es eine passende Trennmethode.

Aufgaben

31 Benenne folgende Gemische mit den Fachbegriffen. Welche dieser Gemische sind homogen?
Edelstahl (Gemisch aus Eisen und Chrom), Limonade, frisch gepresster Orangensaft, Weißwein, Salatdressing aus Essig und Öl, Sandsturm, Erdöl, Knallgasgemisch aus Wasserstoff und Sauerstoff, Wodka.

32 Schreibe folgende Begriffe so in das Lückenschema, dass eine sinnvolle Mind Map entsteht. Bedenke, es sind mehr Lücken als Begriffe! Ergänze anschließend die verbliebenen Lücken sinnvoll.
Begriffe: Emulsion, Lösung, Legierung, Suspension, homogen, heterogen, Nebel, Rauch, Gemische, Luft, Milch, Zitronenlimo, Lehmwasser.

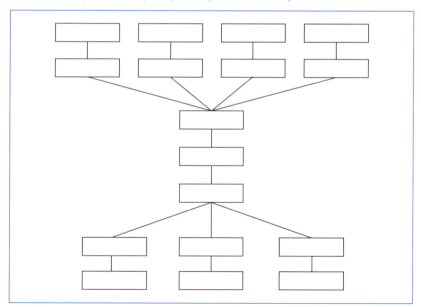

38 / Stoffe und Reaktionen

33 Fische, Krebse, Tintenfische etc. leben dauerhaft unter Wasser. Das ist ein Beleg dafür, dass das Wasser in ihrem Lebensraum ein Stoffgemisch ist. Erläutere diesen Zusammenhang.

34 Zeichne folgende Gemischtypen in der Teilchendarstellung.
- Lösung (Zuckerwasser)
- Suspension

35 Identifiziere mithilfe der Angaben die in der Tabelle aufgeführten Reinstoffe. Lass dich von den Fantasienamen nicht verwirren.

Name	ϑ_m [°C]	ϑ_b [°C]	Dichte [kg/L]
Voldemortium	120	2 000	8,4
Bezoar	22–35	180–224	0,89–0,92
Umbridgelot	347	– (Zersetzung)	0,92

36 Steinsalz ist ein Gemisch aus Kochsalz und anderen Mineralien. Häufig handelt es dabei um das Mineral rotes Eisenoxid. Folgende Informationen sind gegeben:

> **Stoffeigenschaften**
>
> - Kochsalz: weißer Feststoff, wasserlöslich
> - Eisenoxid: roter Feststoff, wasserunlöslich

Entwirf einen Trennungsgang für das Gemisch Steinsalz. Als Resultat soll reines Kochsalz erhalten werden.

37 Dummerweise hat Herr Schmidt in seinen halbvollen Benzinkanister Wasser hinein gefüllt. Er möchte dieses Gemisch wieder trennen, weiß aber nicht wie. Da du im Unterricht gut aufgepasst hast, wirst du ihm sicherlich helfen können. Im Lexikon findest du folgende Tabelle:

Stoff	Löslichkeit in Wasser	Dichte in kg/L	Brennbarkeit
Wasser	gut	1	nein
Schwefelsäure	gut	1,8	nein
Benzin	nein	0,7	ja
Alkohol	gut	0,8	ja

Wie heißt so ein Benzin-Wassergemisch? Wie trennt man es am Besten?

38 Welche Trennverfahren werden hier angewandt:
a Zubereiten von Tee mit heißem Wasser und Teeblättern.
b Entfernen eines Fettflecks aus einem Baumwollhemd.
c Trocknen von nasser Wäsche.
d Müllsortierung, um Eisenschrott herauszusuchen.

39 An den Küsten des Roten Meeres findet man sogenannte Salzgärten. Die Anwohner dort leiten Meerwasser in flache kleine Becken, die voll von der Sonne bestrahlt werden, um so Salz aus Meerwasser zu gewinnen. Beschreibe diesen Trennvorgang mit Fachbegriffen.

40 Welche Eigenschaftsunterschiede zieht man zur Trennung homogener Gemische heran?

41 Fehlersuche: In dieser Tabelle hat der Fehlerteufel in der 1. und 4. Spalte gewütet. Finde alle Fehler und stelle die Tabelle richtig.

Gemisch	Bestandteil 1	Bestandteil 2	Trennverfahren
Suspension	Salz	Wasser	Extrahieren
Emulsion	Alkohol	Wasser	Sieben
Lösung	Lehm	Wasser	Magnetscheiden
Suspension	Sauerstoff	Wasser	Ausgasen
Gemenge	Kohlepulver	Wasser	Filtrieren
Nebel	Wasser	Öl	Filtrieren
Lösung	Aluminiumspäne	Eisenspäne	Eindampfen

42 Solarwasseraufbreitung: In tropischen Ländern haben die Menschen Probleme, an sauberes Trinkwasser zu kommen. Eine Möglichkeit, dem abzuhelfen, wäre folgende Apparatur, mit der man mithilfe der Sonnenstrahlung aus dreckigem Wasser sauberes Wasser gewinnen kann:
Beschreibe unter Verwendung von Fachbegriffen die Trinkwassergewinnung mit dieser Apparatur.

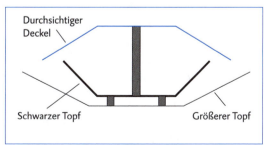

43 Man löst je 35 g Kochsalz und Kaliumaluminiumsulfat in je 100 mL 70 °C warmen Wasser. Dann stellt man die beiden Gläser in den Kühlschrank. Nach 6 Stunden sieht man folgendes Resultat:

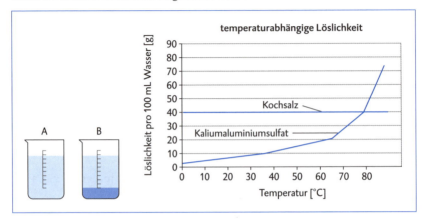

Wie nennt man die Gemische in Glas A und B?
In welchem Glas findet man die Kochsalzlösung, in welchem die Kaliumaluminiumsulfatlösung?

44 Wein wird bis zum Sieden erhitzt, anschließend misst man in regelmäßigen Abständen die Temperatur. Folgende Temperaturszenarien sind denkbar:
- Die Temperatur steigt an.
- Die Temperatur bleibt konstant.
- Die Temperatur sinkt.

Was wird man beobachten können? Begründe deine Entscheidung.

45 Zucker, Sand, Eisenspäne und kleine Kieselsteine sind vermischt worden. Überlege dir einen Trennungsgang für dieses Gemisch.

46 Trinkwassergewinnung in Flusslandschaften erfolgt durch die sogenannte Uferfiltration. Dabei sickert das Flusswasser durch mehrere Sand- und Kiesschichten und wird dabei gereinigt, bis es in der Tiefe von Sammelrohren aufgefangen wird. Diese Methode funktioniert aber nicht ausreichend, wenn das Flusswasser mit Salz belastet ist. Warum?

47 Die Frage, ob der Tee drei, vier oder fünf Minuten ziehen soll, wird unter Teetrinkern leidenschaftlich diskutiert. Warum hat die Zeit, in der der Teebeutel dem heißen Wasser ausgesetzt ist, einen Einfluss auf das Teearoma?

Stoffe mischen und trennen | 41

48 Fehlersuche Destillation: In den folgenden Zeichnungen können Fehler versteckt sein. Suche die Fehler und überlege dir, was geändert werden müsste. Welche Folgen hätte es, arbeitete man mit diesen fehlerhaften Apparaturen?

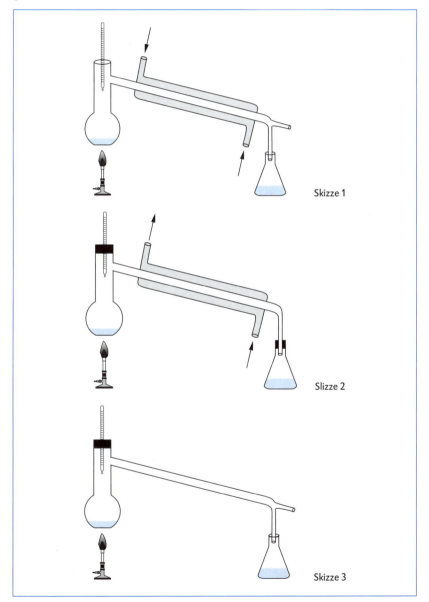

4 Stoffe verschwinden und entstehen: Chemische Reaktionen

4.1 Charakteristika einer chemischen Reaktion

Eine **Chemische Reaktion** ist ein Vorgang, bei dem unter **Energiebeteiligung** Reinstoffe in andere Reinstoffe umgewandelt werden. Da Reinstoffe sich in ihren Stoffeigenschaften unterscheiden, erkennt man an der **Veränderung der Eigenschaften**, dass eine chemische Reaktion abgelaufen ist.

Beispiel | Das Ein- und Ausschalten einer intakten Glühbirne ist ein physikalischer Vorgang, da keine Veränderungen im Wolframdraht auftreten. Bohrt man hingegen in eine (kalte) Glühbirne ein kleines Loch und legt dann Spannung an, dann glüht der Wolframdraht kurz auf. Anschließend ist der Wolframdraht verschwunden und die Glühbirne von innen mit einem gelben Stoff bedeckt. Das schwarze Metall (Wolfram) hat sich in ein gelbes Pulver umgewandelt. Hier ist eine chemische Reaktion abgelaufen.

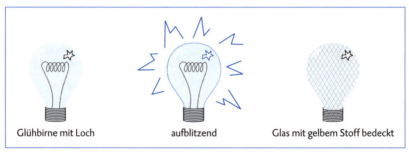

Abb. 18: Chemische Reaktion in einer Glühbirne

Bei einer funktionierenden Glühbirne ist der Glaskolben leer, er enthält ein Vakuum. Durch das Loch der angebohrten Glühbirne hat sich der Glaskolben mit Luft gefüllt. Der glühende Wolframdraht reagiert mit dem Luftsauerstoff zu einem gelben Stoff, dem Wolframtrioxid. Man kann diese chemische Reaktion folgendermaßen darstellen:

Wolfram (s) + Sauerstoff (g) ⟶ Wolframtrioxid (s)

Den Pfeil spricht man als „reagiert zu" oder „reagieren zu" aus. Wolfram und Sauerstoff sind die **Ausgangsstoffe**, Fachbegriff **Edukte**, Wolframtrioxid ist das **Produkt**.

4.2 Typen chemischer Reaktionen

Grundsätzlich unterscheidet man drei verschiedene Typen von chemischen Reaktionen: **Synthese, Zersetzung (Analyse)** und **Umsetzung**.

- Eine **Synthese** ist eine chemische Reaktion, bei der aus zwei verschiedenen Reinstoffen ein neuer Reinstoff entsteht.

  Reinstoff A + Reinstoff B ⟶ Reinstoff C

  Auf Teilchenebene muss man sich das so vorstellen:

  Beispiele
  Wolfram (s) + Sauerstoff (g) ⟶ Wolframtrioxid (s)
  Wasserstoff (g) + Sauerstoff (g) ⟶ Wasser (l)
  Eisen (s) + Schwefel (s) ⟶ Eisensulfid (s)

- Eine **Zerlegung** oder **Analyse**[2] ist eine chemische Reaktion, bei der aus einem Reinstoff zwei Reinstoffe entstehen.

  Reinstoff C ⟶ Reinstoff A + Reinstoff B

  Auf Teilchenebene muss man sich das so vorstellen:

  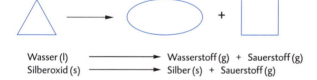

  Beispiele
  Wasser (l) ⟶ Wasserstoff (g) + Sauerstoff (g)
  Silberoxid (s) ⟶ Silber (s) + Sauerstoff (g)

- Eine **Umsetzung** ist im Prinzip die Kombination aus Analyse und Synthese.

  Reinstoff A + Reinstoff B ⟶ Reinstoff C + Reinstoff D

  Auf Teilchenebene muss man sich das so vorstellen:

  Beispiel
  Eisenoxid (s) + Aluminium (s) ⟶ Aluminiumoxid (s) + Eisen (s)

---

[2] Analyse ist historisch der Name für die Zerlegung eines Reinstoffs. Mittlerweile wird der Begriff Analyse aber für den Vorgang verwendet, herauszufinden, welcher Stoff sich in einer Probe befindet (qualitative A.) oder wie viel eines Stoffes in der Probe enthalten sind (quantitative A.).

44 / Stoffe und Reaktionen

> Kann ein Reinstoff durch eine chemische Reaktion nicht weiter zerlegt werden, so handelt es sich um ein **Element**. Reinstoffe, die in andere Reinstoffe zerlegt werden können, bezeichnet man als **chemische Verbindungen**.

Folglich sind Wolframtrioxid, Wasser, Eisensulfid und Silberoxid chemische Verbindungen.

4.3 Energiebeteiligung bei chemischen Reaktionen

Chemische Reaktionen laufen immer unter Energiebeteiligung ab. Bezüglich der Energiebeteiligung unterscheidet man zwei Typen chemischer Reaktionen: **exotherme** und **endotherme** Reaktionen.

- Wird bei einer Reaktion Wärmeenergie aufgenommen und in chemische Energie umgewandelt, handelt es sich um eine **endotherme** Reaktion.

Beispiel

Erhitzt man blaues Kupfervitriol (wasserfreies Kupfersulfat) in einem Reagenzglas, so erhält man ein weißes Pulver und Wasser, das sich am Reagenzglasrand niederschlägt. Die chemische Reaktion lautet:

Kupfervitriol (s) + Wärme $\longrightarrow$ Kupfersulfat (s) + Wasser (g)

> Kennzeichen einer **endothermen** Reaktion: Die Produkte enthalten **mehr** chemische Energie als die Edukte; während des Reaktionsverlaufs wird Energie aufgenommen.

- Wird bei einer Reaktion Wärmeenergie abgegeben und somit chemische Energie in Wärme umgewandelt, so handelt es sich um eine **exotherme** Reaktion.

Beispiel

Gibt man zu wasserfreiem Kupfersulfat etwas Wasser, so entsteht blaues Kupfervitriol und Wärme wird abgegeben, d. h. die Temperatur der Mischung steigt.

Kupfersulfat (s) + Wasser (l) $\longrightarrow$ Kupfervitriol (s) + Wärme

> Kennzeichen einer **exothermen** Reaktion: Die Produkte enthalten **weniger** chemische Energie als die Edukte; während des Reaktionsverlaufs wird Energie als Wärme, Licht etc. abgegeben.

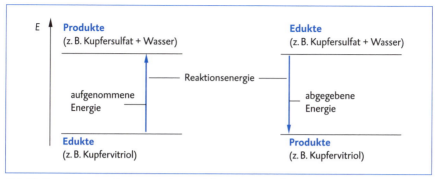

Abb. 19: Energieschemata für eine endotherme (links) und eine exotherme Reaktion (rechts)

Exotherm und endotherm sind historische Begriffe, eigentlich beziehen sie sich nur auf die Wärme, die bei einer chemischen Reaktion aufgenommen oder abgegeben wird. Man verwendet sie aber für alle Energieformen, d. h. eine Reaktion, bei der Energie z. B. nur in Form von Licht abgegeben wird, heißt auch exotherm. Exotherm wird im Sinne von **exoenergetisch**, endotherm im Sinne von **endoenergetisch** verwendet.

4.4 Aktivierung chemischer Reaktionen

Die chemische Reaktion von wasserfreiem Kupfersulfat mit Wasser zu blauem Kupfervitriol ist ein Beispiel für eine exotherme Reaktion, die sofort abläuft, wenn die Edukte zusammen kommen. Sehr viele exotherme Reaktionen laufen aber erst nach einer sogenannten Aktivierung ab.

Beispiele

- Die Verbrennung von Kerzenwachs ist eindeutig eine exotherme Reaktion. Trotzdem muss man den Docht einer Kerze erhitzen (anzünden).
- Die Reaktion in der mit Luft gefüllten Glühbirne zwischen Wolfram und Sauerstoff ist eine exotherme Reaktion, die aber erst abläuft, wenn man den Draht elektrisch erhitzt.
- Eine Holzscheune beginnt erst zu brennen, wenn der Blitz einschlägt.
- Zündet man ein Papier an, so verbrennt es vollständig zu Asche.

Die Aktivierung kann man sich folgendermaßen vorstellen: Durch Energiezufuhr werden die Eduktteilchen einer exothermen Reaktion in einen reaktionsbereiten Zustand gebracht. Haben die Teilchen begonnen, miteinander zu reagieren, so läuft die Reaktion unter Energieabgabe vollständig ab.

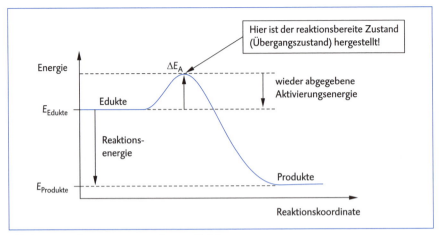

Abb. 20: Energiediagramm einer exothermen Reaktion

Die **Reaktionsenergie** ist die bei dieser chemischen Reaktion freiwerdende Energie. Sie entspricht der Differenz der chemischen Energie der Produkte und Edukte:

$\Delta E_R = E_{Produkte} - E_{Edukte}$

Bei einer exothermen Reaktion hat die Reaktionsenergie folglich ein negatives Vorzeichen.

Beispiel Wasserstoff (g) + Sauerstoff (g) ⟶ Wasser (g) $\Delta E_R = -482$ kJ

Die **Aktivierungsenergie** ist der nötige Energiebetrag, um die Reaktion zu starten. Sie entspricht immer dem Energiebetrag, der aufgewendet werden muss, um den reaktionsbereiten Zustand, den **Übergangszustand**, zu erreichen.

Auch endotherme Reaktionen müssen aktiviert werden. Diese Aktivierung ist aber praktisch nicht zu beobachten, da bei einer endothermen Reaktion die gesamte Reaktionszeit über Energie zugeführt werden muss.

Beispiel Die Elektrolyse von Wasser ist eine endotherme Reaktion.

Wasser (l) ⟶ Wasserstoff (g) + Sauerstoff (g) $\Delta E_R = +482$ kJ

Es muss Energie aufgewendet werden, um Wasser zu spalten, diese aufgenommene Reaktionsenergie ist jetzt als chemische Energie in den Produkten Wasserstoff und Sauerstoff gespeichert.

Stoffe verschwinden und entstehen: Chemische Reaktionen | 47

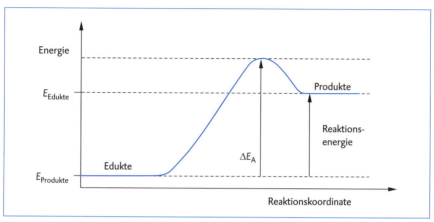

Abb. 21: Energiediagramm einer endothermen Reaktion

Katalyse

Manche Stoffe können aufgrund sehr hoher Aktivierungsenergie nicht zur Reaktion gebracht werden. Ein Erhitzen würde nicht ausreichen oder die Stoffe sind bei diesen Temperaturen nicht stabil. Die Zugabe eines **Katalysators**, d. h. eines weiteren Stoffes, ermöglicht das Ablaufen einer solchen Reaktion, indem dieser die Aktivierungsenergie senkt.

Beispiel

Wasserstoffperoxid ist eine chemische Verbindung, die in einer exothermen Reaktion zu Wasser und Sauerstoff reagiert. Man kann Wasserstoffperoxid als wässrige Lösung längere Zeit aufbewahren, ohne dass sie sich zersetzt. Doch gibt man den Stoff Braunstein (Mangandioxid) dazu, so läuft die chemische Reaktion zu Wasser und Sauerstoff spontan ab. Braunstein ändert nichts an der chemischen Reaktion. Es zersetzt sich weiterhin Wasserstoffperoxid unter Bildung von Wasser und Sauerstoff. Folglich ändert sich auch die Reaktionenergie nicht, weil die Edukte und Produkte sich nicht ändern. Da die Reaktion nun bei Raumtemperatur spontan abläuft, bringt Braunstein die Wasserstoffperoxidmoleküle in einen reaktionsbereiten Zustand und wirkt als Katalysator.

Ein **Katalysator** hat folgende Eigenschaften:
- Er senkt die Aktivierungsenergie (und beschleunigt damit die Reaktion).
- Die Reaktionsenergie wird nicht verändert!
- Er geht nicht in die Reaktion mit ein und liegt hinterher unverändert vor, d.h. ein Katalysator verbraucht sich nicht.

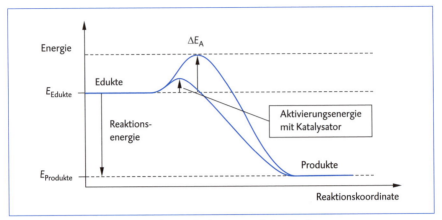

Abb. 22: Energiediagramm einer exothermen Reaktion mit und ohne Katalysator

Aus dem Alltag ist der Kfz-Katalysator bekannt. Er katalysiert die Reaktion zwischen Schadstoffen im Abgas zu ungefährlichen Stoffen.

4.5 Gesetzmäßigkeiten bei chemischen Reaktionen

Gesetz von der Erhaltung der Masse

Bei einer chemischen Reaktion kann weder Masse entstehen noch verschwinden. Dies bedeutet, dass die Summe der Massen der Edukte gleich die der Produkte sein muss. Dieses wichtige chemische Grundgesetz formulierte Antoine Laurent de LAVOISIER im Jahr 1789.

Beispiel: Stellt man eine brennende Kerze auf eine Waage, so beobachtet man eine scheinbare Massenabnahme im Verlaufe der Reaktion. Verbrennt man Eisenwolle auf einer Waage, so nimmt die Masse scheinbar zu. Bei der brennenden Kerze entstehen aber gasförmige Reaktionsprodukte, die nicht mitgewogen werden; somit nimmt die Masse scheinbar im Verlauf der Reaktion ab. Eisenwolle reagiert mit dem Sauerstoff der Luft zu Eisenoxid. Diese Stoffportion Sauerstoff hat man aber vor Versuchsbeginn nicht mitgewogen, somit scheint die Masse zuzunehmen.

Lässt man eine chemische Reaktion in einem geschlossenen System ablaufen, so lässt sich keine Massenänderung feststellen, da in diesem Fall auch die gasförmigen Reaktionsedukte oder -produkte mitgewogen werden.

Stoffe verschwinden und entstehen: Chemische Reaktionen ⫸ 49

Gesetz von der Erhaltung der Massen (Massenerhaltungssatz):
Bei einer chemischen Reaktion ändert sich also die Gesamtmasse der Reaktionspartner nicht. Die Massen aller Edukte entspricht den Massen aller Produkte:
$m(\text{Edukt 1}) + m(\text{Edukt 2}) + m(\text{Edukt 3}) + \ldots = m(\text{Produkt 1}) + m(\text{Produkt 2}) + m(\text{Produkt 3}) + \ldots$

Gesetz der konstanten Massenverhältnisse

Der französische Chemiker Louis Joseph PROUST fand heraus, dass man bei allen chemischen Reaktionen konstante Massenverhältnisse zwischen den reagierenden Elementen beobachten kann. Aufgrund dieser Beobachtungen formulierte er im Jahre 1806 das „**Gesetz der konstanten Massenverhältnisse**".

Jede chemische Verbindung ist aus verschiedenen Elementen in einem bestimmten Massenverhältnis zusammengesetzt. Dieses Massenverhältnis ist konstant.

Beispiele

Misst man bei der Eisensulfidsynthese aus Eisen und Schwefel die Masse des Eisens und des Reaktionsproduktes Eisensulfid genau, so kann man ausrechnen, welche Masse an Schwefel reagiert hat:

$$\text{Eisen (s)} \; + \; \text{Schwefel (s)} \longrightarrow \text{Eisensulfid (s)}$$
$$\Rightarrow m(\text{Eisen}) \; + \; m(\text{Schwefel}) \longrightarrow m(\text{Eisensulfid})$$
$$5,6\,\text{g} \qquad\qquad ? \qquad\qquad\qquad\qquad 8,8\,\text{g}$$

Nach dem Massenerhaltungssatz muss gelten:

$$m(\text{Schwefel}) = m(\text{Eisensulfid}) - m(\text{Eisen}) = 8,8\,\text{g} - 5,6\,\text{g} = 3,2\,\text{g}$$
$$\Rightarrow 5,6\,\text{g Eisen} \; + \; 3,2\,\text{g Schwefel} \longrightarrow 8,8\,\text{g Eisensulfid}$$

Beim Einsatz anderer Mengen Eisen erhält man immer das gleiche Massenverhältnis:

$m(\text{Eisen})$	$m(\text{Schwefel})$	$m(\text{Eisensulfid})$	$\dfrac{m(\text{Eisen})}{m(\text{Schwefel})}$
5,6 g	3,2 g	8,8 g	1,75
7 g	4 g	11 g	1,75
10 g	5,71 g	15,71 g	1,75

Bei der Elektrolyse von Wasser im Hoffmann'schen Zersetzungsapparat entstehen Wasserstoff und Sauerstoff im Volumenverhältnis 2 : 1, also entsteht das doppelte Volumen an Wasserstoff. Entsprechend reagieren 2 Volumenteile Wasserstoff mit 1 Volumenteil Sauerstoff vollständig zu Wasser (Wassersynthese). Rechnet man mithilfe der Dichte die Gasvolumina in Massen um, so ergibt sich folgendes konstantes Massenverhältnis:

$$\frac{m(\text{Wasserstoff})}{m(\text{Sauerstoff})} = \frac{1}{8}$$

Das bedeutet, dass 1 g Wasserstoff und 8 g Sauerstoff vollständig zu 9 g Wasser reagieren.

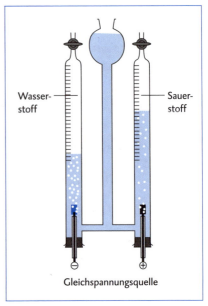

Abb. 23: Volumenverhältnisse im Hofmann'schen Wasserzersetzer

Satz von Avogadro

Bereits Anfang des 19. Jahrhunderts war bekannt, dass Gase unabhängig von der Art der Gasteilchen bei gleichem Druck und gleicher Temperatur das gleiche Volumen einnehmen. Aus dieser Beobachtung folgerte der italienische Forscher AVOGADRO:

> Gleiche Volumina verschiedener Gase enthalten gleich viele Teilchen (bei gleichem Druck und gleicher Temperatur). Diese Erkenntnis wird als **Satz des Avogadro** bezeichnet.

Beispiel

Führt man die Wassersynthese unter Bedingungen durch, bei der das gebildete Wasser gasförmig bleibt und misst exakt die Gasvolumina, so erhält man folgendes Ergebnis:

2 Volumenteile (VT) Wasserstoff + 1 VT Sauerstoff ⟶ 2 VT Wasser

4.6 John Daltons Atomhypothese

Der Chemiker JOHN DALTON (1766–1844) wusste, dass Wasser im Wasserstoff und Sauerstoff im Volumenverhältnis 2 : 1 und Massenverhältnis 1 : 8 zerlegt werden konnte. Man konnte diese chemische Reaktion auf Teilchenebene so darstellen:

Wasserteilchen   Sauerstoffteilchen   Wasserstoffteilchen

Nach Demokrit können Atome nicht gespalten werden, daraus schloss Dalton, dass es sich bei dem Wasserteilchen um eine chemische Verbindung aus Wasserstoff und Sauerstoffteilchen handeln muss, die man sich auf Teilchenebene so vorstellen kann:

Wasserteilchen   Sauerstoffatom   Wasserstoffatome

Er verallgemeinerte seine Beobachtungen zu folgender Atomhypothese:

> **Daltons Atomhypothese:**
> - Elemente bestehen aus Atomen, jedes Element aus einer eigenen Atomsorte. Atome eines Elements sind gleich. Die Atome verschiedener Elemente unterscheiden sich in ihrer Masse und Größe.
> - Chemische Verbindungen bestehen aus Atomen verschiedener Elemente in einem ganz bestimmten Zahlenverhältnis.
> - Bei einer chemischen Reaktion werden Atome miteinander zu chemischen Verbindungen verbunden oder voneinander getrennt.

John Dalton hatte den Atomen grafische Symbole zugeordnet, als praktischer aber erwies es sich, Buchstaben zu verwenden. Jedes Element wird von einem Kürzel repräsentiert, das aus einem oder zwei Buchstaben besteht, dieses Kürzel wird als **Atomartensymbol** bezeichnet. Bei Elementen, die erst in den letzten 300 Jahren entdeckt wurden, entspricht das Atomartensymbol dem bzw. den Anfangsbuchstaben. Bei Elementen, die seit der Antike und dem Mittelalter bekannt sind, leitet sich das Atomartensymbol von dem griechischen oder lateinischen Namen ab.

Atomartensymbol ergibt sich aus dem historischen Namen des Elements			Atomartensymbol ~ Anfangsbuchstabe(n)	
Wasserstoff	**H**ydrogenium	H	**U**ran	U
Sauerstoff	**O**xygenium	O	**Al**uminium	Al
Stickstoff	**N**itrogenium	N	**Ti**tan	Ti
Kohlenstoff	**C**arbonium	C	**Cl**or	Cl
Schwefel	**S**ulfur	S	**I**od	I
Eisen	**Fe**rrum	Fe	**Na**trium	Na
Kupfer	**Cu**prum	Cu	**Ca**lcium	Ca
Blei	**Pl**umbum	Pb	**M**agnesium	Mg
Silber	**Ag**entum	Ag	**W**olfram	W
Gold	**Au**rum	Au	**P**hosphor	P
Quecksilber	**H**y**g**drargyrum	Hg	**He**lium	He
Zinn	**S**tannum	Sn	**Z**ink	Zn

Tab. 5: Beispiele für Elemente und ihre Symbole

Abb. 24: Bedeutung des Atomartensymbols

4.7 Die Reaktionsgleichung

Möchte man Reaktionsgleichungen aufstellen, so muss man wissen, ob es sich bei den Reaktionsedukten und -produkten um Atome oder chemische Verbindungen handelt. Betrachtet man Reaktionen gasförmiger Verbindungen, kann man sich dies aus den Volumenverhältnissen ableiten, da nach dem Satz von Avogadro in jedem Volumenanteil gleich viele Teilchen (bei gleichem Druck und gleicher Temperatur) enthalten sind.

Beispiel   Bei der Wassersynthese erhält man folgendes Ergebnis:

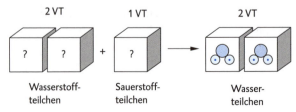

Das Wasserteilchen besteht aus der chemischen Verbindung von zwei Wasserstoffteilchen und einem Sauerstoffteilchen, wie Dalton herausfand und kann als H$_2$O geschrieben werden. Zusätzlich gilt auch der Massenerhaltungssatz. Damit auf der linken und auf der rechten Seite der Gleichung gleich viele Wasserstoff- und Sauerstoffmoleküle vorhanden sind, denn nur dann ist eine Reaktionsgleichung richtig, müssen Wasserstoff und Sauerstoff als **zweiatomige Moleküle** vorliegen.

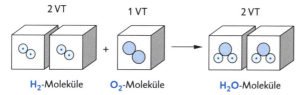

Somit lautet die Reaktionsgleichung für die Wassersynthese:

2 H$_2$ (g)   + O$_2$ (g)   ⟶   2 H$_2$O (g)
2 Wasserstoffmoleküle   1 Sauerstoffmolekül   2 Wassermoleküle

Atombilanz:
4 Wasserstoffatome   2 Sauerstoffatome   4 Wasserstoffatome
                                                            2 Sauerstoffatome

Die **Atombilanz** einer Reaktionsgleichung muss stimmen, d. h. auf jeder Seite des Reaktionspfeils müssen die gleiche Anzahl der verschiedenen Atome vorhanden sein.

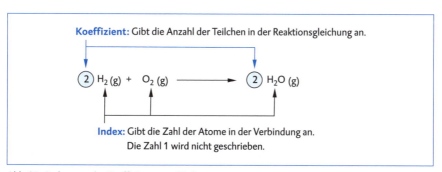

Abb. 25: Bedeutung der Koeffizienten und Indices

Beispiel

1 VT Stickstoff (g) und 3 VT Wasserstoff(g) reagieren zu Ammoniak(g)
⇒ Vermutung: Die Formel von Ammoniak lautet NH$_3$.
Das Experiment liefert folgende Beobachtung:
1 VT Stickstoff (g) + 3 VT Wasserstoff (g) → 2 VT Ammoniak(g)

54 ▸ Stoffe und Reaktionen

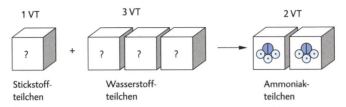

Wasserstoff ist ein zweiatomiges Molekül. Da als Produkt zwei VT Ammoniak entstehen, aber nur ein VT Stickstoff eingesetzt wird, muss Stickstoff ebenfalls als zweiatomiges Molekül vorliegen.

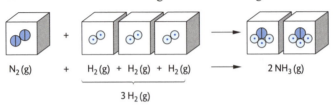

Aufgrund ähnlicher Experimente und Beobachtungen wurde herausgefunden, dass folgende Elemente als zweiatomige Moleküle vorliegen: Stickstoff N_2, Sauerstoff O_2, Wasserstoff H_2, Fluor F_2, Chlor Cl_2, Brom Br_2 und Iod I_2.

Aufstellen von Reaktionsgleichungen

1. Wortgleichung aufstellen
   Wasserstoff + Sauerstoff ⟶ Wasser
2. Edukte und Produkte als Formeln hinschreiben.
   $H_2 (g) + O_2 (g) \longrightarrow H_2O (g)$
3. Jetzt muss die Atombilanz überprüft und gegebenenfalls durch Koeffizienten richtig gestellt werden. Ist der Koeffizient = 1, so schreibt man ihn nicht.
   Achtung: An den Indices darf man nichts verändern.
   Überprüfung: 2 Wasserstoffatome links, 2 Wasserstoffatome rechts ⇒ passt.
                  2 Sauerstoffatome links, 1 Sauerstoffatom rechts ⇒ passt nicht.
   Konsequenz: Anzahl der Wassermoleküle verdoppeln, indem man den Koeffizienten 2 einfügt.
   $H_2 (g) + O_2 (g) \longrightarrow 2 H_2O (g)$
   Überprüfung: 2 Wasserstoffatome links, 4 Wasserstoffatome rechts ⇒ passt nicht.
                  2 Sauerstoffatome links, 2 Sauerstoffatom rechts ⇒ passt.
   Konsequenz: Anzahl der Wasserstoffmoleküle verdoppeln, indem man den Koeffizienten 2 einfügt.
   $2 H_2 (g) + O_2 (g) \longrightarrow 2 H_2O (g)$
   Überprüfung: 4 Wasserstoffatome links, 4 Wasserstoffatome rechts ⇒ passt.
                  2 Sauerstoffatome links, 2 Sauerstoffatom rechts ⇒ passt.
⇒ Reaktionsgleichung ist richtig aufgestellt.

Stoffe verschwinden und entstehen: Chemische Reaktionen | 55

4.8 Verhältnisformel und Molekülformel

Mithilfe des Satzes von Avogadro kann man die Formeln von gasförmigen Verbindung bestimmen, indem man Volumina vergleicht. Um die Zusammensetzung von Feststoffen zu bestimmen, benötigt man entweder die Massen der einzelnen Atome oder ihr Massenverhältnis. Laut Dalton bestehen Elemente aus gleichen Atomen mit einer bestimmten Masse. Folglich besteht zwischen der Stoffmasse m (Stoff X) und der Masse eines Atoms X m(X-Atom) folgender Zusammenhang:

m(Stoff X) = N(X-Atome) · m(X-Atom)
N(X-Atome) bedeutet „Anzahl der X-Atome".

Beispiel

Ein Alltagsbeispiel dazu: Ein Kasten Schrauben enthält mehrere Schrauben, jede Schraube hat dieselbe Masse. Dann kann man mit der Formel

m(alle Schrauben) = N(Schrauben) · m(Schraube)

wenn das Gewicht einer Schraube und aller Schrauben zusammen bekannt ist, die Anzahl der Schrauben berechnen.

Ist bei einer chemischen Verbindung das Atomzahlverhältnis bekannt, kann man daraus direkt die Verhältnisformel der Verbindung ablesen.

Ist das **Atomzahlverhältnis** $\dfrac{N\text{(A-Atome)}}{N\text{(B-Atome)}} = \dfrac{2}{1}$, so lautet die Formel A_2B

Jetzt kann man mithilfe folgender Beziehung die Anzahl der A- und der B-Atome berechnen:

$$\frac{m\text{(Stoff A)}}{m\text{(Stoff B)}} = \frac{N\text{(A-Atome)}}{N\text{(B-Atome)}} \cdot \frac{m\text{(A-Atome)}}{m\text{(B-Atome)}}$$

Verhältnis der Stoffmassen in der Verbindung	Atomzahlenverhältnis der Verbindung	Verhältnis der Atommassen

Den ersten Term m(Stoff A) : m(Stoff B) kann man experimentell nach dem Massenerhaltungssatz bestimmen (siehe S. 48). Hingegen für den letzten Term m(A-Atome) : m(B-Atome) benötigt man nicht die exakten Atommassen, das Verhältnis zueinander reicht aus. Früher kannten die Forscher die exakten Atommassen nicht. Mithilfe einer Vielzahl von Experimenten konnten sie die relativen atomaren Massen bestimmen, z. B.

- die Masse eines Sauerstoffatoms entspricht dem 16-fachen der Masse des Wasserstoffatoms.

56 ✎ Stoffe und Reaktionen

- die Masse eines Eisenatoms entspricht dem 1,75-fachen der Schwefelatommasse.
- die Masse eines Wolframatoms entspricht dem 11,5-fachen der Masse eines Sauerstoffatoms.

Beispiel

Die Formel für den Stoff Eisensulfid kann aus dem Massenverhältnis von $m(\text{Fe})/m(\text{S}) = 1{,}75$ (siehe S. 49) und dem Atommassenverhältnis folgendermaßen berechnet werden:

$$\frac{m(\text{Fe})}{m(\text{S})} = \frac{N(\text{Fe-Atome})}{N(\text{S-Atome})} \cdot \frac{m(\text{Fe-Atome})}{m(\text{S-Atome})}$$

$$1{,}75 = \frac{N(\text{Fe-Atome})}{N(\text{S-Atome})} \cdot 1{,}75$$

$$\Rightarrow \frac{N(\text{Fe-Atome})}{N(\text{S-Atome})} = \frac{1}{1}$$

$\Rightarrow$ Das Eisensulfid hat die Verhältnisformel FeS

Mithilfe der Atomartensymbole kann man die Zusammensetzung chemischer Verbindungen exakt wiedergeben. Dabei muss man zwischen Salzen und Molekülen unterscheiden. Für Moleküle gibt die **Molekülformel** exakt die Zusammensetzung dieses Teilchens an, z.B. lautet die Molekülformel für Wasser H_2O, d.h. das Wassermolekül ist aus 2 Wasserstoff- und einem Sauerstoffatom zusammengesetzt. Hingegen besagt die **Verhältnisformel** FeS für den Stoff Eisensulfid, dass dieses Salz aus Eisen- und Sulfidionen im Verhältnis 1 : 1 zusammengesetzt ist.

Beispiel

$C_6H_{12}O_6$

Molekülformel	**Verhältnisformel**
Das Molekül ist aus	Die Verbindung ist aus Kohlenstoff,
• 6 Kohlenstoffatomen	Wasserstoff- und Sauerstoffatomen im
• 12 Wasserstoffatomen	Verhältnis 1:2:1 zusammengesetzt.
• 6 Sauerstoffatomen	
zusammengesetzt.	

Man gibt für Moleküle immer die Molekülformel an, die Verhältnisformel liefert zu wenig Information über den tatsächlichen Bau des Moleküls.

Abb. 26: Unterschied zwischen Molekül- und Verhältnisformel

Die **Molekülformel** beschreibt die exakte Teilchenzusammensetzung, die **Verhältnisformel** das Atomzahlenverhältnis der chemischen Verbindung. Für Salze kann nur eine Verhältnisformel angegeben werden.

Stoffe verschwinden und entstehen: Chemische Reaktionen 57

4.9 Regeln zum Aufstellen der Formeln und zur Benennung binärer Verbindungen

Bei Salzen, also chemischen Verbindungen aus Metall- und Nichtmetallatomen, wird das Atomartensymbol des Metalls vor das des Nichtmetalls geschrieben (z. B. FeS, MgO, NaCl, WO_3). Bei Molekülen, also Verbindungen aus Nichtmetallatomen, ist eine Reihenfolge festgelegt worden:

vorne Rn, Xe, Kr, B, Si, C, Sb, As, P, N, H, Te, Se, S, At, I, Br, Cl, O, F hinten

Benennung binärer Verbindung (Verbindungen aus 2 Elementen): Für viele chemische Verbindungen haben sich so genannte Trivialnamen eingebürgert, die aus praktischen oder historischen Gründen verwendet werden, obwohl es genaue Regeln gibt, wie chemische Verbindungen zu benennen sind. Beispielsweise sagt jeder Chemiker „Wasser", wenn er den Stoff Diwasserstoffmonooxid meint oder er redet von „Ammoniak" und meint Triwasserstoffmononitrid. Der Vorteil des exakten Namens ist, dass man aus dem Namen die genaue Zusammensetzung und Formel des Stoffes herauslesen kann.

Beispiele

Diwasserstoffmonooxid $\Rightarrow$ 2 Atome Wasserstoff und 1 Atom Sauerstoff $\Rightarrow H_2O$

Triwasserstoffmononitrid $\Rightarrow$ 3 Atome Wasserstoff und 1 Atom Stickstoff $\Rightarrow NH_3$

Um die Atomzahlverhältnis zu beschreiben, verwendet man griechische Zahlwörter.

1	2	3	4	5	6	7	8	9	10
mono	di	tri	tetra	penta	hexa	hepta	okta	nona	deca

Das in der Formel zuerst genannte Element behält seinen Namen, das zweitgenannte erhält den Stamm des historischen Namens mit der Endung -id (z. B. Sauerstoff → oxid, Schwefel → sulfid, Wasserstoff → hydrid). Gibt es keinen historischen Namen, so wird an den eigentlichen Namen die Endung -id angehängt (z. B. Chlor → Chlorid).

Beispiele

WO_3 heißt Wolframtrioxid (nicht Monowolframtrioxid, das Zahlwort „mono" am Anfang wird nicht verwendet).

Mg_3P_2 heißt Trimagnesiumdiphosphid.

58 Stoffe und Reaktionen

4.10 Wertigkeit

Auch zum Aufstellen einer Formel gibt es Regeln, wenn nur die beteiligten Elemente bekannt sind. Man spricht von der Wertigkeit der Atome. Dazu muss man aber wissen, dass das Konzept der Wertigkeit nicht allgemeingültig ist und viele Ausnahmen kennt. Es ist kein Naturgesetz. (Erst mit fortgeschrittenen Kenntnissen im Atombau ist man in der Lage, die Zusammensetzung von Verbindungen erklären zu können.)

> Unter der **Wertigkeit** eines Atoms in einer Verbindung versteht man die Anzahl der Wasserstoffatome, die dieses Atom bindet oder ersetzt.

Beispiele

H_2	Wasserstoff bindet ein Wasserstoffatom	Wasserstoff ist einwertig
HCl	Chlor bindet ein Wasserstoffatom	Chlor ist einwertig
H_2O	Sauerstoff bindet zwei Wasserstoffatome	Sauerstoff ist zweiwertig
H_2S	Schwefel bindet zwei Wasserstoffatome	Schwefel ist zweiwertig
NH_3	Stickstoff bindet drei Wasserstoffatome	Stickstoff ist dreiwertig
CH_4	Kohlenstoff bindet vier Wasserstoffatome	Kohlenstoff ist dreiwertig

Wasserstoff ist immer **einwertig** und Sauerstoff ist immer **zweiwertig**.

Ausnahmen: Chlor, Stickstoff und Schwefel sind in Verbindungen mit Wasserstoff und Metallen immer ein, drei bzw. zweiwertig. In molekularen Verbindungen mit Sauerstoff können sie aber auch andere Wertigkeiten annehmen, z. B. ist Schwefel im Schwefeldioxid vierwertig.

Anwenden der Wertigkeit auf Nichtwasserstoffverbindungen

In der obigen Regel heißt es ja „ ... Anzahl der Wasserstoffatome, die dieses Atom ... ersetzt.". Ersetzt man die einwertigen Wasserstoffatome im CH_4 durch zweiwertige Sauerstoffatome, so erhält man die Verbindung Kohlenstoffdioxid CO_2. Zum selben Ergebnis kommt man, wenn man gleich vierwertigen Kohlenstoff und zweiwertigen Sauerstoff kombiniert.

Anwenden der Wertigkeit auf Metall-Nichtmetallverbindungen, also Salze

Beispiele

Natriumchlorid NaCl
Betrachtet man die Verbindung, so fällt auf, dass im Vergleich zu Wasserstoffchlorid HCl das Wasserstoffatom durch ein Natriumatom ersetzt wurde, somit muss das Natriumatom einwertig sein.

Stoffe verschwinden und entstehen: Chemische Reaktionen / 59

Eisensulfid FeS
Betrachtet man die Verbindung Eisensulfid FeS, so fällt auf, dass im Vergleich zu Wasserstoffsulfid H_2S die beiden Wasserstoffatom durch ein Eisenatom ersetzt wurden, somit muss das Eisenatom hier zweiwertig sein.

Dieisentrioxid Fe_2O_3
Hier muss anders an die Sache herangegangen werden. Man kennt die Wertigkeit des Sauerstoffatoms, diese ist immer zweiwertig. 3 zweiwertige Sauerstoffatome sind insgesamt sechswertig. Folglich müssen die 2 Eisenatome auch sechswertig sein $\Rightarrow$ jedes Eisenatom ist hier dreiwertig.
Man erkennt folgenden Zusammenhang:
Für Fe_2O_3 gilt Wertigkeit (Fe) $\cdot$ 2 = Wertigkeit (O) $\cdot$ 3

Für A_xB_y gilt Wertigkeit (A) $\cdot$ x = Wertigkeit (B) $\cdot$ y

Wertigkeiten einiger Metallatome:

Na	I	Mg	II	Ca	II	Al	III
Fe	II, III	Cu	I, II	Zn	II	Pb	II, IV

Aufstellen von **Verhältnisformeln** mithilfe der Wertigkeiten
1. Atomartensymbole hinschreiben
2. Kreuzregel: Wertigkeiten vertauscht als Index einfügen
3. auf kleinstmöglichen Index achten

Beispiele

Aluminium und Chlor reagieren zu einem Salz.

$$? Al\,(s) \;+\; ? Cl_2\,(g) \longrightarrow ? Al_xCl_y\,(s)$$

1. Al_xCl_y Al ist **drei**wertig, Cl ist **ein**wertig

2. Al_1Cl_3

3. $AlCl_3$ enthält den kleinstmöglicher Index
Folglich lautet die Reaktionsgleichung:

$$2\,Al\,(s) \;+\; 3\,Cl_2\,(g) \longrightarrow 2\,AlCl_3\,(s)$$

60 / Stoffe und Reaktionen

Blei und Sauerstoff reagieren zu einem Bleioxid, Blei ist in dieser Verbindung vierwertig:

$? Pb (s) + ? O_2 (g) \longrightarrow ? Pb_xO_y (s)$

1. Pb_xO_y Pb ist **vier**wertig, O ist **zwei**wertig

2. Pb_2O_4

3. kleinstmöglicher Index: also PbO_2

Folglich lautet die Reaktionsgleichung:

$Pb (s) + O_2 (g) \longrightarrow PbO_2 (s)$

Das Wählen der kleinstmöglichen Indices gilt nur bei Verhältnisformeln, nicht bei Molekülformeln.

Unterschiedliche Benennung – gleiche chemische Verbindung

Fe_2O_3 – Dieisentrioxid oder Eisenoxid oder Eisen(III)-oxid – Welcher Name ist richtig? Dieisentrioxid ist der korrekte Name, aber er ist etwas umständlich und wird kaum benutzt. Eisenoxid ist ungenau, da es auch das Eisenmonoxid FeO beschreibt. Eisen(III)-oxid ist eine alte Bezeichnung, die aber noch verwendet wird. Die römische Zahl gibt die Wertigkeit des Eisens an.

Zusammenfassung

- Eine **chemische Reaktion** ist ein Vorgang, bei dem unter **Energiebeteiligung** Reinstoffe in andere Reinstoffe umgewandelt werden. Sie kann unter Energieabgabe (**exotherm**) oder Energieaufnahme (**endotherm**) ablaufen. Ein **Katalysator** senkt die benötigte **Aktivierungsenergie** einer Reaktion. Bei einer chemischen Reaktion ändert sich die Gesamtmasse der beteiligten Stoffe nicht (**Massenerhaltungsatz**).

- **Elemente** bestehen aus einer Atomsorte, jedes Element aus einer eigenen. **Chemische Verbindungen** sind aus Atomen verschiedener Elemente zusammengesetzt.

- Eine **Verhältnisformel** beschreibt die Zusammensetzung einer chemischen Verbindung, eine **Molekülformel** die Zusammensetzung eines konkreten Moleküls. Die Elemente Wasserstoff, Sauerstoff, Stickstoff, Fluor, Chlor, Brom und Iod liegen als **zweiatomige Moleküle** vor.

- Mit einer **Reaktionsgleichung** kann man eine chemische Reaktion exakt mit chemischen Formeln und Koeffizienten darstellen.

- Die **Wertigkeit** ist ein Hilfsmittel, um Formeln aufzustellen.

Stoffe verschwinden und entstehen: Chemische Reaktionen ◢ 61

Aufgaben 49 Welche der folgenden Alltagsvorgänge sind chemische Reaktionen?

a Grillkohle brennt.

b Grillfleisch wird gar.

c Eine Fahrradkette rostet.

d Kerzenwachs schmilzt.

e Ein Chinaböller explodiert.

f Ein Luftballon platzt.

g Ein Magnet zieht Eisenspäne an.

h Teeblätter mit heißem Wasser extrahieren.

i Eine Brausetablette in Wasser auflösen.

50 Endotherme oder exotherme Reaktion?

Entscheide, ob eine endotherme oder exotherme Reaktion vorliegt.
Beschreibe die Art der Energieumwandlung.

a Löst man das Salz Ammoniumnitrat in Wasser, so kühlt sich die wässrige Lösung ab.

b Erhitzt man Quecksilberoxid mit einer Bunsenbrennerflamme, so entsteht ein Gas. Wird die Brennerflamme entfernt, so stoppt die Gasbildung. Wird wieder erhitzt, so beginnt sie wieder.

c Nachdem das Magnesiumband kurz erhitzt wurde, läuft die Reaktion mit Sauerstoff zu Magesiumoxid mit starker Lichterscheinung ab.

d Mit dem Sprengstoff TNT könnte man fast Fußball spielen, so reaktionsträge ist er. Durch den Einsatz einer kleinen Sprengkapsel kann TNT zur Explosion gebracht werden.

e Bei der Fotosynthese läuft folgende Reaktion nur bei Tageslicht ab, nicht bei Dunkelheit:
„Kohlenstoffdioxid + Wasser ⟶ Sauerstoff + Traubenzucker".

f Die der Zellatmung zugrunde liegende chemische Reaktion
„Sauerstoff + Traubenzucker ⟶ Kohlenstoffdioxid + Wasser"
sorgt bei Vögeln und Säugetieren für eine gleichbleibende Körpertemperatur von 37 °C bis 40 °C.

51* Ein so genanntes „Wärmekissen" enthält eine übersättigte Lösung von Natriumacetat, eingeschweißt in einen robusten Plastikbeutel. Im Beutel befindet sich auch ein kleines Metallplättchen. Knickt man aktiv dieses Plättchen, so beginnt das Natriumacetat vom Plättchen ausgehend auszukristallisieren, bis der gesamte Beutelinhalt fest geworden ist. Dabei erwärmt sich das Wärmekissen auf bis zu 60 °C.

Wird das „feste" Wärmekissen in siedendem Wasser erwärmt, so verflüssigt sich der Inhalt wieder. Nach dem Abkühlen kann das Wärmekissen wieder verwendet werden.

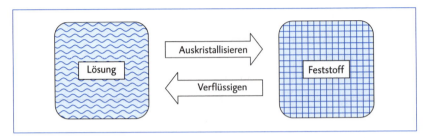

Beschreibe die Funktion und Regeneration des Wärmekissens unter Verwendung folgender Begriffe: Auskristallisieren, Verflüssigen, exotherm, endotherm, chemische Energie, thermische Energie, Energieumwandlung, Aktivierungsenergie.

52* Fotovoltaikanlagen wandeln Lichtenergie in elektrische Energie um. Bei sehr sonnigem Wetter wird mehr Strom „produziert" als verbraucht werden kann. Eine Speicherung dieses Stroms mit herkömmlichen Akkus ist ineffizient.
In Brennstoffzellen reagiert Wasserstoff mit Sauerstoff zu Wasser. Die freiwerdende Energie wird aber nicht ausschließlich in Wärme und Licht, sondern vor allem in elektrische Energie umgewandelt. Es handelt sich hier um eine sehr saubere und effiziente Form der „Stromerzeugung". Sauerstoff ist als Luftbestandteil ausreichend vorhanden, doch woher bekommt man ausreichend Wasserstoff, der auf der Erde ausschließlich als Bestandteil chemischer Verbindungen vorkommt. Warum ist eine Kombination aus Fotovoltaikanlagen und Brennstoffzellen sinnvoll?
Welche chemische Apparatur muss zudem vorhanden sein?

53 Im Ottomotor verbrennt u. a. Oktan C_8H_{18} mit Luftsauerstoff hauptsächlich zu Kohlenstoffdioxid und Wasser. Als Nebenprodukt entsteht leider auch hochgiftiges Kohlenstoffmonooxid und Stickstoffmonoxid. Leitet man die Abgase durch einen mit Platin und Rhodium beschichteten Abgaskatalysator, so reagiert Kohlenstoffmonooxid mit Stickstoffmonooxid zu ungiftigem Kohlenstoffdioxid und Sauerstoff. Dabei wird der Katalysator sehr heiß.

Stoffe verschwinden und entstehen: Chemische Reaktionen | 63

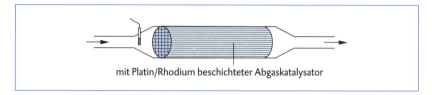

mit Platin/Rhodium beschichteter Abgaskatalysator

- Formuliere die Reaktionsgleichungen für die im Text beschriebenen chemischen Reaktionen.
- Welche Bedeutung besitzen Platin und Rhodium für die Reaktion von Kohlenstoffmonooxid mit Stickstoffmonoxid? Zeichne ein Energiediagramm für diese Reaktion – sowohl mit als auch ohne Platin/Rhodium.

54 Das Döbereiner-Feuerzeug:
Das nebenstehende Bild zeigt den Aufbau eines Feuerzeugs, dessen Prinzip Johann Wolfgang DÖBEREINER, Professor für Chemie in Jena, 1823 erfunden hat. Bei Inbetriebnahme strömt oben aus dem Ventil Wasserstoff, welcher sich am Platinschwamm entzündet.

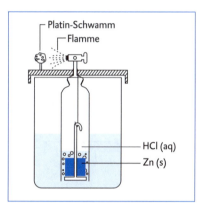

- Beschreibe exakt die Wirkungsweise des Platinschwamms.
- Wie werden Stoffe mit einer derartigen Wirkung bezeichnet?

55 Auf einer austarierten Waage wird Schwefel angezündet. Er brennt mit blauer Flamme, ein stechend riechendes Gas entsteht.

Die Waagschale mit Schwefel
- senkt sich.
- bleibt gleich.
- hebt sich.

Welche der drei Möglichkeiten tritt ein. Begründe deine Entscheidung.

56 Die nebenstehende Apparatur wurde vor dem Experiment mit Natriumhydroxid (im Rundkolben) und mit Salzsäure (im Tropftrichter) befüllt und gewogen. Im Experiment ließ man die Salzsäure in den Kolben tropfen. Dabei erwärmte sich die Apparatur.
Ist hier eine chemische Reaktion abgelaufen?
Lässt sich mit diesem Experiment der Massenerhaltungssatz beweisen?

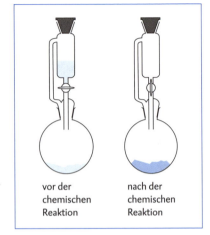

vor der chemischen Reaktion   nach der chemischen Reaktion

57 Hier sind die Volumenverhältnisse von Gasreaktionen bei konstanten Bedingungen dargestellt.

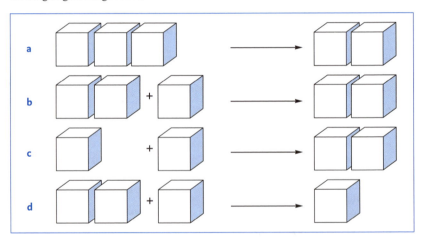

Welche der dargestellten Volumenverhältnisse entspricht der Synthese der molekularen Stoffe Wasser, Distickstoffoxid, Wasserstoffchlorid, Ammoniak (NH$_3$), Distickstofftetraoxid und Ozon (O$_3$) aus den Elementen? Begründe deine Zuordnung mithilfe der Reaktionsgleichungen. Achtung: Bei der Zuordnung sind Mehrfachzuweisungen oder auch keine Zuweisung möglich.

58 Überprüfe folgende Reaktionsgleichungen. Sind die vollständig, hake sie ab. Falls nicht, ergänze die fehlenden Koeffizienten.
Manche der Reaktionsgleichungen sind unvollständig.

☐ 4 NH$_3$ (g) + 5 O$_2$ (g) ⟶ __ NO (g) + __ H$_2$O (l)
☐ __ HCl (aq) + __ NaOH (aq) ⟶ __ NaCl (aq) + __ H$_2$O (aq)
☐ __ Na (s) + __ H$_2$O (l) ⟶ 2 NaOH (aq) + __ H$_2$ (g)
☐ __ KI (aq) + __ Cl$_2$ (g) ⟶ 2 KCl (aq) + __ I$_2$ (aq)
☐ __ Al (s) + __ Cl$_2$ (g) ⟶ 2 AlCl$_3$ (s)
☐ __ CaCO$_3$ (s) + __ HCl (aq) ⟶ __ CaCl$_2$ (aq) + __ H$_2$O (l) + __ CO$_2$ (g)
☐ __ ZnO (s) + __ C (s) ⟶ __ Zn (s) + __ CO$_2$ (g)
☐ __ CuCO$_3$ (s) ⟶ __ CuO (s) + __ CO$_2$ (g)
☐ __ CuO (s) + __ CH$_4$ (g) ⟶ __ Cu (s) + __ CO$_2$ (g) + __ H$_2$O (l)

59 Ammoniak (NH$_3$) wird großtechnisch aus Wasserstoff und Stickstoff bei einer Temperatur von 500 °C synthetisiert, d. h. alle Reaktionspartner sind gasförmig.
Um 1 000 m^3 Ammoniak herzustellen, benötigt man
- 1 000 m^3 Wasserstoff und 1 000 m^3 Stickstoff
- 3 000 m^3 Wasserstoff und 1 000 m^3 Stickstoff
- 1 500 m^3 Wasserstoff und 500 m^3 Stickstoff
- 500 m^3 Wasserstoff und 1 500 m^3 Stickstoff

Entscheide, welche der 4 Möglichkeiten die richtigen Volumina enthält und begründe deine Antwort.

60 Im Labor findest du diese zwei älteren Chemikalienflaschen: Du möchtest die Flaschen neu exakt beschriften, aber die Verhältnisformeln sind unleserlich. Experimente ergeben, dass 7,92 g Kupfer mit Sauerstoff zu 8,92 g rotem Kupferoxid, 3,96 g Kupfer mit Sauerstoff zu 4,96 g schwarzem Kupferoxid reagieren. Ein Kupferatom ist 3,96 mal so schwer wie ein Sauerstoffatom.

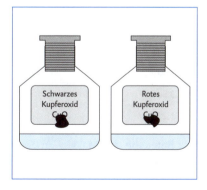

Berechne aus diesen Angaben die Verhältnisformeln von schwarzem und rotem Kupferoxid.

61 Die beiden Legosteine symbolisieren bestimme Atome:

Legostein „Vierer"
Masse 1,2 g
steht für Atom A

Legostein „Achter"
Masse 2 g
steht für Atom B

Man kann aus diesen Legosteinen Moleküle mit der Formel A_xB_y zusammenstecken.

1. Betrachte folgende Abbildungen:

Stelle jeweils die Verhältnisformel der dargestellten „Verbindungen" auf. Welche Masse haben die „Legomoleküle"?
Gib das Massenverhältnis $m(A)/m(B)$ an.

2. Welcher Verhältnisformel entsprechen „Legomoleküle" mit den Massen 5,6 g, 5,2 g und 9,6 g?

62 Man verbrennt genau abgewogene Massen von Calcium und bestimmt anschließend die Massen von Calciumoxid.

m (Calcium)	m (Sauerstoff)	m (Calciumoxid)
4,01 g		5,61 g
2,00 g		2,79 g
1,60 g		2,24 g
3,50 g		4,90 g
6,20 g		8,67 g

Berechne die Massen an Sauerstoff, die jeweils reagiert haben und trage diese in die Tabelle ein.
Erstelle anschließend eine Grafik, mit der deutlich wird, dass das „Gesetz der konstanten Massenverhältnisse" zutrifft.
Berechne die Verhältnisformel von Calciumoxid mithilfe der Information, dass ein Calciumatom 2,5 mal schwerer als ein Sauerstoffatom ist.

63* Zinkoxid hat die Verhältnisformel ZnO. Auf die Frage, wie viel Zinkoxid aus 5 g Zink und 5 g Sauerstoff entstehen kann, antwortet ein Mitschüler „10 g". Auf deinen kritischen Blick hin sagt er schnell: „Wegen des Massenerhaltungssatzes". Kann diese Antwort stimmen? Nimm zu dieser Aussage Stellung.

64 Hier sind Atome und Moleküle in der Teilchendarstellung abgebildet.

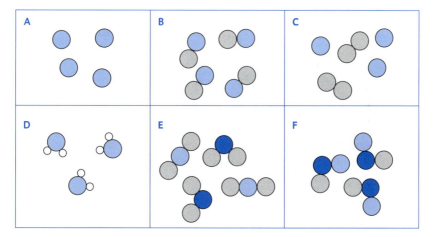

Welche der Abbildungen passen zu folgenden Begriffen und Aussagen?
- Ein Element
- Eine chemische Verbindung
- Ein Elementgemisch
- Ein Gemisch aus chemischen Verbindungen
- Moleküle, die aus Atomen zweier verschiedener Elemente bestehen.
- Moleküle, die aus Atomen dreier verschiedener Elemente bestehen.
- Es könnte sich um Wassermoleküle handeln.
- Es könnte sich um Kohlenstoffmonoxidmoleküle handeln.

65 Bei deinem Ferienjob in der Apotheke sollst du alte Chemikalienflaschen neu beschriften. Zu folgenden Namen sollst du die chemische Formel dazu schreiben.

Magnesiumoxid   Eisensulfid
Dieisentrisulfid   Schwefelhexafluorid
Bleitetraiodid   Calciumdihydrid
Trinatriumphosphid   Quecksilberoxid
Wolframtrioxid

66 Schreibe die Molekülformeln der folgenden Moleküle und benenne sie.

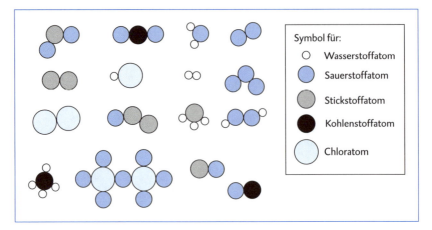

67 Hier sind chemische Reaktionen in der Teilchendarstellung unvollständig aufgeführt. Vervollständige sie in der Teilchendarstellung und schreibe anschließend die Reaktionsgleichung dazu.

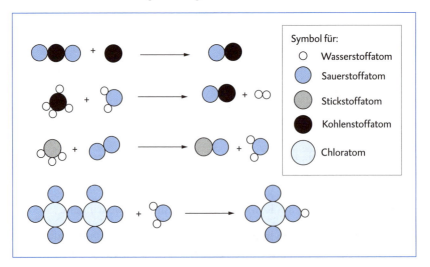

68* Du hast mit dem Lubalex (Luftballonexplosionseudiometer) experimentiert. Dabei wird in das leere Lubalex bestimmte Volumina Wasserstoff und Sauerstoff injiziert, nach der Zündung lässt man das Lubalex abkühlen und bestimmt das Gasrestvolumen (also den Teil des Gases, der nicht reagiert hat), indem man dieses mit einer Spritze absaugt. Das Produkt dieser Reaktion kondensiert im Lubalex.

Stoffe verschwinden und entstehen: Chemische Reaktionen | 69

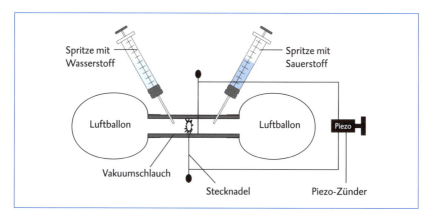

Folgende Messwert-Tabelle hat sich ergeben:

	V1	V2	V3	V4
V(Wasserstoff)	10 mL	20 mL	10 mL	20 mL
V(Sauerstoff)	10 mL	10 mL	20 mL	20 mL
V(Restvolumen)	5 mL	0 mL	15 mL	10 mL

- Welches Gas befindet sich im Restvolumen?
- Aus dem Volumenverhältnis kann man direkt auf das Teilchenverhältnis Wasserstoff zu Sauerstoff der Knallgasreaktion schließen. Weshalb ist das so?
- Stelle die Reaktionsgleichung für die Knallgasreaktion in Formelschreibweise und als Teilchendarstellung auf!

69 Die Ozonschicht:
In ca. 15 bis 50 km Höhe befinden sich in der Atmosphäre Ozonmoleküle, man spricht von der „Ozonschicht". Sie absorbiert die von der Sonne kommende UV-Strahlung. Ein Ozonmolekül kann durch die UV-Strahlung in ein Sauerstoffmolekül und ein Sauerstoffatom gespalten werden. Das Sauerstoffmolekül und ein Sauerstoffatom reagieren wieder zu einem Ozonmolekül.
- Stelle die Reaktionsgleichungen für den Zerfall und die Bildung von Ozon auf.
- Stelle die Zerfalls- und die Bildungreaktion von Ozon mit Teilchen dar.
- Gib an, um welche Reaktionstypen es sich aus stofflicher bzw. energetischer Sicht handelt.

70 / Stoffe und Reaktionen

70 Bei folgenden Stoffen handelt es sich um molekulare Stoffe.
Stelle jeweils die Verhältnisformel und die Molekülformel auf.
Erläutere den Unterschied zwischen Verhältnisformel und Molekülformel.

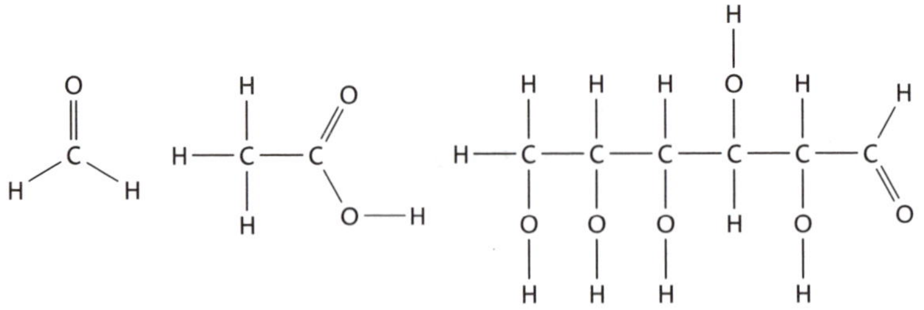

Methanal
Smp.: –92 °C
Sdp.: –21 °C

Ethansäure
Smp.: 16,2 °C
Sdp.: 118 °C

Glucose
Smp.: 146 °C
Sdp.: –

71 In folgender Tabelle hat der Fehlerteufel sein Unwesen getrieben und zum großen Teil die Zuordnung vertauscht. Du musst die Fehler finden und richtig stellen.

Name	Formel	Name	Formel	Name	Formel
Natrium-chlorid	Mg_3N_2	Kaliumfluorid	$CuBr_2$	Dichlor-heptoxid	Cl_2O_3
Dialuminium-trisulfid	H_2O_2	Trimagnesium-dinitrid	NaCl	Dichlortrioxid	Cl_2O_7
Kupfer-dibromid	$AuCl_3$	Goldtrichlorid	Ag_2S	Disilbermono-sulfid	KF
Zinnoxid	SnO	Kohlenstoff-monooxid	CO	Uranhexa-flourid	PbO_2
Bleidioxid	SO_2	Schwefeldioxid	UF_6	Diwasserstoff-dioxid	H_2O
Triblei-tetraoxid	Pb_3O_4	Schwefel-trioxid	SO_3	Diwasserstoff-monooxid	Al_2S_3

72 In den Rundkolben finden sich die Edukte (hell) und Produkte (dunkel) von sechs chemischen Reaktionen. Kombiniere die richtigen Reaktionspartner und gib die
• Reaktionsschemata (Wortgleichungen),
• Reaktionsgleichungen,
• Reaktionstypen an.

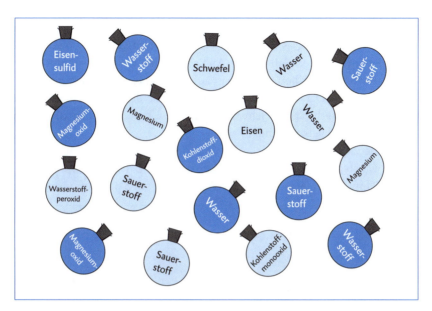

73 Ermittle die Wertigkeiten der Atomarten in folgenden Formeln:
BH_3, SiH_4, CO_2, SO_2, SO_3, SF_6, N_2O, NO_2, PH_3, P_4O_{10}, WO_3, K_2O, $CaCl_2$, Mn_2O_7

74 Ermittle mithilfe der Wertigkeiten die Verhältnisformel der chemischen Verbindungen, die aus folgenden Edukten entstehen.
   a Kalium und Chlor
   b Calcium und Schwefel
   c Aluminium und Schwefel
   d Aluminium und Brom

75 In chemischen Verbindungen mit Sauerstoff kann Chlor einwertig, zweiwertig, dreiwertig, vierwertig, sechswertig und siebenwertig sein. Stelle die Verhältnisformeln der verschiedenen Chloroxide auf und benenne sie.

76 Stelle die Reaktionsgleichungen auf.
   a Kohlenstoff reagiert mit Schwefeldioxid zu Kohlenstoffdisulfid und Kohlenstoffmonooxid.
   b Stickstoffmonooxid reagiert mit Salpetersäure (HNO_3) zu Distickstofftetraoxid und Wasser.
   c Wasserstoffchlorid und Sauerstoff reagieren zu Wasser und Chlor.
   d Eisen und Brom reagieren zu Eisen(III)-bromid.
   e Kupfer(II)-oxid und Wasserstoff reagieren zu Kupfer und Wasser.

77* Man befüllt ein Reagenzglas mit genau 0,14 g Schwefel. Anschließend füllt man das Reagenzglas mit reinem Sauerstoff und verschließt es mit einem sauerstoffgefüllten Ballon. Die Apparatur, also Reagenzglas mit Schwefel, Sauerstoff und Ballon, stellt man auf die Waage und bestimmt die Masse mit 23,62 g. Daraufhin wird das untere Ende des Reagenzglases mit dem Gasbrenner erhitzt, der Schwefel fängt an zu brennen. Nach kurzer Zeit ist der Schwefel verschwunden.

a   Betrachte die Apparatur vor und nach dem Experiment. Welche der Darstellungen entspricht der Apparatur nach dem Experiment.
Tipp: Schwefel ist hier in der Verbindung mit Sauerstoff vierwertig.

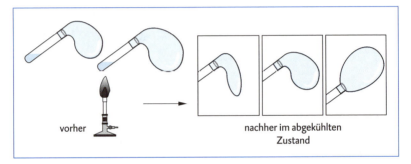

b   Anschließend wird die Apparatur im abgekühlten Zustand auch gewogen. Welche der folgenden Werte wird das Display der Waage anzeigen? Begründe deine Antwort.

Weniger als 23,62 g	23,62 g	Mehr als 23,62 g

Atome

Das Atomium ist das Wahrzeichen Brüssels und stellt die Anordnung von Eisenatomen in 165-milliardenfacher Vergrößerung dar.

1 Der Aufbau der Atome

Atome sind die kleinsten, nicht weiter teilbaren Teilchen von Stoffen. Heute wissen wir, dass der **Durchmesser** eines Atoms zwischen 0,0000000001 und 0,000000004 m liegt. Aufgrund dieser geringen Größe können Atome nicht mit bloßem Auge betrachtet oder mit mikroskopischen Methoden (Licht- oder Elektronenmikroskopie) sichtbar gemacht werden. Basierend auf Berechnungen oder Versuchen erstellten Wissenschaftler zu verschiedenen Zeiten Hypothesen, wie Atome aufgebaut sein könnten. Im Laufe der letzten 200 Jahren entwickelte sich die Vorstellung vom Bau der Atome rasant weiter.

1.1 Das Atommodell von Rutherford

Ausgehend von der antiken Vorstellung von Demokrits, dass Materie aus kleinsten, nicht weiter teilbaren Teilchen besteht, vermutete der Physiker Joseph THOMSON, dass es in einem Atom eine positiv geladene Grundmasse gibt. Darin halten sich negativ geladene Elektronen unregelmäßig verteilt auf. Dieses Modell wird als **„Rosinenkuchenmodell"** bezeichnet, da man sich vorstellen kann, die Elektronen seien Rosinen, die zufällig in einem Kuchen, der, der positiv geladenen Grundmasse entspricht, verteilt sind.

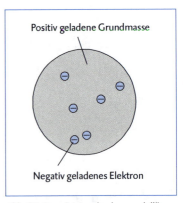

Abb. 27: Das „Rosinenkuchenmodell"

1911 führte Ernest RUTHERFORD einen Versuch durch, der zum ersten Mal Aufschluss darüber gab, wie positive und negative Ladung im Atom verteilt sind. Er beschoss eine dünne Goldfolie mit positiv geladenen α-Teilchen. α-Strahlen können beim Zerfall einiger Elemente entstehen. Elemente, die unter Abgabe von Strahlung zu anderen Elementen zerfallen, nennt man radioaktiv. Rutherford wählte als radioaktives Element für seinen Versuch Radium. Er umgab Radium mit einem Bleiblock und ließ nur eine Öffnung in dem Bleiblock frei, aus der die α-Strahlung austreten konnte. Die α-Strahlen trafen geradlinig auf die Goldfolie, welche eine Dicke von 4/1000 mm aufwies und aus nur ca. 2000 Schichten Goldatomen bestand. Um das Ergebnis des Beschusses beobachten zu können, umgab er die Goldfolie mit einem Schirm, auf dem jedes α-Teilchen, wenn es dort aufprallte, einen leuchtenden Punkt hinterließ.

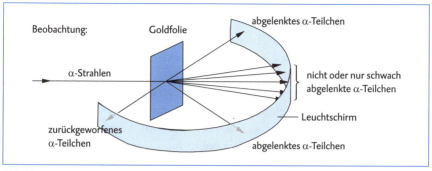

Abb. 28: Der Streuversuch von Rutherford

Nach Betrachten des Leuchtschirmes formulierte Rutherford seine Beobachtungen:
- Die allermeisten α-Teilchen drangen ohne Ablenkung durch die Goldfolie.
- Einige wenige α-Teilchen wurden etwas seitlich abgelenkt.
- Ganz selten wurden α-Teilchen von der Goldfolie zurückgeworfen.

Rutherford schloss daraus, dass die Teilchen, die ohne Ablenkung durch die Goldfolie drangen, durch einen Teil des Atoms gelangt sein mussten, der keine positive Ladung enthält. Einige α-Teilchen, die abgelenkt wurden, streiften eine positive Ladung. Die reflektierten α-Teilchen mussten dagegen voll auf positive Teilchen getroffen sein.

Aus diesen Erkenntnissen entwickelte Rutherford seine Hypothese vom Bau eines Atoms: Ein Atom besteht aus einem sehr kleinen, positiv geladenen Atomkern, in dem die Atommasse konzentriert ist, und einer sehr großen, nahezu massefreien, von Elektronen erfüllten Atomhülle.

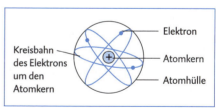

Abb. 29: Das Atommodell von Rutherford

Um sich die Größenverhältnisse zwischen Atomkern und Atomhülle besser vorstellen zu können, stellt man sich folgenden Größenvergleich vor. Ein Atom wird auf die Größe eines Fernsehturms von 300 m vergrößert. Der Atomkern hätte dann die Größe eines Zündholzkopfes.

> Nach dem **Kern-Hülle-Modell** (Planetenmodell) von Rutherford ist ein Atom aus einem **Atomkern** und einer **Atomhülle** aufgebaut. Der Atomkern ist sehr klein, positiv geladen und enthält die Atommasse; die Atomhülle ist nahezu massefrei, in ihr befinden sich die negativ geladenen Elektronen.

1.2 Die Bausteine der Atome

Die Bausteine der Atome werden als **Elementarteilchen** bezeichnet. Am Bau von Atomen sind Protonen, Neutronen und Elektronen beteiligt.

- **Protonen** sind elektrisch positiv geladene Elementarteilchen. Sie befinden sich im Atomkern. Ihr Symbol ist **p⁺**. Sie besitzen eine relative Masse von 1.
- **Neutronen** sind nicht geladene, neutrale Elementarteilchen. Sie befinden sich im Atomkern, besitzen wie die Protonen eine relative Masse von 1 und wurden erst 1932 entdeckt. Ihr Symbol ist **n**.
- **Elektronen** sind elektrisch negativ geladene Elementarteilchen mit einer verschwindend kleinen Masse. Sie befinden sich in der Atomhülle. Ihr Symbol ist e⁻.

Elementarteilchen	Symbol	Ladung	Bereich im Atom
Proton	p⁺	positve Ladung	Atomkern
Neutron	n	keine Ladung	Atomkern
Elektron	e⁻	negative Ladung	Atomhülle

Tab. 6: Das Atom und seine Elementarteilchen

Aus dem **Periodensystem der Elemente** (= **PSE**) lassen sich die Anzahl der Protonen, Neutronen und Elektronen durch Berechnung ermitteln. Im Periodensystem der Elemente ist jedes Atom durch ein **Elementsymbol** wiedergegeben. Die Zahl links oberhalb des Elementsymbols ist die **Nukleonenzahl** oder Massenzahl, sie gibt die Anzahl der Protonen und Neutronen eines Atoms an. Die Zahl links unterhalb des Elementsymbols ist die **Protonenzahl** oder Kernladungszahl, sie gibt die Anzahl der Protonen eines Atoms an.

Abb. 30: Darstellung eines beliebigen Elements aus dem Periodensystem

Mithilfe dieser Angaben lässt sich die Anzahl der Neutronen und Elektronen eines Atoms bestimmen: Ein Atom besitzt keine Ladung. Deshalb muss bei allen Atomen die Anzahl der Protonen gleich der Anzahl der Elektronen sein.

Der Aufbau der Atome | 77

Nukleonenzahl (= Massenzahl) = Anzahl der Protonen + Anzahl der Neutronen
Protonenzahl (= Kernladungszahl) = Anzahl der Protonen
Anzahl der Neutronen = Nukleonenzahl − Protonenzahl
Anzahl der Elektronen im ungeladenen Atom = Anzahl der Protonen

Beispiel

$^{11}_{5}B$: Bor hat eine Protonenzahl von 5 und eine Nukleonenzahl von 11. Damit ist die Anzahl der Protonen 5. Die Anzahl der Neutronen erhält man durch die Rechnung:

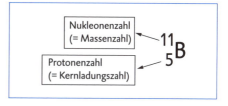

„Anzahl der Nukleonen" minus „Anzahl der Protonen" ⇒ 11−5 = 6

Die Anzahl der Neutronen ist somit 6. Da Bor ein ungeladenes Atom ist, muss die Anzahl der Protonen im Atomkern gleich der Anzahl der Elektronen in der Atomhülle sein. Die Anzahl der Elektronen beträgt also 5.

1.3 Isotope

Die Atommassen der meisten Elemente sind keine ganzen Zahlen, obwohl die Massen der Nukleonen annähernd ganzen Zahlen entsprechen und die Masse der Elektronen verschwindend gering ist. Das ist darauf zurückzuführen, dass sich die Atome ein und desselben Elements in ihrer Masse unterscheiden. Da sich aber die Protonenzahl nicht verändert, ist die Änderung der Nukleonenzahl auf eine unterschiedliche Anzahl an Neutronen zurückzuführen.

Die Atome des gleichen Elements, die sich in der Anzahl der Neutronen unterscheiden bezeichnet man als **Isotope** (gr.: *isos* = gleich, *topos* = Platz; ⇒ am gleichen Platz im PSE stehend). Von 22 Elementen des PSE ist jeweils nur ein **Isotop** bekannt. Sie werden deshalb **Reinelemente** genannt. Dazu zählen z.B. Be, F, Al, P, Bi.

Beispiele

Element	Isotope	Vorkommen in der Natur [%]
Wasserstoff	^1H ^2H (Deuterium) ^3H (Tritium)	99,98 0,02 0,000000000000001
Kohlenstoff	^{12}C ^{13}C ^{14}C	98,89 1,11 0,000000002

1.4 Das Atommodell von Bohr

Der dänische Physiker Niels BOHR entwickelte die Vorstellung von Rutherford über den Aufbau der Atome weiter, indem er die Anordnung der Elektronen in der Atomhülle untersuchte. Bringt man Natriumverbindungen in die Flamme eines Bunsenbrenners, so beobachtet man eine gelbe Flammenfärbung. Diese Flammenfarbe wird durch angeregte Natrium-Atome hervorgerufen. Elektronen nehmen Energie in Form von Wärme auf und gehen in einen angeregten, energiereichen Zustand über. Kurze Zeit später kehren sie in den Ausgangszustand zurück. Dabei wird die aufgenommene Energie in Form von Licht abgestrahlt. Betrachtet man das emittierte (= ausgesendete) Licht mit einem Spektroskop, so erkennt man dünne Linien mit verschiedenen Farben (= Linienspektrum eines Atoms). Diese Farben entsprechen ganz bestimmten Energiebeträgen oder Quanten. Elektronen können also nur zwischen diesen ganz bestimmten Energiestufen durch Aufnahme oder Abgabe von Energie wechseln.

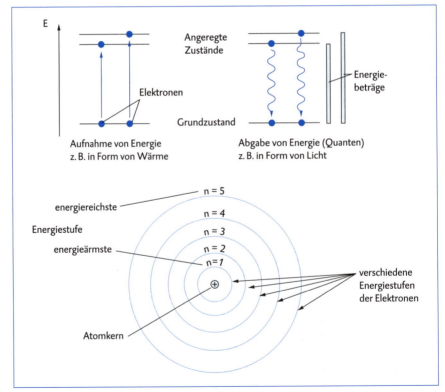

Abb. 31: Darstellung von Elektronenübergängen (oben) und Darstellung der Elektronenbahnen nach dem Bohr'schen Atommodell (unten)

Der Aufbau der Atome ⬧ 79

Ausgehend von diesen Erkenntnissen und weiteren Experimenten entwickelte Bohr folgende Vorstellung über die Anordnung der Elektronen in der Atomhülle: Die Elektronen in der Atomhülle bewegen sich um den Atomkern auf definierten, stabilen Bahnen. Diese **Bahnen** entsprechen einem bestimmten **Energieniveau** des Elektrons. Je weiter eine Energiestufe vom Kern entfernt ist, desto energiereicher ist diese Energiestufe. Jede Energiestufe wird durch die sogenannte **Hauptquantenzahl n** gekennzeichnet. Die Hauptquantenzahl n der energieärmsten Energiestufe, die dem Atomkern am nächsten ist, erhielt den Wert 1, die nächsthöhere Energiestufe den Wert 2 u.s.w.

Anordnung der Elektronen auf den Energiestufen

In der Energiestufe mit der Hauptquantenzahl n = 1 können sich maximal 2 Elektronen befinden. In der Energiestufe mit der Hauptquantenzahl n = 2 können sich maximal 8 Elektronen befinden; in der folgenden Energiestufe (n= 3) maximal 18 Elektronen.

> Die maximale **Anzahl an Elektronen** auf einer Energiestufe mit der Hauptquantenzahl n beträgt $2\,n^2$.

Besetzung der einzelnen Energiestufen mit Elektronen

Die Besetzung der verschiedenen Energiestufen beginnt immer mit der energieärmsten Energiestufe, also der Energiestufe mit der Hauptquantenzahl n = 1. Ist diese Energiestufe mit zwei Elektronen voll besetzt, wird erst die nächst höhere Energiestufe mit Elektronen gefüllt. Bevor mit der Besetzung einer höheren Energiestufe begonnen wird, muss die tiefere Energiestufe voll besetzt sein. Die Festlegung der Besetzung der Energiestufen wird **Aufbauregel** genannt.

Beispiel $^{24}_{12}$Mg: Magnesium besitzt 12 Protonen und als ungeladenes Atom auch 12 Elektronen. Nach der Aufbauregel wird die Energiestufe n = 1 zuerst mit zwei Elektronen voll besetzt. Anschließend erfolgt die Besetzung der Energiestufe n = 2 mit maximal 8 Elektronen. Die verbleibenden 2 Elektronen sind auf der Energiestufe n = 3 angeordnet.

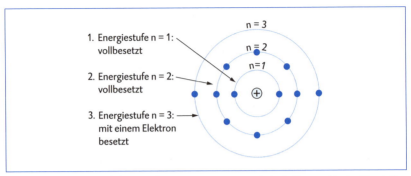

Abb. 32: Anordnung der Elektronen des Magnesiumatoms nach der Aufbauregel in der Atomhülle

Die Anordnung der Elektronen auf den Energiestufen der Atomhülle wird als **Elektronenkonfiguration** bezeichnet.

Beispiel

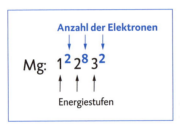

Abb. 33: Darstellung der Elektronenkonfiguration des Magnesiumatoms in der Kurzschreibweise

Die Valenzelektronen

Die Elektronen der höchstbesetzten Energiestufe werden Außenelektronen oder **Valenzelektronen** genannt. Sie sind entscheidend für das unterschiedliche Reaktionsverhalten der Atome.

Beispiel

Die Elektronenkonfiguration des Magnesiumatoms ist $1^2\, 2^8\, 3^2$.
Auf der höchstbesetzten Energiestufe (n = 3) befinden sich 2 Elektronen. Das Magnesiumatom hat also zwei Valenzelektronen.

Um die Zahl der Valenzelektronen eines Atoms zu veranschaulichen, gibt man die Elektronen als Punkte um das Elementsymbol des Atoms an. Zur Vereinfachung werden häufig zwei Elektronen zu einem Elektronenpaar zusammengefasst, das mit einem Strich symbolisiert wird. Diese Schreibweise bezeichnet man als **Valenzstrichschreibweise**.

Der Aufbau der Atome 81

Beispiele

Valenzstrichschreibweise: Magnesium besitzt zwei, Chlor sieben Valenzelektronen.

$\cdot\overset{\cdot}{Mg}$ $\qquad$ $|\overline{Cl}\cdot$

Die Anzahl der Valenzelektronen, die ein Atom besitzt, kann dem Periodensystem der Elemente entnommen werden. Die römische Ziffer über den Elementsymbolen gibt die Anzahl der Valenzelektronen an:

Anzahl der Valenzelektronen	I	II	III	IV	V	VI	VII	VIII
	H							He
	Li	Be	B	C	N	O	F	Ne
	Na	Mg	Al	Si	P	S	Cl	Ar

Abb. 34: Ausschnitt aus dem Periodensystem der Elemente

Der Edelgaszustand

Die Edelgase Helium, Neon, Argon, Krypton, Xenon und Radon reagieren sehr selten mit anderen Atomen, sie sind reaktionsträge. Alle Edelgase mit Ausnahme von Helium (2 Valenzelektronen) besitzen 8 Valenzelektronen. Diese Anzahl an Valenzelektronen in der höchst besetzten Energiestufe stellt einen stabilen, energiearmen Zustand dar.

> Die Elektronenkonfiguration der Edelgase mit 8 Valenzelektronen wird als Edelgaszustand oder **Edelgaskonfiguration** bezeichnet.

Alle Atome streben danach, in chemischen Reaktionen diesen Edelgaszustand, also 8 Elektronen in der höchst besetzten Energiestufe, zu erreichen. 8 Valenzelektronen werden als **Elektronenoktett** bezeichnet. Eine Ausnahme bildet Helium, das nur zwei Valenzelektronen besitzt, ein sog. **Elektronendublett**. Die Atome des Periodensystems erreichen durch Übergang von Elektronen von einem Atom zu einem anderen Atom die stabile Edelgaskonfiguration. Für die Aufnahme bzw. Abgabe von Elektronen spielen energetische Aspekte eine Rolle. Die Energie, die aufgewendet werden muss, um ein Valenzelektron von einem Atom zu entfernen, bezeichnet man als **Ionisierungsenergie**.

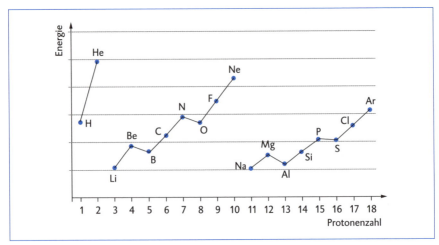

Abb. 35: Ionisierungsenergien für das Entfernen eines Elektrons

Wie die Abbildung zeigt, steigt die Ionisierungsenergie mit der Anzahl der Valenzelektronen an. Je mehr Energie aufgewendet werden muss, um ein Valenzelektron aus der höchsten Energiestufe zu entfernen, desto ungünstiger ist dies bei einer chemischen Reaktion. Deshalb lässt sich als allgemeine Regel formulieren:
- Atome mit 1, 2 oder 3 Valenzelektronen geben diese Valenzelektronen bei chemischen Reaktionen ab, um ein Elektronenoktett (oder Elektronendublett) auf der darunterliegenden Energiestufe zu erreichen.
- Atome mit 5, 6 oder 7 Valenzelektronen nehmen so viele Elektronen in diese Energiestufe auf, bis das Elektronenoktett erreicht ist.
- Bei Atomen mit 4 Valenzelektronen lässt sich keine eindeutige Voraussage treffen, ob Elektronen abgegeben oder aufgenommen werden.

Atome, die Elektronen abgeben, werden zu **Kationen**, positiv geladenen Atomen.
Atome, die Elektronen aufnehmen, werden zu **Anionen**, negativ geladenen Atomen.
Somit gilt:
Ungeladenes Atom: Anzahl der Protonen = Anzahl der Elektronen
Kation (positiv geladenes Atom): Anzahl der Protonen > Anzahl der Elektronen
Anion (negativ geladenes Atom): Anzahl der Protonen < Anzahl der Elektronen

Anzahl der Valenzelektronen	1	2	3	4	5	6	7
Anzahl der abgegebenen Elektronen	1	2	3	4			
Anzahl der aufgenommenen Elektronen				4	3	2	1
Bildung eines	Kations	Kations	Kations	Kations Anions	Anions	Anions	Anions
Ladung des Ions	+1	+2	+3	+4 oder −4	−3	−2	−1
Schreibweise	E^{1+}	E^{2+}	E^{3+}	E^{4+} oder E^{4-}	E^{3-}	E^{2-}	E^{1-}

Tab. 7: Überblick über das Erreichen des Elektronenoktetts bzw. Elektronendubletts durch die Atome

Die Abgabe und Aufnahme von Elektronen bei chemischen Reaktionen kann man in einer Reaktionsgleichung formulieren. Atome mit 1–3 Valenzelektronen erreichen durch **Elektronenabgabe** die Edelgaskonfiguration. Atome mit 5–7 Valenzelektronen erreichen durch **Elektronenaufnahme** die Edelgaskonfiguration.

Beispiele

$^{24}_{12}Mg$: Das Magnesiumatom besitzt 12 Protonen und 12 Elektronen. Zwei Elektronen sind Valenzelektronen. Bei chemischen Reaktionen gibt Magnesium diese zwei Valenzelektronen ab und es bildet sich ein Magnesiumion: Mg^{2+}. Das Magnesiumion besitzt 12 Protonen, aber nur 10 Elektronen.

$$Mg \longrightarrow Mg^{2+} + 2\,e^-$$

$^{19}_{9}F$: Das Fluoratom besitzt 9 Protonen und 9 Elektronen. 7 Elektronen sind Valenzelektronen. Bei chemischen Reaktionen nimmt Fluor ein Elektron auf und es bildet sich ein Fluoridion: F^-. Dieses Fluoridion besitzt 9 Protonen und 10 Elektronen.

$$F + e^- \longrightarrow F^-$$

Zusammenfassung

- Nach dem Kern-Hülle-Modell von Rutherford ist ein Atom aus einem Atomkern und einer Atomhülle aufgebaut. Der Atomkern ist sehr klein, positiv geladen und enthält die Atommasse; die Atomhülle ist nahezu massefrei, in ihr befinden sich die negativ geladenen Elektronen.

- Atome sind aus **Elementarteilchen** aufgebaut. Den Atomkern bilden positiv geladene Protonen und ungeladene Neutronen, die Atomhülle negativ geladene Elektronen.

- **Isotope** eines Elements besitzen aufgrund ihrer gleichen Elektronen- und Protonenzahl gleiche chemische Eigenschaften und gleiches Reaktionsverhalten. Isotope eines Elements besitzen eine unterschiedliche Anzahl an Neutronen. Deshalb unterscheiden sie sich in der Nukleonenzahl.

- Nach dem Atommodell von Bohr befinden sich die Elektronen eines Atoms in der Atomhülle auf festgelegten Energiestufen.

- Als **Valenzelektronen** werden die Elektronen der jeweils höchst besetzten Energiestufe eines Atoms bezeichnet. Sie bestimmen das chemische Reaktionsverhalten eines Atoms.

- In chemischen Reaktionen erreichen Atome durch **Elektronenabgabe** oder **Elektronenaufnahme** die stabile **Edelgaskonfiguration**.

Aufgaben

78* In einem Zeitungsartikel über Ernest RUTHERFORD ist folgende Skizze abgebildet.

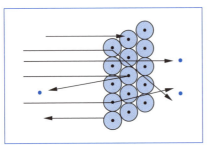

a Beschreibe, was in der Skizze dargestellt ist.
b Erläutere, welche Pfeile Aufschluss über den Aufbau eines Atoms geben. Begründe deine Überlegungen.

Der Aufbau der Atome 85

79 Von einem Element sind drei Isotope bekannt.

  a Definiere den Begriff Isotop.

  b Ein Isotop besitzt die Protonenzahl 8 und die Nukleonenzahl 18. Ermittle die Anzahl der Protonen, Neutronen und Elektronen.

  c Gib die Protonenzahl und die Nukleonenzahl eines weiteren Isotops dieses Elements an.

  d Von dem Isotop aus Aufgabe b ist ein dreifach negativ geladenes Ion bekannt. Gib die Protonen- und Elektronenzahl dieses Ions an.

80 Ergänze mithilfe des Periodensystems folgende Tabelle:

Atom/Ion	Anzahl der Protonen	Anzahl der Neutronen	Anzahl der Elektronen
S^{2-}			
Al^{3+}			
	15	16	

81 Die folgenden Darstellungen geben Informationen über den Atombau einzelner Elemente. Zähle auf, welche Informationen aus diesen Darstellungen zu entnehmen sind.

  a $^{16}_{8}O$　　　　**b** $^{35}_{17}Cl$　　　　**c** $^{69}_{31}Ga$　　　　**d** $^{197}_{79}Au$

82 Ein Lehrer erhitzt bei einem Versuch eine kleine Kugel Aluminiumfolie und gibt diese im Abzug zu sublimiertem Iod, das sich in einem Reagenzglas befindet. Die Schüler sehen, dass die Aluminiumkugel im Reagenzglas verbrennt und sich ein weißlicher Feststoff bildet. Aluminium und Iod haben zu Aluminiumiodid reagiert.

  a Formuliere die Reaktionsgleichung für diese Synthese.

  b Stelle für Aluminium bzw. Iod eine Reaktionsgleichung auf, die verdeutlicht, welches Element die Valenzelektronen bei dieser Reaktion abgibt bzw. Elektronen aufnimmt.

83 Kreuze an, welche Aussagen über den Atombau des Elements $^{12}_{7}N$ zutreffen:

  ☐ Das Element hat 7 Protonen.

  ☐ Das Element hat 7 Elektronen.

  ☐ Die Kernladungszahl des Elements ist 7.

  ☐ die Nukleonenzahl des Elements ist 7.

  ☐ Das Element hat 12 Neutronen.

84 Die Elemente erreichen bei chemischen Reaktionen das Elektronenoktett bzw. Elektronenduplett.
  a Notiere die Elektronenkonfiguration der nachstehenden Elemente:
    $^{14}_{7}N$ $^{24}_{12}Mg$ $^{19}_{9}F$
  b Zeige unter Zuhilfenahme der Elektronenkonfiguration aus Aufgabe a in einer Reaktionsgleichung, wie diese Elemente das Elektronenoktett erreichen.

85 Gib ohne Zuhilfenahme des Periodensystems die Anzahl der Valenzelektronen folgender Elemente an. Erläutere dein Vorgehen.
    $^{7}_{3}Li$ $^{32}_{16}S$ $^{11}_{5}B$

86 Entscheide begründet zu welchen Atomen oder Ionen folgende Schalenmodelle gehören.

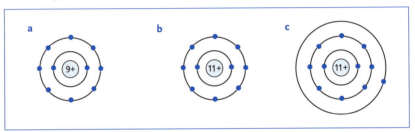

87* Die Radiocarbonmethode wird zur Altersbestimmung von Knochen eingesetzt. Dabei wird aus dem Verhältnis von zwei Kohlenstoffisotopen das Alter des gefundenen Knochens bestimmt. Das eine Kohlenstoffatom hat die Nukleonenzahl 14 und ist radioaktiv. Es wandelt sich langsam unter Abgabe von Strahlung in ein anderes Atom um. Das andere Kohlenstoffatom hat die Nukleonenzahl 12 und ist stabil. Das Kohlenstoffatom mit der Nukleonenzahl 14 entsteht durch kosmische Strahlung in der Atmosphäre. Dort reagieren Stickstoffatome mit der Nukleonenzahl 14 mit einem Neutron. Dabei entstehen das Kohlenstoffatom mit der Nukleonenzahl 14 und ein Elementarteilchen.
  a Ermittle mithilfe des Periodensystems die Anzahl der Protonen für die beiden Kohlenstoffisotope und für das Stickstoffatom.
  b Formuliere die Reaktionsgleichung für die Bildung des Kohlenstoffatoms mit der Nukleonenzahl 14. Nimm dazu dein Periodensystem zu Hilfe. Beachte, dass bei chemischen Reaktionen keine Masse verloren geht.
  c Benenne das Elementarteilchen, das bei der Reaktion entsteht.

88 Erstelle aus folgenden Begriffen eine Mind Map:
Atom; Atomhülle; Atomkern; Atommodell nach Bohr; Elektronen; Elektronen innerer Energiestufen; Elementsymbol; Energiestufen; negativ geladen; Nukleonenzahl; Neutronen; positiv geladen; Protonen; Protonenzahl; ungeladen; Valenzelektronen

89 Ergänze folgende Tabelle:

Atommodell	Bezeichnung des Modells	Inhalt des Modells	Schwierigkeiten
Thomson			
Rutherford			
Bohr			

90 Fertige eine beschriftete Skizze eines Chlor-Atoms an, bei der die Verteilung der Elektronen in der Atomhülle nach dem Bohr'schen Atommodell sichtbar wird.

91 Folgende Ionen sind gegeben: K^+; Ne^{2+}; Mg^{3+}; P^{5+}; N^-; O^{2-}; Cl^{3-}
 a Gib an, welche Ionen tatsächlich existieren.
 b Erkläre, warum die von dir unter a nicht aufgezählten Ionen nicht existieren.

92 Folgende drei Abbildungen sind gegeben, bei denen die Elektronenkonfiguration von drei verschiedenen Elementen nach dem Bohr'schen Atommodell dargestellt sind. In jeder Abbildung hat sich ein kleiner Fehler eingeschlichen. Nenne diese Fehler und verbessere sie.

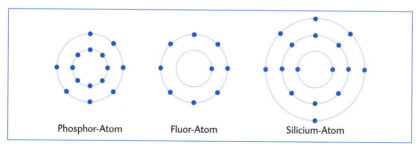

Phosphor-Atom   Fluor-Atom   Silicium-Atom

93 Ermittle die Anzahl der Protonen, Neutronen und Elektronen für folgende Atome bzw. Ionen:
 a $_{1}^{3}H$ b $_{25}^{56}Fe$ c $F^- (_{9}^{19}F)$ d $Mg^{2+} (_{12}^{24}Mg)$ e $Li^+ (_{3}^{7}Li)$

94 Notiere folgende Atome bzw. Ionen in der Valenzstrichschreibweise:
Li, Al, Cl, O^{2-}, N^{3-}, Ne

2 Das Periodensystem der Elemente

Im Periodensystem der Elemente sind alle bekannten Elemente nach ihrem Atombau und ihren chemischen Eigenschaften angeordnet. Die Abkürzung dafür lautet PSE (= Periodensystem der Elemente).

2.1 Der Aufbau des Periodensystems

Im PSE sind alle Elemente nach steigender Ordnungszahl angeordnet. Die Elemente werden in Gruppen und Perioden eingeteilt. Elemente mit ähnlichen chemischen Eigenschaften sind in **Gruppen** zusammengefasst. Im Periodensystem gibt es **8 Hauptgruppen** und **10 Nebengruppen**.

Die Hauptgruppen

Die Hauptgruppen werden von links nach rechts mit römischen Ziffern von I–VIII durchnummeriert und wie in der folgenden Tabelle dargestellt, benannt:

Hauptgruppe	Name	Elemente
I	Wasserstoff und Alkalimetalle	H, Li, Na, K, Rb, Cs, Fr
II	Erdalkalimetalle	Be, Mg, Ca, Sr, Ba, Ra
III	Erdmetalle	B, Al, Ga, In, Tl
IV	Kohlenstoffgruppe	C, Si, Ge, Sn, Pb
V	Stickstoffgruppe	N, P, As, Sb, Bi
VI	Sauerstoffgruppe	O, S, Se, Te, Po
VII	Halogene	F, Cl, Br, I, At
VIII	Edelgase	He, Ne, Ar, Kr, Xe, Rn

Tab. 8: Überblick über die Benennung der acht Hauptgruppen

Die Ähnlichkeit der Elemente, die in einer Hauptgruppe zusammengefasst sind, ist auf die gleiche Anzahl der Valenzelektronen zurückzuführen. Die Valenzelektronen besetzen nur jeweils eine andere Energiestufe.

Beispiel

Alle Elemente, die zur Hauptgruppe der Erdalkalimetalle gehören, besitzen **2 Valenzelektronen** auf unterschiedlichen Energiestufen. Deshalb erhielt diese Hauptgruppe die römische Ziffer **II**. Die Elektronenkonfigurationen (siehe S. 79 f.) der Elemente der 2. Hauptgruppe verdeutlichen, dass jeweils die höchstbesetzte Energiestufe zwei Valenzelektronen enthält.

```
Be:  1² 2²
Mg:  1² 2⁸ 3²
Ca:  1² 2⁸ 3⁸ 4²
Sr:  1² 2⁸ 3¹⁸ 4⁸ 5²
Ba:  1² 2⁸ 3¹⁸ 4¹⁸ 5⁸ 6²
Ra:  1² 2⁸ 3¹⁸ 4³² 5¹⁸ 6⁸ 7²
```

Abb. 36: Elektronenkonfigurationen der Elemente der Erdalkalimetalle

Eine Abbildung, die nur die 8 Hauptgruppen des Periodensystems enthält wird als **gekürztes Periodensystem der Elemente** bezeichnet, da nicht alle Elemente des Periodensystems dargestellt sind.

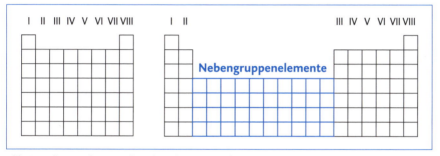

Abb. 37: Schematische Darstellung des gekürzten PSE (links) und des vollständigen PSE (rechts)

Die Nebengruppen

Alle Elemente, die im gekürzten Periodensystem nicht zu sehen sind, gehören zu den sog. **Nebengruppen**. Bei diesen Elementen erfolgt die Besetzung innerer Energiestufen mit Elektronen.

Nach dem Element Calcium, das in der 2. Hauptgruppe steht und die Ordnungszahl 20 besitzt, folgt im gekürzten Periodensystem in der 3. Hauptgruppe das Element Gallium mit der Ordnungszahl 31. Elemente der Ordnungszahl 21 (Scandium) bis 30 (Zink) sind Nebengruppenelemente. Die hinzukommenden Elektronen werden in die 3. Energiestufe eingebaut. Zur Veranschaulichung ist die Elektronenkonfiguration dieser Nebengruppenelemente im Folgenden angegeben:

Hauptgruppenelement: Calcium (Ca):	$1^2\,2^8\,3^8\,4^2$
Nebengruppenelement Scandium (Sc):	$1^2\,2^8\,3^9\,4^2$
Nebengruppenelement Titan (Ti):	$1^2\,2^8\,3^{10}\,4^2$
Nebengruppenelement Vanadium (V):	$1^2\,2^8\,3^{11}\,4^2$
Nebengruppenelement Chrom (Cr):	$1^2\,2^8\,3^{13}\,4^1$
Nebengruppenelement Mangan (Mn):	$1^2\,2^8\,3^{13}\,4^2$
Nebengruppenelement Eisen (Fe):	$1^2\,2^8\,3^{14}\,4^2$
Nebengruppenelement Cobalt (Co):	$1^2\,2^8\,3^{15}\,4^2$
Nebengruppenelement Nickel (Ni):	$1^2\,2^8\,3^{16}\,4^2$
Nebengruppenelement Kupfer (Cu):	$1^2\,2^8\,3^{18}\,4^1$
Nebengruppenelement Zink (Zn):	$1^2\,2^8\,3^{18}\,4^2$
Hauptgruppenelement: Gallium (Ga):	$1^2\,2^8\,3^{18}\,4^3$

Abb. 38: Elektronenkonfigurationen der Nebengruppenelemente der 3. Energiestufe

Die Perioden des Periodensystems

Alle Elemente, die eine unterschiedliche Zahl von Valenzelektronen auf derselben Energiestufe besitzen, sind in Perioden zusammengefasst. Es gibt 7 Perioden. Die Perioden werden von oben nach unten mit arabischen Ziffern von 1–7 nummeriert oder erhalten die Buchstaben K–Q, die Nummer der Periode entspricht der Anzahl der besetzten Energiestufen in der Atomhülle.

1. Periode: K
2. Periode: L
3. Periode: M
4. Periode: N
5. Periode: O
6. Periode: P
7. Periode: Q

Abb. 39: Bezeichnung der Perioden

Beispiel In der zweiten Periode sind die Valenzelektronen dieser Elemente auf der 2. Energiestufe angeordnet:

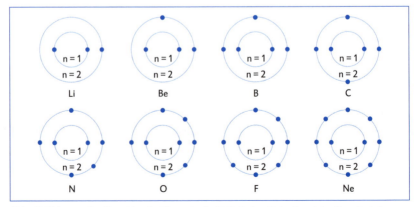

Abb. 40: Elektronenkonfiguration der Elemente der 2. Periode mit den besetzten Energiestufen

2.2 Tendenzen im Periodensystem

Innerhalb der Guppen und Perioden des PSE lassen sich folgende Größen und Eigenschaften vergleichen:

- Zahl der Valenzelektronen
- Atomradius
- Ionisierungsenergie
- Elektronenaffinität
- Metallcharakter (*Gruppe I–III*)
- Nichtmetallcharakter (*Gruppe V–VII*)

Tendenzen in einer Hauptgruppe

Die Zahl der **Valenzelektronen** bleibt innerhalb jeder Hauptgruppe gleich.

Beispiel

Elementsymbol	Li	Na	K	Rb	Cs
Elektronen-konfiguration	$1^2 2^1$	$1^2 2^8 3^1$	$1^2 2^8 3^8 4^1$	$1^2 2^8 3^{18} 4^8 5^1$	$1^2 2^8 3^{18} 4^{18} 5^8 6^1$

Tab. 9: Elektronenkonfiguration der Alkalimetalle

Der **Atomradius** nimmt innerhalb jeder Hauptgruppe von oben nach unten zu, da sich die Zahl der besetzten Energiestufen nach unten jeweils um eine erhöht.

Beispiel

Atomradien der Alkalimetalle. Die Atomradien sind in Pikometer [pm] angegeben. Ein Pikometer sind 0,000 000 000 001 Meter.

Elementsymbol	Li	Na	K	Rb	Cs
Atomradius [pm]	152	186	227	248	263

Tab. 10: Atomradien der Alkalimetalle

Die **Ionisierungsenergie**, also die Energie, die aufgewendet werden muss, um ein Valenzelektron zu entfernen (siehe S. 81 f.) nimmt innerhalb jeder Hauptgruppe von oben nach unten ab, da die Valenzelektronen immer weiter vom Kern entfernt sind. So erfahren die Valenzelektronen eine geringere Anziehung durch den positiv geladenen Kern.

92 / Atome

Beispiel

Elementsymbol	Li	Na	K	Rb	Cs
Ionisierungsenergie [kJ/mol]	520	500	420	400	380

Tab. 11: Ionisierungsenergien der Alkalimetalle

Die **Elektronenaffinität** wird als Energiedifferenz zwischen dem neutralen Atom und dem daraus gebildeten Anion definiert. Sie ist ein Maß, wie stark ein Atom ein Elektron, das aufgenommen wird, binden kann. Bei der Elektronenaffinität handelt es sich um einen Energiebetrag, der bei der Aufnahme eines Elektrons durch das neutrale Atom freigesetzt oder benötigt wird. Die Elektronenaffinität wird in Elektronenvolt (eV) angegeben. Sie nimmt innerhalb jeder Hauptgruppe von oben nach unten ab, da der Atomradius größer wird. Durch die Zunahme des Atomradius verringert sich die Anziehungskraft des Kerns auf die Valenzelektronen und die Aufnahme eines Elektrons wird erschwert. Dadurch sinkt die Elektronenaffinität.

Beispiel

Elementsymbol	Li	Na	K	Rb	Cs
Elektronenaffinität [eV]	0,62	0,55	0,50	0,49	0,47

Tab. 12: Elektronenaffinität der Alkalimetalle

Der **Metallcharakter** wird sinnvoller Weise nur für die Hauptgruppen betrachtet, deren Elemente überwiegend einen Metallcharakter zeigen. Dies trifft für die erste, zweite und dritte Hauptgruppe, die Alkali-, Erdalkali- und Erdmetalle zu. Eine Ausnahme bildet das Element Bor (III. Hauptgruppe), das zu den Halbmetallen gezählt wird. Der Metallcharakter, also die Eigenschaft der Metallatome Elektronen abzugeben, nimmt innerhalb dieser Hauptgruppen von oben nach unten zu, da die Valenzelektronen immer weiter vom Kern entfernt sind (siehe Ionisierungsenergien). Durch diese leichtere Abgabe reagieren diese Elemente heftiger als die in der Hauptgruppe über ihnen stehenden Elemente.

Beispiel

Alle Alkalimetalle reagieren heftig mit Wasser. Die Elemente Lithium (Li), Natrium (Na) und Kalium (K) müssen deswegen unter wasserfreiem Petroleum aufbewahrt werden. Rubidium (Rb) und Cäsium (Cs) würden aber schon durch das Eindringen des Wasserdampfes aus der Luft in das Petroleum so heftig reagieren, dass sie unter Vakuum aufbewahrt werden müssen.

Der **Nichtmetallcharakter** soll ebenfalls nur für die Hauptgruppen betrachtet werden, deren Elemente vorwiegend Nichtmetalle sind. Dies trifft für die fünfte bis achte Hauptgruppe zu; dies sind die Stickstoff- und Sauerstoffgruppe, die Halogene und die Edelgase. Der Nichtmetallcharakter, also die Eigenschaft der Nichtmetallatome Elektronen aufzunehmen, nimmt innerhalb dieser Hauptgruppen von oben nach unten ab, da die Valenzelektronen immer weiter vom Kern entfernt sind (vgl. Elektronenaffinität). Dadurch wird es schwieriger ein Elektron aufzunehmen.

Beispiel

Halogene reagieren mit Wasserstoff zu Wasserstoffhalogenide. Während Fluor explosionsartig mit Wasserstoff reagiert, wird bei der Bildung von Wasserstoffchlorid aus der Reaktion der Elemente Chlor und Wasserstoff weniger Energie frei und die Reaktion von Brom mit Wasserstoff zu Wasserstoffbromid ist nur noch schwach exotherm. Die Reaktion von Iod und Wasserstoff zu Wasserstoffiodid ist sogar eine endotherme Reaktion.

Reaktionsgleichung	Energetische Betrachtung
$F_2 + H_2 \longrightarrow 2\,HF$	$\Delta H = -271$ kJ/mol $\Rightarrow$ Exotherme Reaktion
$Cl_2 + H_2 \longrightarrow 2\,HCl$	$\Delta H = -92$ kJ/mol $\Rightarrow$ Exotherme Reaktion
$Br_2 + H_2 \longrightarrow 2\,HBr$	$\Delta H = -36$ kJ/mol $\Rightarrow$ Exotherme Reaktion
$I_2 + H_2 \longrightarrow 2\,HI$	$\Delta H = +26$ kJ/mol $\Rightarrow$ Endotherme Reaktion

Tab. 13: Vergleich der Bildung von Wasserstoffhalogeniden aus energetischer Sicht

Tendenzen in einer Periode

Die **Zahl der Valenzelektronen** steigt in jeder Periode von links nach rechts an.

Beispiel

Elementsymbol	Na	Mg	Al	Si	P	S	Cl	Ar
Elektronen-konfiguration	$1^2 2^8 3^1$	$1^2 2^8 3^2$	$1^2 2^8 3^3$	$1^2 2^8 3^4$	$1^2 2^8 3^5$	$1^2 2^8 3^6$	$1^2 2^8 3^7$	$1^2 2^8 3^8$

Tab. 14: Elektronenkonfiguration der Elemente der 3. Periode

Der **Atomradius** nimmt innerhalb jeder Periode von links nach rechts ab, da sowohl die Kernladungszahl als auch die Zahl der Elektronen eines jeden Elements zunimmt. Die Zunahme der Elektronen findet nur auf derselben Energiestufe statt, deshalb wächst die elektrostatische Wechselwirkung zwischen dem positiven Atomkern und den negativ geladenen Valenzelektronen. Die

Folge ist, dass der Atomradius sich leicht verkleinert, weil sich die Elektronenhülle leicht zusammenzieht (kontrahiert).

Beispiel

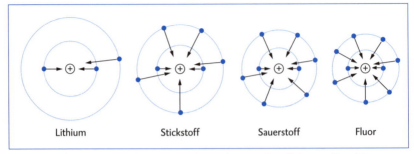

Abb. 41: Abnahme des Atomradius am Beispiel von Lithium, Stickstoff, Sauerstoff und Fluor

Die **Ionisierungsenergie** nimmt tendenziell innerhalb jeder Periode von links nach rechts zu, da die Anziehungskraft des Kerns auf die Valenzelektronen wächst (siehe S. 114). Dadurch sind die Valenzelektronen fester auf dieser Energiestufe verankert und man benötigt mehr Energie, um ein Valenzelektron zu entfernen.

Beispiel

Elementsymbol	Na	Mg	Al	Si	P	S	Cl	Ar
Ionisierungsenergie [kJ/mol]	500	740	580	790	1 010	1 000	1 260	1 520

Tab. 15: Ionisierungsenergien der Elemente der 3. Periode

Die **Elektronenaffinität** nimmt tendenziell innerhalb jeder Periode von links nach rechts zu, da die Anziehungskraft des Kerns auf die Valenzelektronen wächst. Dies erleichtert die Aufnahme eines weiteren Elektrons.

Beispiel

Elementsymbol	Na	Mg	Al	Si	P	S	Cl	Ar
Elektronenaffinität [eV]	0,55	–	0,44	1,74	–	2,07	3,613	–

Tab. 16: Elektronenaffinitäten der Elemente der 3. Periode

Der **Metallcharakter** nimmt innerhalb jeder Periode von links nach rechts ab, da die Abgabe eines Valenzelektrons durch die stärkere Anziehungskraft des Atomkerns erhöht ist (vgl. Ionisierungsenergien).

Beispiel   Die Elemente der 3. Periode sind bis zum Aluminium Metalle, Silicium ist ein Halbmetall und die Elemente Phosphor, Schwefel, Chlor und Argon sind Nichtmetalle.

Der **Nichtmetallcharakter** nimmt innerhalb jeder Periode von links nach rechts zu, da die Aufnahme von Valenzelektronen bei steigender Elektronenaffinität immer leichter wird.

Beispiel   Lithium und Beryllium, Elemente der 2. Periode, sind Metalle, Bor ein Halbmetall und Kohlenstoff, Stickstoff, Sauerstoff, Fluor und Neon ein Nichtmetall.

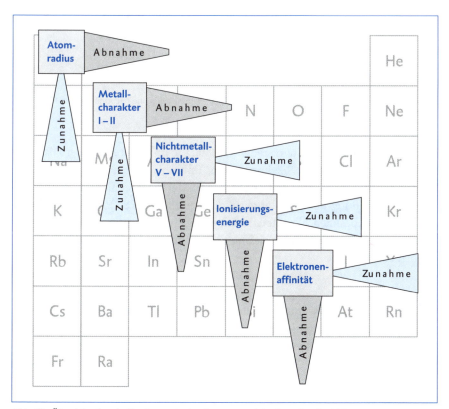

Abb. 42: Übersicht über die Tendenzen in den Gruppen und den Perioden des PSE

2.3 Metalle, Halbmetalle und Nichtmetalle

Elemente im Periodensystem werden aufgrund ihres Verhaltens Elektronen aufzunehmen oder abzugeben, um das Elektronenoktett zu erreichen, in Metalle und Nichtmetalle eingeteilt. Elemente im Grenzbereich zwischen typischen Metallen und typischen Nichtmetallen werden als Halbmetalle bezeichnet. Im Periodensystem ist farblich gekennzeichnet, welche Elemente zu den Metallen, Halbmetallen bzw. Nichtmetallen gehören (siehe vordere Umschlaginnenseite).

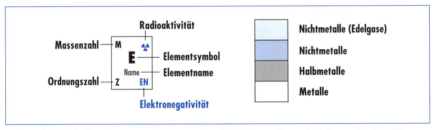

Abb. 43: Überblick über die Kennzeichnung von Metallen, Halbmetallen und Nichtmetallen im PSE

Metalle

Im gekürzten Periodensystem stehen alle Metalle links unterhalb der Diagonalen, die man von Bor über Silicium, Arsen, Tellur bis zum Astat im PSE ziehen kann. Auch alle Nebengruppenelemente sind Metalle. Metallatome sind durch eine Metallbindung miteinander verbunden (siehe S. 128 f.). Aufgrund dieses Bindungstyps besitzen alle Metalle folgende Eigenschaften: gute elektrische Leitfähigkeit und gute Wärmeleitfähigkeit, einen metallischen Glanz; sie sind verformbar.

Halbmetalle

Zu den Halbmetallen werden die Elemente Bor, Silicium, Germanium, Arsen, Selen, Antimon, Tellur und Astat gezählt. Mit ihren Eigenschaften liegen die Halbmetalle zwischen denen der Metalle und Nichtmetalle. Halbmetalle werden vor allem in der Halbleitertechnik eingesetzt.

Nichtmetalle

Im gekürzten Periodensystem stehen die Nichtmetalle rechts oberhalb der Diagonalen, die man von Bor über Silicium, Arsen, Tellur bis zum Astat im PSE ziehen kann. Wasserstoff gehört ebenfalls zu den Nichtmetallen. Nichtmetallatome sind über Elektronenpaarbindungen verbunden (siehe S. 137 ff.).

Sie besitzen keine einheitlichen Eigenschaften wie die Metalle; trotzdem kann man Folgendes festhalten: Sie sind elektrische Nichtleiter und haben eine schlechte Wärmeleitfähigkeit. Außer dem Element Iod besitzen die Nichtmetalle keinen metallischen Glanz. Es gibt Nichtmetalle, die bei Normalbedingungen gasförmig, flüssig oder fest sind. Im PSE wurden die Aggregatzustände durch unterschiedliche Farben der Elementsymbole gekennzeichnet (siehe vordere Umschlaginnenseite).

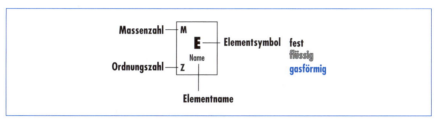

Abb. 44: Übersicht über die Darstellung der Aggregatzustände der Nichtmetalle im PSE

Unter den Nichtmetallen kommen Wasserstoff, Stickstoff, Sauerstoff, die Halogene Fluor, Chlor, Brom und Iod zweiatomig (= biatomar) vor.
Man schreibt folgendermaßen:

Wasserstoff: H_2 Chlor: Cl_2
Stickstoff: N_2 Iod: I_2
Sauerstoff: O_2 Brom: Br_2
Fluor: F_2

Schwefel kommt hauptsächlich als S_8-Molekül und Phosphor als P_4-Molekül vor.

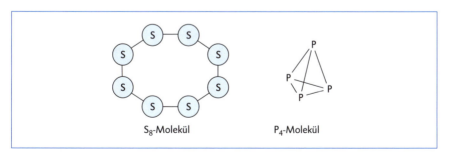

Abb. 45: Struktur des S_8- und P_4-Moleküls

98 / Atome

2.4 Typische Reaktionen einiger Hauptgruppenelemente

Alle Elemente der I.–VII. Hauptgruppe gehen vielfältige Reaktionen ein. Stellvertretend sind einige gruppentypische Reaktionen von Elementen herausgegriffen:

Alle Alkalimetalle reagieren heftig mit Wasser (siehe S. 88) und mit Luft.

Beispiel

Lithium verbrennt an der Luft zu Lithiumoxid:

$$4\,Li \;+\; O_2 \longrightarrow 2\,Li_2O$$

Erdalkalimetalle zeigen ähnliches Reaktionsverhalten wie die Alkalimetalle, reagieren aber mit Luft und Wasser nicht so heftig (siehe S. 88).

Beispiele

Magnesium verbrennt an Luft mit grellem Licht zu Magnesiumoxid. Um diese exotherme Reaktion in Gang zu bringen, ist Aktivierungsenergie nötig.

$$2\,Mg \;+\; O_2 \longrightarrow 2\,MgO$$

Mit Wasser reagiert Magnesium zu Magnesiumhydroxid und Wasserstoff:

$$Mg \;+\; 2\,H_2O \longrightarrow Mg(OH)_2 \;+\; H_2$$

Aluminium, ein Erdmetall, reagiert nur noch sehr langsam mit Sauerstoff:

$$4\,Al \;+\; 3\,O_2 \longrightarrow 2\,Al_2O_3$$

Die Elemente der VII. Hauptgruppe bilden mit Metallen Salze (siehe S. 111 ff.). Der Name dieser Hauptgruppe Halogene bedeutet übersetzt Salzbildner.

Beispiel

$$Na \;+\; Cl_2 \longrightarrow 2\,NaCl$$

Aluminium und Brom reagieren unter Feuererscheinung zu Aluminiumbromid:

$$2\,Al \;+\; 3\,Br_2 \longrightarrow 2\,AlBr_3$$

Halogene reagieren lebhaft mit Wasserstoff (siehe Tab. 88).

Beispiel

$$Cl_2 \;+\; H_2 \longrightarrow 2\,HCl$$

2.5 Vorkommen, Verwendung und Darstellung wichtiger Hauptgruppenelemente

Viele Elemente des Periodensystems und Verbindungen dieser Elemente sind im Alltag und in der Technik von großer Bedeutung. Beispielhaft sollen einige Elemente aus dem gekürzten Periodensystem mit ihrer technischen Verwendung kurz vorgestellt werden.

Aluminium

Aluminium ist ein Leichtmetall und steht in der III. Hauptgruppe des Periodensystems. Es kommt mit 7,5 % in der Erdrinde als Aluminiumerz Bauxit vor und ist damit das häufigste Metall und das dritthäufigste Element der Erdkruste. Wichtige Kenndaten von Aluminium sind in der folgenden Tabelle zusammengestellt:

Schmelztemperatur	660 °C
Siedetemperatur	2467 °C
Dichte	2,7 g/cm³

Tab. 17: Kenneigenschaften von Aluminium

Aufgrund seiner geringen Dichte wird Aluminium im Fahrzeug- und Flugzeugbau, für Haushaltsgeräte, als Fenster- und Türrahmen und in Feuerwerksartikeln eingesetzt. Das Metall Aluminium ist von einer Oxidschicht überzogen und reagiert deshalb kaum mit anderen Stoffen. Aus diesem Grund können Lebensmittel gut in Aluminium aufbewahrt werden. Aluminium ist deswegen auch an Luft, in der immer Luftfeuchtigkeit vorhanden ist, im Gegensatz zu Eisen beständig und rostet nicht.

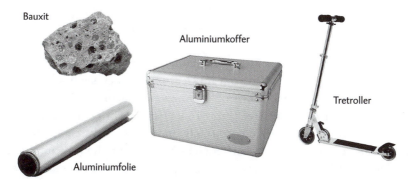

Abb. 46: Vorkommen als Bauxit und Verwendung von Aluminium

Die Herstellung von Aluminium ist aufgrund der hohen Schmelztemperatur sehr energieaufwendig. Durch **Schmelzelektrolyse** wird es aus Bauxit gewonnen. Dieser Prozess läuft in zwei Schritten ab:

- **Erster Schritt:** Bauxit enthält zu 50–75 % Aluminiumoxid (Al_2O_3). Durch Zugabe von Natronlauge kann Aluminiumoxid als Aluminiumhydroxid ($Al(OH)_3$)) aus Bauxit gewonnen werden. Nach Entwässerungsprozessen und Trocknung entsteht aus Aluminiumhydroxid reines Aluminiumoxid.
- **Zweiter Schritt:** Das Aluminiumoxid wird elektrolysiert. Die ablaufenden Reaktionen an der Kohlenstoffkathode und Kohlenstoffanode sind auf S. 127 aufgeführt. Aluminium wird aufgrund des hohen Energieaufwandes gerne recycelt. Das Umschmelzen von gebrauchtem Aluminium führt zu einer Energieersparnis von über 90 % im Vergleich zur Herstellung von Aluminium aus Bauxit.

In wertvollen Edelsteinen wie **Rubin** oder **Saphir** kommt Aluminiumoxid vor. Im Rubin ist neben Aluminiumoxid Chromoxid enthalten, was Rubinen die rote Farbe verleiht, und im Saphir ist neben Aluminiumoxid Eisen und Titan, was den Saphiren ihren blauen Glanz verleiht.

Silicium

Silicium ist ein Halbmetall und steht in der IV. Hauptgruppe des Periodensystems. Es kommt in der Natur nicht elementar vor, sondern nur in Verbindungen als Siliciumdioxid (SiO_2) oder Silicate. Wichtige Kenndaten von Silicium sind in der folgenden Tabelle zusammengestellt:

Schmelztemperatur	1 410 °C
Siedetemperatur	2 680 °C
Dichte	2,33 g/cm^3

Tab. 18: Kenneigenschaften von Silicium

Silicium wird für die Herstellung sog. **Halbleiter** verwendet. Die elektrische Leitfähigkeit eines Halbleiters nimmt im Gegensatz zu der elektrischen Leitfähigkeit der Metalle (siehe S. 5) beim Erwärmen zu. Siliciumverbindungen sind jedem von uns aus dem Alltag bekannt: Ton, Quarz in Form von Sand oder als Bergkristall, Glas Granit, als Kunststoff Silikon, als Schmuckstein Granat oder als Mineralfaser Asbest, die zu Lungenkrebs führen kann. Reinsilicium ist ein wichtiger Stoff in der Mikroelektronik. Solarzellen, und Computerchips enthalten Silicium.

Die Herstellung von Silicium ist aufgrund der hohen Schmelztemperatur sehr energieaufwendig. Quarz wird mit Kohle bei Temperaturen um 2 000 °C zur Reaktion gebracht:

$$SiO_2 + 2\,C \longrightarrow Si + 2\,CO$$

Durch spezielle Schmelzverfahren gewinnt man aus Silicium sog. Einkristalle, Kristalle, die sehr regelmäßig aufgebaut sind. Diese Einkristalle lassen sich dann in dünne Scheiben schneiden. Diese werden zur Herstellung von Computerchips weiterverarbeitet.

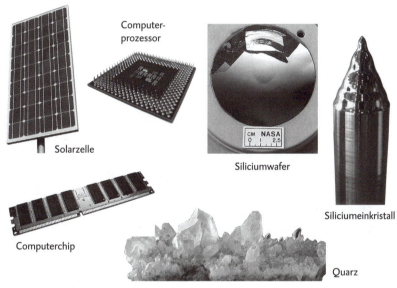

Abb. 47: Silicium und seine Verwendungen

Chlor

Chlor ist ein Nichtmetall und steht in der VII. Hauptgruppe des Periodensystems. Da Chlor ein sehr reaktionsfreudiges Element ist, kommt es außer in einigen Vulkangasen in der Natur nie elementar vor, sondern nur in Chloridverbindungen. Wichtige Kenndaten von Chlor sind in der folgenden Tabelle zusammengestellt:

Schmelztemperatur	–101 °C
Siedetemperatur	–35 °C
Dichte	1,56 g/cm³

Tab. 19: Kenneigenschaften von Chlor

Chlor ist bei Raumtemperatur ein stechend riechendes, gelbgrünes Gas, das für den Menschen sehr giftig ist. Beträgt die Konzentration von Chlor in der Luft mehr als 0,5 %, führt dies zu tödlicher Verletzung der Atemwege und Lungenbläschen. Chlor reagiert mit der Feuchtigkeit in der Luft zu Salzsäure, die die Verätzungen an den Atmwegen hervorruft. Schon ein Gehalt von 0,0001 % Chlor in der Luft schädigt die Atmwegsorgane. Aufgrund des stechend riechenden Geruchs werden wir aber auf die Anwesenheit von Chlor in der Luft aufmerksam.

Aufgrund seiner giftigen Wirkung wird Chlor und Chlorverbindungen in Reinigungs- und Desinfektionsmitteln eingesetzt. In geringen Konzentrationen wirkt es in Schwimmbädern und in einigen Ländern im Trinkwasser gegen Bakterien und andere Krankheitserreger. Chlor ist zudem Ausgangsstoff in Bleichmitteln, Herbiziden und Pestiziden. Der größte Teil des produzierten Chlors dient jedoch der Herstellung organischer Verbindungen, wie Lösungsmitteln (Chloroform [$CHCl_3$] oder Tetrachlorkohlenstoff [CCl_4]) und Kunststoffen (PVC: Polyvinylchlorid).

Früher wurden Chlorfluorkohlenwasserstoffe (CFKW) wie z. B. Freon [CCl_3F oder CCl_2F_2] als Treibmittel z. B. in Spraydosen verwendet. Dies ist gesetzlich nicht mehr erlaubt, da CFKW die Ozonschicht zerstören. Die Bindungen zwischen den Atomen in CFKW-Verbindungen werden durch die UV-Strahlung der Sonne gespalten. Dabei entstehen auch reaktionsfreudige Chloratome. Diese Chloratome spalten Ozon-Moleküle (O_3) und führen so zum Abbau der Ozonschicht. Durch den Abbau der Ozonschicht können verstärkt UV-Strahlen auf die Erde dringen und Pflanzen und Tiere, sowie den Menschen schädigen. Die Herstellung von Chlor erfolgt durch die Elektrolyse von Kochsalzlösung (siehe S. 118, 127).

Zusammenfassung

- Die Elemente des Periodensystems werden in Gruppen und Perioden zusammengefasst. Die Elemente einer **Gruppe** besitzen die gleiche Anzahl an Valenzelektronen. Ihre chemischen Eigenschaften sind ähnlich. Man kennt acht Hauptgruppen und zehn Nebengruppen. Bei den Elementen einer **Periode** werden die Valenzelektronen auf derselben Energiestufe angeordnet. Die Elemente einer Periode haben unterschiedliche chemische Eigenschaften.

- Die Elemente des Periodensystems werden in **Metalle**, **Halbmetalle** und **Nichtmetalle** eingeteilt.

Das Periodensystem der Elemente ⚹ 103

Aufgabe

95 Gib an, wie viele Valenzelektronen Elemente besitzen, die als Halogene zu einer Hauptgruppe zusammengefasst sind.

96 Ergänze folgende Sätze sinnvoll:
Schwefel steht im Periodensystem in der ____ . Periode und in der __ . Hauptgruppe. Innerhalb dieser Hauptgruppe, die als _____ bezeichnet wird, nimmt der Atomradius von oben nach unten _____ . Schwefel nimmt _____ Elektronen auf, um das _____ zu erreichen. Die Elektronen _____ ist bei Schwefel _____ als bei Sauerstoff. Innerhalb dieser Periode nimmt aber die Elektronen _____ zu, d. h. die Aufnahme eines Elektrons ist bei einem Chloratom _____ möglich.

97 Ergänze folgende Definitionen:
a Die Aufbauregel besagt, …
b Unter der Edelgaskonfiguration versteht man, …
c Die Ionisierungsenergie ist die Energie, die …
d Die Elemente des Periodensystems werden eingeteilt in …

98 Ermittle mithilfe des Periodensystems jeweils das Element, auf das folgende Aussage zutrifft:
a Das reaktivste Nichtmetall.
b Das reaktivste, nicht radioaktive Metall.
c Das Element mit dem kleinsten Atomradius.
d Das Element, das ein Elektronenduplett besitzt.
e Das Element, das in der Natur nur zweiatomig vorkommt und in der 5. Periode steht.
f Das Ion, das 13 Protonen, 14 Neutronen und 10 Elektronen besitzt.

99 Beschreibe, nach welchem Ordnungsprinzip ein modernes Periodensystem der Elemente aufgebaut ist.

100 Kennzeichne bei den angegebenen Elementen diejenigen mit demselben Symbol, die sehr ähnliche chemische Eigenschaften besitzen.
Begründe die Zuordnung.

☐ Li ☐ Si ☐ Br ☐ Mg ☐ Ne ☐ K
☐ Ar ☐ Cs ☐ Ca ☐ Kr ☐ C   ☐ O
☐ Pb ☐ F   ☐ I   ☐ Te ☐ S   ☐ Ba

101 Nenne jeweils drei Metall-, Halbmetall- und Nichtmetall-Atome aus den Hauptgruppen II–VI.

102 Nachstehend sind drei Elementsymbole von Elementen des gekürzten Periodensystems gegeben:
1: Mg; 2: Br; 3: He
- a Nenne zu jedem Element jeweils zwei weitere Elemente, die ähnliche chemische Eigenschaften aufweisen.
- b Begründe, warum die genannten Elemente sich in ihren chemischen Eigenschaften ähnlich sind.

103* Die Abbildung zeigt im Größenvergleich den Radius eines Natrium-Atoms und eines Natrium-Ions.

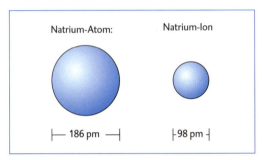

Erkläre die Unterschiede der beiden Radien.

104* Das Säulendiagramm stellt die erste Ionisierungsenergie der Elemente der 2. Periode dar.
Erkläre den Verlauf der Ionisierungsenergien.

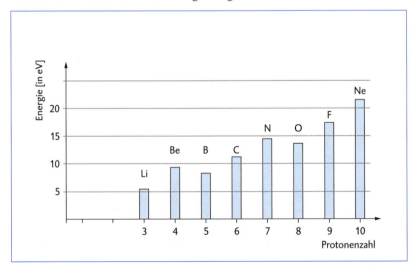

105* Von folgenden Elementen ist der Wert der Elektronenaffinität gegeben.
Lithium: 0,62 eV;   Fluor: 3,40 eV;
Sauerstoff: 1,46 eV;   Kohlenstoff: 1,26 eV
a Zähle Gemeinsamkeiten auf, die diese vier Elemente besitzen.
b Ordne in einer Tabelle die Werte der Elektronenaffinitäten in absteigender Reihenfolge.
c Interpretiere deine erstellte Tabelle.

106 Ein Element besitzt die Kernladungszahl 35.
a Zähle auf, was sich über den Bau der Atome dieses Elements aussagen lässt.
b Erkläre den Zusammenhang zwischen Bau der Atome dieses Elements und seiner Stellung im Periodensystem.

107* In der Abbildung sind die Ionisierungsenergien für die aufeinander folgende Abtrennung der Elektronen von einem Calcium-Atom gegeben.
a Beschreibe den Kurvenverlauf.
b Interpretiere den Kurvenverlauf.

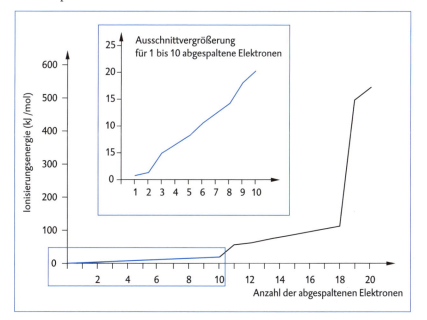

108 Natriumchlorid kann man im Labor herstellen, indem ein Stückchen festes Natrium im gasförmigen Chlorstrom zur Reaktion gebracht wird. Die Reaktion verläuft sehr heftig unter Auftreten einer intensiven gelben Lichterscheinung. Lässt man Natrium unter denselben Bedingungen mit Brom reagieren, beobachtet man eine sehr langsame Bildung von Natriumbromid.

    a Formuliere für beide Reaktionen die Reaktionsgleichung.

    b Erkläre das unterschiedliche Reaktionsverhalten von Chlor und Brom mit Natrium.

109 Überprüfe, welche Aussagen über das Element Chlor ($^{35}_{17}$Cl) zutreffen. Kreuze die richtigen Aussagen an und verbessere die falschen. Bei einigen Aussagen hilft das Periodensystem weiter!

    ☐ Chlor ist ein Nichtmetall.

    ☐ Chlor steht in der IV. Hauptgruppe, der Gruppe der Halogene.

    ☐ Chlor hat 17 Protonen im Atomkern.

    ☐ Chlor hat 18 Neutronen in der Atomhülle.

    ☐ Chlor hat 17 Elektronen in der Atomhülle.

    ☐ Chlor erreicht durch Elektonenabgabe das Elektronenoktett.

    ☐ Chlor bildet Anionen, die sog. Chlorid-Ionen.

    ☐ Chlorid-Ionen sind zweifach negativ geladene Ionen.

    ☐ Chlor besitzt 8 Valenzelektronen.

    ☐ Valenzelektronen sind Elektronen, die sich auf Energiestufen befinden.

    ☐ Chlor ist bei Raumtemperatur eine stechend riechende gelbgrüne Flüssigkeit.

    ☐ Chlor ist für den Menschen sehr giftig, da es bei zu hoher Konzentration in der Luft die Atemwege verätzen kann.

    ☐ Chlorgas bildet mit Wasser Salzsäure.

110 Ein Chemiker lässt Natrium mit Wasser reagieren, dabei entsteht Wasserstoff und Natriumhydroxid (chemische Formel: NaOH). Der Chemiker beobachtet eine heftige Reaktion. Die Reaktivität des Natrium gegenüber Wasser beruht zum Teil auf der Ionisierungsenergie des Natriums.

    a Formuliere die Reaktionsgleichung für diesen Versuch.

    b Überdenke, welche Sicherheitsüberlegungen der Chemiker anstellen muss, wenn er Lithium mit Wasser bzw. Kalium mit Wasser reagieren lässt.

Das Periodensystem der Elemente 107

111 Ergänze die Fragezeichen in folgenden Reaktionsgleichungen und stelle sie stöchiometrisch richtig.

a $\quad F_2 + H_2 \quad \longrightarrow \quad ?$

b $\quad Na + ? \quad \longrightarrow \quad NaBr$

c $\quad Ca + Cl_2 \quad \longrightarrow \quad ?$

d $\quad Al + ? \quad \longrightarrow \quad Al(OH)_3 + ?$

112 Folgende Aussagen sind gegeben. Kreuze an, was zutrifft und was nicht.

		trifft zu	trifft nicht zu
a	Die Elementarteilchen, die den Atomkern bilden, heißen Nukleonen.	☐	☐
b	Nach dem Atommodell von Rutherford umkreisen die Elektronen im Atomkern die Protonen und Neutronen wie Planeten die Sonne.	☐	☐
c	Nach dem Atommodell von Bohr sind die Elektronen bestimmten Energiestufen zugeordnet.	☐	☐
d	Ein Anion hat mehr Protonen als Elektronen.	☐	☐
e	Ein Kation hat mehr Protonen als Elektronen.	☐	☐
f	Ein Kation ist ein negativ geladenes Atom.	☐	☐
g	Aus der römischen Ziffer der Hauptgruppe kann man auf die Anzahl der Valenzelektronen der Elemente schließen, die sich in dieser Hauptgruppe befinden.	☐	☐
h	Chlor ist ein Element der Sauerstoffgruppe.	☐	☐
i	Stickstoff, Sauerstoff, Neon, Brom und Natrium sind Nichtmetalle.	☐	☐

113* DIMITRI MENDELEJEW ordnete die in der Mitte des 20. Jahrhunderts bekannten Elemente nach steigender Protonenzahl. Daraus ergab sich das Periodensystem der Elemente, wie wir es heute kennen.

Es wird berichtet, das MENDELEJEW seine Arbeit durch einen kurzen Schlaf unterbrach und dann folgendes sagte: „Im Traum sah ich eine Tabelle, in der die Elemente in der richtigen Reihenfolge angeordnet waren. Als ich aufwachte hielt ich sie sofort auf einem Blatt Papier fest."

Einige Stellen im Periodensystem von MENDELEJEW blieben unbesetzt, da diese Elemente zur damaligen Zeit noch nicht entdeckt waren. MENDELEJEW konnte aber über die fehlenden Elemente präzise Aussagen über ihre chemischen Eigenschaften angeben. So nannte er ein unbekanntes Element Eka-Silicium und ordnete ihm folgende Eigenschaften zu:

Eigenschaften des Eka-Siliciums	Werte
Nukleonenzahl	72
Farbe	dunkelgrau
Dichte	4,7 g/cm^3
Siedetemperatur	60–100 °C

a Ermittle aus den Informationen des Textes mithilfe des Periodensystems, welchen Namen das Element trägt, das MENDELEJEW vorausgesagt hat.

b Zähle Gemeinsamkeiten und Unterschiede auf, die du über das Silicium und das „Eka-Silicium" dem Periodensystem entnehmen kannst.

Salze, Metalle und molekulare Stoffe

Magic Christmas Tree: Stellt man einen Papierweihnachtsbaum in eine Lösung aus verschiedenen speziellen Salzen, so wachsen innerhalb von zwei Stunden an den „Ästen" des Baumes viele kleine Kristallnadeln.

1 Allgemeine Ordnungsprinzipien für Stoffe

Zurzeit sind ca. 20 Millionen verschiedene Stoffe bekannt, die in der Natur vorkommen oder/und im Labor hergestellt werden können. Jeder Stoff besitzt bestimmte physikalisch-chemische Eigenschaften und ist aus bestimmten **kleinsten Teilchen** aufgebaut, aus unterschiedlichen **Atomen, Molekülen oder Ionen** (siehe S. 20 f.). Unterschiede und Ähnlichkeiten im chemisch-physikalischen Verhalten der Stoffe lassen sich deshalb vor allem mit der Art der Teilchen begründen:
Besitzen **Stoffe stark unterschiedliche** chemisch-physikalische Eigenschaften, so bestehen sie aus sehr verschiedenen Teilchen.

Beispiel

Eisen besteht aus Eisen-Atomen (Fe), Sauerstoff ist aus Sauerstoff-Molekülen aufgebaut (O_2) und Natriumchlorid besteht aus Natrium- und Chloridionen (Na^+ und Cl^-). Vergleicht man die Aggregatszustände bei Raumtemperatur und die elektrische Leitfähigkeit dieser Stoffe, so zeigt sich Eisen als metallischer glänzender Feststoff mit guter Leitfähigkeit, Sauerstoff ist ein Gas mit sehr niedrigem Siedepunkt und nicht leitfähig, während Natriumchlorid ein weißer, spröder Feststoff ohne Leitfähigkeit ist, der aber in der Schmelze hohe elektrische Leitfähigkeit annimmt.

Besitzen **Stoffe ähnliche** chemisch-physikalische Eigenschaften, so lassen sie den Aufbau aus ähnlichen Teilchen vermuten.

Beispiele

- Eisen (Fe) und Magnesium (Mg) werden aus Atomen gebildet.
- Sauerstoff besteht aus Sauerstoff-Molekülen (O_2), Kohlenstoffdioxid aus Kohlenstoffdioxid-Molekülen (CO_2).
- Natriumchlorid ist aus Natrium- und Chlorid-Ionen (Na^+ und Cl^-) aufgebaut, und Calciumoxid aus Calcium- und Oxid-Ionen (Ca^{2+} und O^{2-}).
Eisen und Magnesium besitzen als metallisch glänzende Feststoffe gute elektrische Leitfähigkeit, während Sauerstoff und Kohlendioxid farblose Gase und Isolatoren sind.

Viele Elemente und Verbindungen kann man **drei großen Stoffgruppen** zuordnen, den
- **Salzen** (= Ionenverbindungen),
- **Metallen** und
- den **molekularen Stoffen**

2 Salze sind Ionenverbindungen

Salze sind **Metall-Nichtmetall**-Verbindungen und mithilfe des Periodensystems an ihren Namen und/oder Formeln leicht zu erkennen, z. B. Kochsalz (Natriumchlorid) **NaCl**, Silberchlorid **AgCl** und Rost (Eisenoxid) **Fe$_2$O$_3$**.

Abb. 48: Die Salze Zinkchlorid, Eisenoxid und Magnesiumoxid sind Metall-Nichtmetall-Verbindungen

2.1 Synthese von Salzen aus den Elementen

Im einfachsten Fall reagieren bei der **Bildung eines Salzes** ein metallisches Element, das immer aus Atomen aufgebaut ist, und ein nichtmetallisches Element, das aus Molekülen oder Atomen besteht, miteinander. Metallatome geben dabei Elektronen ab und bilden **Kationen**, man sagt, sie verhalten sich „elektropositiv". Nichtmetallatome oder -moleküle nehmen diese Elektronen auf und bilden **Anionen**, sie verhalten sich „elektronegativ". In einem bestimmten Zahlenverhältnis vereinigt, ergeben diese Kationen und Anionen das Salz. Es gilt also:

Metall + Nichtmetall ⟶ Salz

Synthese von Natriumchlorid aus Natrium und Chlor
1. **Stoffbetrachtung:** Das metallische Element Natrium, ein silbrig-weißer, weicher Feststoff, reagiert mit dem nichtmetallischen Element Chlor, einem gelbgrünen Gas, zum Salz Natriumchlorid, einem weißen, kristallinen Feststoff.
2. **Teilchenbetrachtung:** Bei der Bildung von Kationen und Anionen aus den Atomen oder Molekülen muss bei Hauptgruppenelementen die **Oktettregel** beachtet werden: Eine Elektronenkonfiguration mit abgeschlossener (gefüllter) Außenschale, die so genannte **Edelgaselektronenkonfiguration** wird angestrebt.

Abgabe und Aufnahme von Elektronen kann man in Einzelschritten (Teilgleichungen) formulieren:

1. Teilgleichung: $Na \longrightarrow Na^+ + e^-$

2. Teilgleichung: $Cl_2 + 2e^- \longrightarrow 2Cl^-$

Bei der Bildung von Natriumchlorid aus Natrium und Chlor gibt ein ungeladenes Natriumatom also **ein Elektron** ab und wird zum einfach positiv geladenem **Natriumion**. Aus einem ungeladenen Chlormolekül entstehen einfach negativ geladene **Chloridionen**. Da das Chlormolekül zweiatomig ist, entstehen durch Aufnahme von zwei Elektronen zwei einzelne, stabile Chlorid-Ionen. In beiden Fällen ist die Oktettregel erfüllt: Na^+- und Cl^--Ionen besitzen mit 8 Valenzelektronen gefüllte Außenschalen.

Da die Zahl der abgegebenen und aufgenommenen Elektronen bei der Reaktion gleich sein muss, weil Elektronen immer von Teilchen zu Teilchen übertragen werden und bei chemischen Reaktionen nicht „frei" existieren können, werden die Teilgleichungen geeignet multipliziert und die Gesamtgleichung durch Addition der linken und rechten Seiten gebildet:

1. Teilgleichung: $Na \longrightarrow Na^+ + e^-$ $| \cdot 2$

2. Teilgleichung: $Cl_2 + 2e^- \longrightarrow 2Cl^-$ $| \cdot 1$

Gesamtgleichung: $2Na + Cl_2 + 2e^- \longrightarrow 2Na^+ + 2Cl^- + 2e^-$

Gesamtgleichung als **Ionengleichung:** $2Na + Cl_2 \longrightarrow \underbrace{2Na^+ + 2Cl^-}$

Gesamtgleichung als **Summengleichung:** $2Na + Cl_2 \longrightarrow 2NaCl$

Diese Gesamtgleichung kann – bei gleicher Zahl links und rechts des Reaktionspfeils – unter Wegfall der Elektronen als **Ionengleichung** oder – unter Verwendung von Summenformeln – als **Summengleichung** geschrieben werden.

Synthese von Aluminiumoxid aus Aluminium und Sauerstoff

Anhand der Synthese von Aluminiumoxid aus Aluminium und Sauerstoff sollen die zuvor angestellten Überlegungen nochmals schrittweise erläutert werden.

1. **Stoffbetrachtung:** Aus dem glänzenden Metall Aluminium und dem farblosen Gas Sauerstoff entsteht Aluminiumoxid, ein weißer, kristalliner Feststoff.

Salze sind Ionenverbindungen ✦ 113

2. Teilchenbetrachtung: Zunächst muss man klären, aus welchen **Teilchen** die Ausgangselemente bestehen: Aluminium besteht aus Aluminiumatomen (Al), Sauerstoff aus zweiatomigen Molekülen (O_2). Dann gilt es herauszufinden, welche stabilen Ionen aus den Ausgangsteilchen durch Abgabe oder Aufnahme von Elektronen entstehen. Dazu wendet man die **Oktettregel** an:

- Al-Atome geben drei Elektronen ab und werden zu Al^{3+}-Ionen,
- O_2-Moleküle bilden O^{2-}-Ionen, wobei jedes Atom zwei Elektronen aufnimmt, das zweiatomige Molekül also insgesamt vier Elektronen.

Mit diesen Informationen kann man nun die **Teilgleichungen** der Reaktion aufstellen. Sie lauten:

$$Al \longrightarrow Al^{3+} + 3\,e^-$$

$$O_2 + 4\,e^- \longrightarrow 2\,O^{2-}$$

Damit gleich viele Elektronen abgegeben wie aufgenommen werden, müssen die Teilgleichungen mit **Faktoren** multipliziert werden. Das kleinste gemeinsame Vielfache beträgt 12, die 1. Teilgleichung muss also mit vier, die 2. mit drei multipliziert werden:

$$Al \longrightarrow Al^{3+} + 3\,e^- \quad | \cdot 4$$

$$O_2 + 4\,e^- \longrightarrow 2\,O^{2-} \quad | \cdot 3$$

Alle Teilchen links der Reaktionspfeile und alle Teilchen rechts der Reaktionspfeile werden zusammengefasst. Wenn man den Multiplikationsfaktor berücksichtigt, fallen die Elektronen aus der Gleichung heraus. Damit erhält man die **Gesamtgleichung**:

$$Al \longrightarrow Al^{3+} + 3\,e^- \quad | \cdot 4$$

$$O_2 + 4\,e^- \longrightarrow 2\,O^{2-} \quad | \cdot 3$$

$$\overline{4\,Al + 3\,O_2 \longrightarrow 4\,Al^{3+} + 6\,O^{2-}}$$

Bei diesem Beispiel findet man auf der rechten Seite des Reaktionspfeils den gemeinsamen Teiler 2, den man ausklammern kann. Aus dem Verhältnis der Ionen in der Klammer lässt sich die Summenformel des Salzes, hier von Aluminiumoxid, ableiten.

$$4\,Al + 3\,O_2 \longrightarrow 4\,Al^{3+} + 6\,O^{2-}$$

$$4\,Al + 3\,O_2 \longrightarrow 2 \cdot (2\,Al^{3+} + 3\,O^{2-})$$

$$4\,Al + 3\,O_2 \longrightarrow 2\,Al_2O_3$$

114 Salze, Metalle und molekulare Stoffe

Die Synthese von Salzen aus Elementen gelingt z. B. durch **Reaktion eines Metalls mit einem Nichtmetall**. Weil dabei Elektronen übertragen werden, entstehen aus ungeladenen Atomen bzw. Molekülen geladene Ionen. Die Ladungszahlen der Ionen ergeben sich aus der Anwendung der **Oktettregel**.

2.2 Ionen, Ionenbindung und Ionengitter

Ionen sind elektrisch geladene Teilchen, die durch Abgabe bzw. Aufnahme von Elektronen aus Atomen oder Molekülen hervorgehen.

Positiv geladene **Kationen** entstehen durch **Abgabe** von Elektronen.
Negativ geladene **Anionen** entstehen durch **Aufnahme** von Elektronen.

Ionen können eine größere oder kleinere Anzahl an Valenzelektronen besitzen als die zugehörigen Atome, die Protonenzahl im Kern ändert sich aber nicht (siehe S. 76 f.).

Beispiel

	Na-Atom	Na^+-Ion
Protonenzahl	11	11
Elektronenzahl	11	**10**

	Cl-Atom	Cl^--Ion
Protonenzahl	17	17
Elektronenzahl	17	**18**

Zwischen diesen entgegengesetzt geladenen Ionen bestehen **starke elektrostatische Anziehungskräfte**, so genannte Coulomb-Kräfte, die
- nach allen Seiten gleichmäßig wirken, und
- von der Größe der Ionen, also ihrem Abstand sowie von ihrer Ladung abhängen.

Die elektrostatischen Anziehungskräfte zwischen entgegengesetzt geladenen Ionen nennt man **Ionenbindungen**. Diese sind umso größer, je kleiner der Abstand zwischen den Ionen und je höher die Ladung der Ionen ist.

In einem Salz liegen die Ionen in einem geordneten **Ionengitter** vor, in dem jedes Kation von einer charakteristischen Anzahl von Anionen und jedes Anion von einer bestimmten Zahl von Kationen umgeben ist. Die Anzahl der nächsten, gleich weit entfernten Nachbarionen nennt man **Koordinationszahl**. Die Koordinationszahl kann man nicht aus der Formel ablesen.

Beispiel: Im NaCl-Gitter besitzen beide Ionen jeweils eine Koordinationszahl von 6, im CsCl-Gitter eine Koordinationszahl von 8.

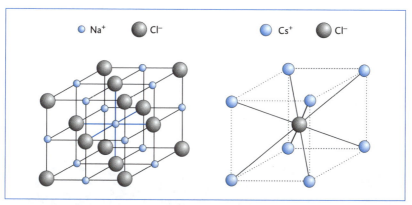

Abb. 49: Die Anordnung der Ionen im NaCl-Gitter und CsCl-Gitter

2.3 Physikalische und chemische Eigenschaften von Salzen

Die physikalischen und chemischen Eigenschaften der Salze werden entscheidend durch das Verhalten der sie aufbauenden Ionen geprägt.

Kristallinität

Die typische räumliche Anordnung von Teilchen in einem Feststoff wird allgemein **Kristallgitter** genannt, beim Vorliegen von Ionen als **Ionengitter**. Lagern sich Ionen zu einem Kristall zusammen, so werden hohe Energiebeträge freigesetzt. Bedingt durch die starken Bindungskräfte zwischen den Anionen und Kationen sind alle Salze bei Raumtemperatur kristalline Feststoffe mit **hohen Schmelztemperaturen**. Je mehr Energie bei der Bildung des Kristalls frei wird, je größer die negative Gitterenthalpie also ist, umso höher liegt auch die Schmelztemperatur des Salzes. Beim **Lösen von Salzen** z. B. in Wasser wird das Ionengitter zerstört. Da dabei die Bindungskräfte zwischen den Ionen überwunden werden müssen, ist die Löslichkeit in Wasser umso geringer, je größer die negative Gitterenthalpie, je stärker also der Zusammenhalt zwischen den Teilchen im Ionenkristall ist. Die folgende Tabelle gibt hierzu einen Überblick:

Salze, Metalle und molekulare Stoffe

Salz	Bei der Bildung des Salzes freigesetzte Energie	Schmelztemperatur in °C	Löslichkeit in Wasser in g/100 g bei 20 °C
KI	−649	681	127
NaCl	−788	801	35,8
NaF	−923	993	4,2
CaF$_2$	−2 630	1 423	0,0016
Al$_2$O$_3$	−15 000	2 015	sehr schwer löslich (Spuren)

Tab. 20: Zusammenhang zwischen der Energie, die bei der Salzbildung frei wird, sowie der Schmelztemperatur und Löslichkeit von Salzen

Sprödigkeit

In Kieswerken trennt man Steine nach ihrer Größe auf. Je nach Bedarf kann man in so genannten Quetschwerken große Steinbrocken zu Stücken geeigneter Größe zermahlen. Dies gelingt, weil sich Steine, die aus Ionenkristallen aufgebaut sind, **spröde** verhalten, d. h. bei Einwirkung mechanischer Kräfte entstehen aus größeren Salzkristallen kleinere, die wieder stabil sind.

Abb. 50: Große Salzkristalle zerfallen in viele kleinere.

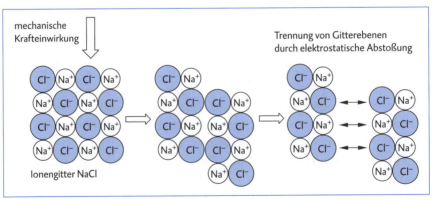

Abb. 51: Die Sprödigkeit von Kochsalz (NaCl), auf der Teilchenebene erläutert: größere Ionenverbände zerfallen in kleinere.

Übt man auf das Ionengitter eines Salzes mechanische Kräfte aus, so verschieben sich an vielen Stellen die Gitterebenen, sodass **gleichgeladene Ionen** nebeneinander zu liegen kommen. Durch die starken elektrostatischen Abstoßungskräfte werden solche Ebenen voneinander getrennt. Beim Kochsalz liegen kurzzeitig Chlorid-Ion an Chlorid-Ion und Natrium-Ion an Natrium-Ion.

Elektrische Leitfähigkeit in Schmelzen und Lösungen

Die elektrische Leitfähigkeit ist die Eigenschaft eines Stoffes, **Ladungen transportieren** zu können. Leitfähige Stoffe müssen **geladene Teilchen** besitzen, die **frei beweglich** sind. Feste Salze leiten den elektrischen Strom nicht, weil zwar Ionen als Ladungsträger im Ionengitter vorhanden, diese aber nicht beweglich, sondern durch die elektrostatische Kräfte auf ihren Gitterplätzen arretiert sind. Um frei beweglich zu sein, müssten die Teilchen ihren Platz im Gitter aber verlassen können.

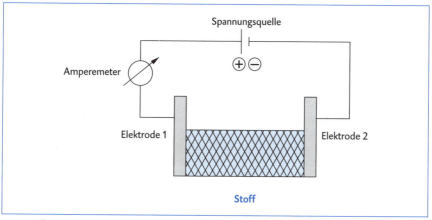

Abb. 52: Übersicht zur Messung der elektrischen Leitfähigkeit

In **Schmelzen oder Lösungen** von Salzen sind die Ionen aber beweglich und können Ladungen transportieren. Beim Anlegen einer Gleichspannung an eine wässrige Lösung eines Salzes wie Natriumchlorid wandern die Kationen zur Kathode und die Anionen zur Anode.

> Als **Anode** wird die positiv geladene Elektrode bezeichnet, als **Kathode** die negativ geladene Elektrode.

Salze, Metalle und molekulare Stoffe

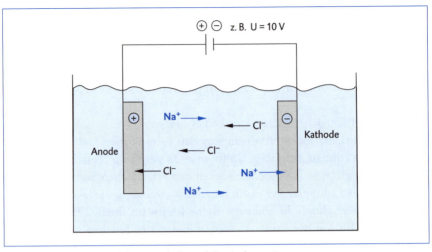

Abb. 53: In Salzlösungen sind die Ionen die beweglichen Ladungsträger

Beispiel

Sind die Na$^+$ und Cl$^-$-Ionen an den **Elektroden**, der Kathode und der Anode, angekommen, so geben die Anionen an der Anode Elektronen ab, während die Kationen Elektronen von der Kathode aufnehmen. Im Einzelnen lauten die Vorgänge an den Elektroden:

Elektronenabgabe an der **Anode**: $\quad 2\,Cl^- \longrightarrow Cl_2 + 2\,e^-$

Elektronenaufnahme an der **Kathode**: $\quad Na^+ + e^- \longrightarrow Na$

NaCl wird dabei unter Bildung neuer Stoffe umgesetzt, aus den Ionen werden Natriumatome und Chlormoleküle gebildet. Dies entspricht der Umkehrung der Bildung des Salzes NaCl aus den Elementen (siehe S. 112).

> Man bezeichnet einen Vorgang, bei dem eine chemische Verbindung unter Einsatz elektrischer Energie zersetzt wird, als **Elektrolyse**.

Wegen dieser elektrolytischen Zerlegung werden Ionensubstanzen als **Leiter 2. Klasse** den Metallen gegenüber gestellt. Metalle verändern sich beim Stromdurchgang nicht, wie man aus der alltäglichen Erfahrung weiß. Sie werden als **Leiter 1. Klasse** bezeichnet. Die meisten molekularen Stoffe sind **Nichtleiter**.

	Metalle	Ionen-substanzen	Molekülsubstanzen und diamantartige Stoffe
	–	Elektrolyte	Nichtelektrolyte
	Leiter 1. Klasse	Leiter 2. Klasse	Nichtleiter
Ladungsträger	Elektronen	Ionen	–
Leitfähigkeit	sehr gut	gering	keine
nimmt mit steigender Temperatur	ab	zu	–
stoffliche Veränderung beim Stromdurchgang	keine	werden an den Elektroden zersetzt	–

Tab. 21: Einteilung der Stoffe nach der elektrischen Leitfähigkeit

2.4 Wichtige Salze in Natur und Technik

Ein wichtiges und bekanntes Salz, das Natriumchlorid NaCl, wird bergmännisch als **Steinsalz** aus Lagerstätten, z. B. in Berchtesgaden, gewonnen oder als **Meersalz** aus Salzwasser, das ca. 3 % Natriumchlorid gelöst enthält. Neben den Ionen vieler anderer Salze, wie Ca^{2+}, Mg^{2+}, K^+, F^-, Fe^{2+}, I^-, gehören die Na^+- und Cl^--Ionen zu den für Mensch, Pflanze und Tier lebensnotwendigen **Mineralien**.

Für viele Mineralsalze wurde eine **optimale tägliche Aufnahmemenge** für den Menschen definiert. Beispielsweise sollte der Mensch nach Empfehlung der DGE (Deutsche Gesellschaft für Ernährung) täglich ca. 4 Gramm NaCl aufnehmen, da der menschliche Körper – v. a. über Urin und Schweiß – diese Menge jeden Tag verliert. Die tatsächliche Aufnahme lag im Jahr 2004 in Deutschland bei ca. 11 g täglich. Um alle benötigten Stoffe in ausreichender, aber nicht zu großer Menge zu erhalten, lautet daher eine Ernährungsempfehlung: „Ernähre dich so abwechslungsreich wie möglich."

Schon in kleinen Mengen aufgenommen, können manche Ionen wie Blei-, Cadmium- oder Quecksilber-Ionen (Pb^{2+}, Cd^{2+}, Hg^{2+}) für viele Organismen **giftig** sein, weil sie mit Enzymen, den Biokatalysatoren des Stoffwechsels, reagieren. Die folgende Tabelle stellt einige Beispiele einfacher Salze und ihre Bedeutung zusammen:

120 / Salze, Metalle und molekulare Stoffe

Name des Salzes	Formel/Ionen	mineralogischer Name	Bedeutung
Natriumchlorid	$NaCl$ $Na^+ + Cl^-$	Steinsalz	Rohstoff zur Gewinnung von Chlor, Wasserstoff und Natronlauge, Ernährung
Kaliumchlorid	KCl $K^+ + Cl^-$	Sylvin	Kalidünger, Ernährung
Calciumsulfat	$CaSO_4$ $Ca^{2+} + SO_4^{2-}$	Gips	Baustoff (Wände, Estriche), Gipsverband
Calciumcarbonat	$CaCO_3$ $Ca^{2+} + CO_3^{2-}$	Kalkstein	Gebirgsbildung („Kalkalpen"), Ernährung, Düngemittel, Wasserhärte
Aluminiumoxid	Al_2O_3 $2\,Al^{3+} + 3\,O^{2-}$	Tonerde, Korund	Rohstoff zur Aluminiumgewinnung, Schmirgel, Edelsteine Rubin (mit 0,3 % Cr_2O_3) oder Saphir (mit 0,2 % Ti_2O_3)

Tab. 22: Wichtige Salze im Überblick

NaCl dient in großen Mengen als **Rohstoff** zur Gewinnung wichtiger chemischer Grundstoffe wie Chlor Cl_2 und Natronlauge NaOH. Aus anderen Salzen werden großchemisch weitere wichtige Stoffe erzeugt:

- **Eisen** (Fe) gewinnt man aus Eisen(III)oxid (Fe_2O_3).
- **Aluminium** (Al) wird aus Aluminiumoxid (Al_2O_3) hergestellt.
- **Kupfer** (Cu) wird aus Kupfer(I)-sulfid (Cu_2S) gewonnen.

Auch bei der **Düngung** von Pflanzen sind Kenntnisse zum Mineralsalzbedarf enorm wichtig (z. B. K^+-Ionen in Kalidüngern).

Zusammenfassung

- Salze entstehen bei der Reaktion eines Metalls mit einem Nichtmetall. Dabei bilden sich aus Atomen oder Molekülen Ionen. Zwischen positiv geladenen Kationen und negativ geladenen Anionen wirken starke Anziehungskräfte (= **Ionenbindung**).

- Kationen und Anionen lagern sich durch ihre Ladungszahlen bedingt in charakteristischen Zahlenverhältnissen zusammen (**Verhältnisformel!**) und bilden ein **Ionengitter**. Diese Ionengitter erklären die kristallinen und spröden Eigenschaften von festen Salzen, die beweglichen Ionen in der Schmelze und in Lösung begründen die elektrische Leitfähigkeit.

- Als **Leiter 2. Klasse** unterliegen Salze einer Elektrolyse, weil die Ionen an den Elektroden entladen werden und neue Stoffe entstehen.

Salze sind Ionenverbindungen ▸ 121

Aufgaben 114 Trage in die folgenden leeren Kästchen mögliche Formeln von Salzen ein, die aus den vorgegebenen Ionen bestehen.

	Na^+	Al^{3+}	Br^-	Ca^{2+}	Cs^+	Mg^{2+}
Cl^-						
O^{2-}						
N^{3-}						
K^+						
S^{2-}						
F^-						

115 Ermittle aus dem Periodensystem die Ionenladungen und die Formel von
a Kaliumsulfid
b Magnesiumbromid

116 Warum besitzen Salze, von Sonderfällen abgesehen, keinen Geruch?

117 Vergleiche die Größe paarweise angeschriebener Atome oder Ionen.
a Br/Br^- b K/K^+ c Fe^{2+}/Fe^{3+}
d Na^+/Mg^{2+} e O^{2-}/F^-
Begründe dein Ergebnis für die Beispiele a und b.

118 Welche Paare der Elemente O, Na, Ca, F, Si, Cl bilden typische Ionenverbindungen?
Schreibe die Ionen in diesen Verbindungen an.

119 NaCl besitzt eine Schmelztemperatur von 801 °C, NaF von 993 °C.
Begründe diesen Unterschied.

120 Schlägt man mit einem Hammer auf einer festen Unterlage kräftig auf einen kleinen Stein, so zerbröselt er.
Was kannst Du aus dem Ergebnis schließen? Woraus bestehen „Steine"?

121 Aus welchen Ionen sind folgende Salze aufgebaut? Berücksichtige auch das Zahlenverhältnis der Kationen und Anionen in der jeweiligen Verbindung.
a Calciumbromid
b Aluminiumsulfid
c Kaliumoxid
d Natriumfluorid
e Eisen(III)-chlorid
f Kobalt(II)-iodid

122 | Salze, Metalle und molekulare Stoffe

122 In welcher Zustandsform liegt Natriumchlorid
a im Meerwasser
b in Salzlagerstätten vor?

123* Ein Reagenzglas mit etwas Kalium wird erhitzt. Anschließend wird durch ein Loch Bromdampf auf das Kalium gedüst. Diese Vorgänge und die daran anschließende chemische Reaktion ist in Standbildern eines Films auf der Teilchenebene festgehalten.
Gib zu jedem Bild der Filmleiste eine Beschreibung der Vorgänge an.

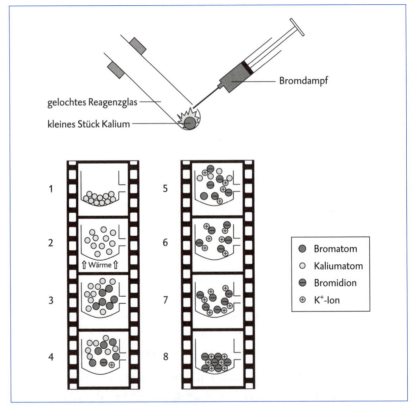

124 Das Element Kupfer entsteht als „Schwarzkupfer" aus Kupfer(I)-sulfid durch „Rösten" mit Sauerstoff. Formuliere die Reaktionsgleichung.

125 Je nach Reaktionsbedingungen reagiert Magnesium an der Luft zu Magnesiumoxid und/oder zu Magnesiumnitrid.
Stelle für beide Reaktionen jeweils die Teilgleichungen für die Bildung der Ionen und die Gesamtgleichung auf.

126 Kreuze in der Tabelle für jedes Salz die richtigen Ionenarten und die Verhältnisformel an.

	Mögliche Ionenarten und ihr Verhältnis			Verhältnisformel		
Natrium-bromid	$2\,Na^+ + Br^{2-}$	$Na^+ + Br^-$	$Na^{2+} + 2\,Br^-$	Na_2Br	$NaBr_2$	$NaBr$
Aluminium-oxid	$2\,Al^{3+} + 3\,O^{2-}$	$3\,Al^{2+} + 2\,O^{3-}$	$2\,Al^+ + O^{2-}$	Al_2O	Al_2O_3	Al_3O_2
Eisen(III)-bromid	$3\,Fe^+ + Br^{3-}$	$Fe^{3+} + 3\,Br^-$	$2\,Fe^{3+} + 6\,Br^-$	$FeBr_3$	Fe_2Br_6	Fe_3Br
Kaliumsulfid	$K^+ + S^-$	$K^{2+} + S^-$	$2\,K^+ + S^{2-}$	K_2S	KS_2	KS
Magnesium-fluorid	$Mg^+ + F^-$	$Mg^{2+} + 2\,F^-$	$Mg^{3+} + 3\,F^-$	MgF_3	MgF	MgF_2
Calciumoxid	$2\,Ca^{3+} + 3\,O^{2-}$	$Ca^{3+} + O^{3-}$	$Ca^{2+} + O^{2-}$	CaO	Ca_2O_3	CaO_2

127 Ein Salz hat die allgemeine Formel AB_2, wobei A das Kation, B das Anion darstellt.

a Diskutiere mögliche Ladungen von A und B.

b Ermittle die Koordinationszahl von B im Ionengitter, wenn sie für A gleich 8 ist.

128 Verbessere die folgende Aussage: *„Beim Schmelzen von Natriumchlorid entstehen Ionen, sodass die elektrische Leitfähigkeit des Feststoffes ansteigt."*

129 In nebenstehender Abbildung ist die Temperatur angegeben, bei der das Salz elektrisch leitfähig wird. Ordne den Salzen 1 bis 4 die richtigen Verbindungen zu: MgO; NaCl; KI; Al_2O_3.

130 Man gibt je 2 Gramm eines gut (Glas 1) und eines schlecht wasserlöslichen Salzes (Glas 2) in zwei Bechergläser mit 200 mL Wasser. Nach einigen Minuten wird die elektrische Leitfähigkeit gemessen.
Schildere und begründe den Verlauf dieses Experiments.

131 Ordne den Ziffern in der Grafik die richtigen der nebenstehenden Begriffe zu.
Vorsicht – es sind mehr Begriffe als nötig!

Kathode	
Anode	
Elektrolyse einer Natriumchloridlösung	
Elektrolyse einer Kaliumchloridlösung	
Elektrolyse einer Kupferchloridlösung	
Bromidionen	
Natriumionen	
Pluspol	
Minuspol	
Salzschmelze	
Wässrige Salzlösung	

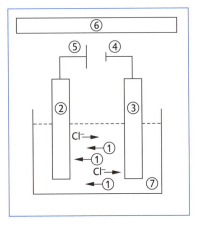

132* In folgenden Abbildungen sind die Ergebnisse technischer Elektrolysen dargestellt.
Welche Salze wurden hier elektrochemisch zerlegt? Stelle die Reaktionsgleichungen mit Elektronenumsatz auf.

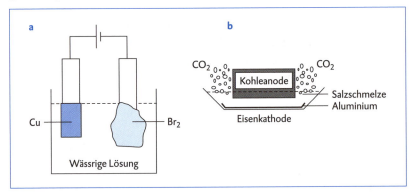

133* Seit einigen Jahren gibt es neuartige *ionische* Flüssigkeiten, die keinerlei Dampfdruck aufweisen.
Welche grundsätzlichen Überlegungen führten die Forscher zu ihren Entdeckungen?

134 Erstelle jeweils die Teilgleichungen, die Ionengleichungen und die Summengleichung

a für die Synthese des Salzes Magnesiumbromid aus den Elementen;

b für die Darstellung von Kaliumsulfid aus den Elementen.

135 Es stehen immer mehrere Aussagen zur Diskussion, im Kasten musst du dich für eine Auswahl entscheiden und diese ankreuzen.

Aussagen zu Salzen Teil 1

a Kationen sind positv geladene Ionen.

b Kationen sind negativ geladene Ionen.

c Metalle reagieren zu Kationen.

d Anionen sind eher größer als die dazugehörigen Atome.

e Kationen ziehen sich gegenseitig an, Anionen stoßen sich gegenseitig ab.

Kreuze an, nur eine Auswahl ist korrekt.

☐ Alle sind richtig.

☐ Nur a, c und d sind richtig.

☐ Nur b, c und d sind richtig.

☐ Nur a, c, d und e sind richtig.

☐ Nur b, d und e sind richtig.

Aussagen zu Salzen Teil 2

a Ein Ionengitter ist aus Kationen und Anionen aufgebaut.

b Die Koordinationszahl hängt vom Zahlenverhältnis der Ionen zueinander ab.

c Die Koordinationszahl hängt vom Größenverhältnis der Ionen zueinander ab.

d Im Ionengitter wirkt die Ionenbindung.

e Im Ionengitter wirken elektrostatische Kräfte.

Kreuze an, nur eine Auswahl ist korrekt.

☐ Alle sind richtig.

☐ Nur a, c und d sind richtig.

☐ Nur b, c und d sind richtig.

☐ Nur a, c, d und e sind richtig.

☐ Nur a, b, d und e sind richtig.

Salze, Metalle und molekulare Stoffe

Aussagen zu Salzen Teil 3

a   Salzkristalle sind elektrisch leitfähig.

b   Salzkristalle sind nicht elektrisch leitfähig.

c   Salzlösungen sind elektrisch leitfähig.

d   Salzschmelzen sind elektrisch leitfähig.

Kreuze an, nur eine Auswahl ist korrekt.

☐ Alle sind richtig.

☐ Nur a und d sind richtig.

☐ Nur b und d sind richtig.

☐ Nur a, c und d sind richtig.

☐ Nur b, c und d sind richtig.

Aussagen zu Salzen Teil 4

a   Je höher geladen die Ionen, desto höher ist der Schmelzpunkt des Salzes.

b   Je kleiner die Ionen, desto höher ist der Schmelzpunkt des Salzes.

c   Je größer die Ionen, desto höher ist der Schmelzpunkt des Salzes.

d   Wenn Salze schmelzen, wird das Ionengitter zerstört.

Kreuze an, nur eine Auswahl ist korrekt.

☐ Alle sind richtig.

☐ Nur a und b sind richtig.

☐ Nur a und c sind richtig.

☐ Nur a, b und d sind richtig.

☐ Nur a, c und d sind richtig.

3 Metalle sind atomare Stoffe

Metalle und ihre Legierungen (Gemische verschiedener Metalle z. B. Bronze aus Kupfer und Zinn) bestehen nur aus **Metallatomen**. Ihr Zusammenhalt in **Metallgittern** erfordert andere Überlegungen als bei Ionengittern.

3.1 Darstellung von Metallen aus Verbindungen

Metallatome geben leicht Elektronen ab (siehe S. 83), sie verhalten sich **elektropositiv**. Will man Metalle aus ihren Verbindungen als Elemente gewinnen, so muss man meist unter großem Energieaufwand den Metallionen in den Salzen fehlende Valenzelektronen „aufzwingen", um Metallatome und damit das Metall zu erhalten. Metalle kann man z. B. durch Elektrolyse oder durch chemische Umsetzung darstellen.

Aluminiumgewinnung durch Elektrolyse

Eine **Elektrolyse** ist eine unter Ionenentladung ablaufende Zerlegung einer chemischen Verbindung mittels des elektrischen Stroms (siehe auch S. 118). Die **Elektrolysezelle** nimmt elektrische Arbeit auf, sie verbraucht elektrischen Strom. Dabei wird elektrische Energie in chemische Energie umgewandelt. Dabei werden

- an der **Kathode** (= Minuspol der Spannungsquelle) die angezogenen **Kationen durch Elektronenaufnahme** entladen
- an der **Anode** (= Pluspol der Spannungsquelle) die angezogenen **Anionen durch Elektronenabgabe** entladen.

Aluminiumgewinnung (Al) aus Aluminiumoxid (Al_2O_3):

Kathode: (Minuspol)	$Al^{3+} + 3\,e^-$	$\longrightarrow\ Al$	$\big| \cdot 4$
Anode: (Pluspol)	$2\,O^{2-}$	$\longrightarrow\ O_2 + 4\,e^-$	$\big| \cdot 3$
Gesamtvorgang in der Elektrolysezelle:	$4\,Al^{3+} + 6\,O^{2-}$	$\longrightarrow\ 4\,Al + 3\,O_2$	

Auf Stoffebene entstehen also in der Elektrolysezelle aus der Verbindung Aluminiumoxid durch Elektrolyse unter Stromverbrauch die Elemente Aluminium und Sauerstoff.

128 / Salze, Metalle und molekulare Stoffe

> Elektrolysen können **nur in der Schmelze oder in Lösung** (bewegliche Ionen als Ladungsträger) und **unter Energieaufwand** (endotherme Reaktion) ablaufen.

Eisengewinnung (Fe) durch chemische Umsetzung

Die Darstellung von Eisen aus Eisen(III)-oxid erfolgt durch Reaktion mit Kohlenstoff (C), der in Form von Koks eingesetzt wird. Der so genannte **Hochofenprozess** zur Gewinnung von Roheisen wird stark vereinfacht mit einer Gleichung folgendermaßen dargestellt:

$$2\,Fe_2O_3 + 3\,C \longrightarrow 4\,Fe + 3\,CO_2$$

Die Gleichung erstellt man wie üblich durch Anschreiben der Formeln gegebener Ausgangsstoffe (Fe_2O_3 + C) und eines Endstoffs (Fe). Der zweite Endstoff muss dann eine sauerstoffhaltige Kohlenstoffverbindung sein (CO oder/und CO_2). Das Finden geeigneter Koeffizienten vervollständigt die Gleichung. (Zur Erleichterung werden in der Gleichung vorkommende Elemente immer erst am Ende mit Koeffizienten versehen).

Beispiel

Auch mit Wasserstoff kann aus vielen Metalloxiden das Metall frei gesetzt werden, z. B. Molybdän aus Molybdän(VI)-oxid:

$$MoO_3 + 3\,H_2 \longrightarrow Mo + 3\,H_2O$$

3.2 Atome, metallische Bindung und Metallgitter

Im Periodensystem (siehe vordere Umschlaginnenseite) findet man überwiegend metallische Elemente. Auf einer schrägen Linie vom Bor zum Astat liegen u. a. die typischen Halbmetalle (Silicium, Germanium), der Wasserstoff gehört zu den Nichtmetallen.

Die elektropositiven Metallatome geben gerne Valenzelektronen ab. Fehlt ihnen ein Reaktionspartner, so bilden sie mit sich selbst **Metallgitter** aus. Hierbei werden die Gitterplätze durch positiv geladene Metall-Ionen besetzt, die man **Atomrümpfe** nennt. Die Valenzelektronen bewegen sich relativ frei zwischen den Atomrümpfen und bewirken durch ihr „Hin- und Herhüpfen" als **Elektronengas** den Zusammenhalt der Atome. Diese elektrostatischen Wechselwirkungen und damit die Anziehung zwischen den positiv geladenen Atomrümpfen und dem negativ geladenen Elektronengas nennt man **metallische Bindung**. Abhängig von der Größe der Metall-Atome liegen sie meist in **dichtesten Kugelpackungen** vor:

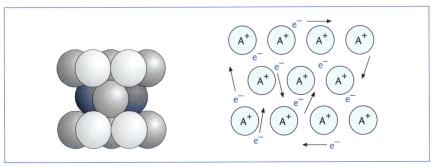

Abb. 54: links: Dichteste Kugelpackung; rechts: Dichteste Kugelpackung mit Atomrümpfen (A$^+$) und Elektronengas (e$^-$); ständiger Platzwechsel der schwach gebundenen Elektronen des „Elektronengases"

3.3 Eigenschaften von Metallen

Die typischen Metalleigenschaften wie Verformbarkeit, Wärmeleitfähigkeit und elektrische Leitfähigkeit lassen sich aus dem Verständnis von Metallgittern ableiten.

Verformbarkeit

Anders als Salze nehmen Metalle bei der Einwirkung ausreichend starker mechanischer Kräfte eine neue Form an und bleiben in dieser stabil: Sie sind gut verformbar, besonders in der Wärme. Beispielsweise können Kupferbleche leicht zu Dachrinnen gebogen und Kupferstücke zu Drähten gezogen werden. Aus Eisenblechen entstehen verschiedene Teile von Kraftfahrzeugen.
Im Metallgitter können bei mechanischer Beanspruchung verschiedene Gitterebenen aneinander vorbei gleiten, wobei nach der Bewegung der Atome immer wieder stabile dichteste Packungen entstehen, d. h. die neue Form bleibt erhalten.

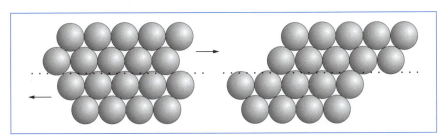

Abb. 55: Verschiebung der Schichten in Metallen

Annähernd defektfreie Kristalle nennt man **Einkristalle**, wie sie z. B. vom Silicium in der Mikroelektronik benötigt werden. Sie herzustellen erfordert aufwändige Züchtungsverfahren. Gewöhnlich entstehen beim schnellen Erstarren einer Metallschmelze im Feststoff viele kleine kristalline Bereiche (**Kristallite**), die unterschiedlich gegeneinander versetzt sind und manche Fehlstellen besitzen.

Wärmeleitfähigkeit
Bei vielen Anwendungen spielt die Wärmeleitfähigkeit von Metallen eine zentrale Rolle, die Eigenschaft, Wärme von einem Medium auf ein anderes gut übertragen zu können: Heizkörper, Kühlrippen, Herdplatten, Kochtöpfe etc.
Wärme bedeutet in der Teilchenvorstellung Bewegung dieser Teilchen. **Je höher die Temperatur steigt, desto schneller bewegen sich die Teilchen.** Bei Metallen schwingen die Metallatome im Metallgitter um ihre Ruheplätze hin und her („Zittern"), wobei die **Schwingungen** mit steigender Temperatur stärker werden.

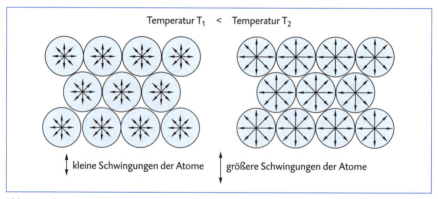

Abb. 56: Schwingungen der Atome im Metallgitter bei verschiedenen Temperaturen

Durch die dichte Packung der Metallatome werden jeweils benachbarte Atome sehr leicht ebenfalls zu stärkeren Schwingungen veranlasst einschließlich der Elektronen des „Elektronengases": die Wärme „wandert" im Metallgitter weiter. (Vorsicht: überraschende Verbrennungsgefahren!)

Elektrische Leitfähigkeit
Zur Erinnerung: elektrische Leitfähigkeit eines Stoffes tritt immer dann auf, wenn bewegliche Ladungsträger in einem elektrischen Feld wandern können.

Bei Metallen **wandern die locker gebundenen Valenzelektronen** des „Elektronengases" von der Kathode (–Pol) zur Anode (+-Pol) der Gleichspannungsquelle. Es fließt ein Strom, dessen Stärke man in Ampere (A) messen kann. Die Leitfähigkeit hängt unter anderem von der Art des Metalls, der Dicke des Leiters und seiner Temperatur ab. Durch Angabe der spezifischen Leitfähigkeit kann man Metalle miteinander vergleichen:

	Stoff	Leitfähigkeit bei 20 °C $1/(\Omega \cdot cm)$
Metalle:	Kupfer Eisen Aluminium	$6 \cdot 10^5$ $1 \cdot 10^5$ $4 \cdot 10^5$
zum Vergleich:	Halbleiter Silicium Isolator Glas	$2 \cdot 10^{-5}$ $1 \cdot 10^{-11}$

Da die elektrische Leitfähigkeit der Kehrwert des elektrischen Widerstandes ist (Einheit Ohm · Zentimeter; $\Omega \cdot cm$), besitzen Metalle mit guter Leitfähigkeit kleine Ohm'sche Widerstände.

Mit steigender Temperatur nimmt die Leitfähigkeit von Metallen ab, da die stärker schwingenden Atomrümpfe die wandernden Elektronen zunehmend behindern. Senkt man die Temperatur stark ab (z. B. bis nahe an den absoluten Nullpunkt bei 0 K = –273 °C), so geht der elektrische Widerstand gegen Null: es tritt Supraleitfähigkeit auf.

Zusammenfassung

- Metalle besitzen ein **Atomgitter** aus positiv geladenen Atomrümpfen, die durch die locker gebundenen und damit beweglichen Elektronen als „Elektronengas" verbunden sind.

- Metalle kann man durch **Elektrolyse** ihrer Salze gewinnen.

- Typische Eigenschaften sind leichte Verformbarkeit sowie gute Wärme- und elektrische Leitfähigkeit.

- Metalle spielen als Werkstoffe eine zentrale Rolle und werden vielseitig verwendet, beispielsweise im Automobil-, Brücken- und Hausbau, für Verpackung, Rohre, Leitungen oder Katalysatoren.

132 Salze, Metalle und molekulare Stoffe

Aufgaben

136 Blei(II)-chlorid wird einer Schmelzelektrolyse unterworfen.
a Skizziere einen beschrifteten Versuchsaufbau unter Berücksichtigung beteiligter Ionen!
b Schreibe die Teilgleichungen für die Abläufe an den Elektroden an.

137 Elementares Nickel kann man aluminothermisch durch Umsetzung von Nickel(II)-chlorid mit Aluminium gewinnen.
Formuliere die Reaktionsgleichung.

138 Welche der Aussagen sind korrekt?
a Durch Elektrolyse von Kupferchlorid kann elementares Kupfer hergestellt werden.
b Eisen wird technisch durch die Elektrolyse von Eisenoxid hergestellt.
c Wolfram kann aus Wolframtrioxid mithilfe von Wasserstoff hergestellt werden.
d Gold wird im Hochofen aus Goldoxid hergestellt.
e Eisen wird technisch durch Reaktion von Kohlenstoff mit Eisenoxid hergestellt.

☐ a, c und d sind richtig.
☐ a, c und e sind richtig.
☐ a und c sind richtig.
☐ Alle sind richtig.
☐ Keine ist richtig.

139* Japanische Samuraischwerter, so genannte Katanas, sind legendär aufgrund ihrer enormen Härte bei gleichzeitiger maximaler Flexibilität und Elastizität. Diese Eigenschaften wurden durch vielfaches Schmieden und Falten (bis zu 200 Mal) erreicht.

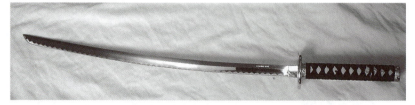

Welche Strukturen auf der Teilchenebene wurden durch diese Art der Bearbeitung verändert?
Welche Struktur haben die Schwertschmiedemeister angestrebt?

140 Viele Töpfe und Pfannen bestehen aus Eisen und Eisenlegierungen, z. B. Edelstahl.
Führe vier Gründe an, warum diese Haushaltswaren aus Eisen bestehen.

141 Zur Bearbeitung wird Eisen häufig bis zur Rotglut erhitzt und dann durch mechanische Kräfte verformt (Hufschmied, Herstellung von Blechen auf Walzstraßen, ...). Begründe dieses Verfahren.

142 Ordne folgende die Atomradien und Schmelztemperaturen den Metallen in der Tabelle zu und begründe deine Zuordnung.
Atomradien: 0,53 nm, 0,55 nm, 0,43 nm
Schmelztemperatur: 63 °C, 851 °C, 98 °C

Atomart	Atomradius [nm]	Schmelztemperatur [°C]
Natrium		
Kalium		
Calcium		

143* Elektrokabel bestehen häufig aus Kupferdrähten, die von einem Mantel aus Kunststoff umgeben sind.
Begründe diesen Aufbau.

144 Eisenbahnschienen werden mit dem Thermitverfahren geschweißt.
Betrachte die Abbildungen und benenne die Stoffe ?1 und ?2.
Stelle die Reaktionsgleichung auf.

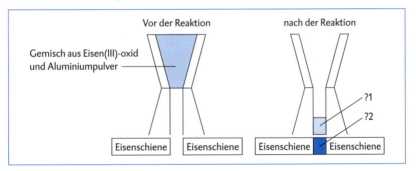

145 Gold kann man zu extrem dünnen **Goldfolien** auswalzen, die z. B. zum **Vergolden** von Gegenständen eingesetzt werden.
Bei einer Goldfolie misst man eine „Dicke" d von 0,005 mm. Aus wie vielen Gitterebenen besteht diese Folie ungefähr, wenn ein Gold-Atom den Radius von 0,144 nm besitzt? Warum ist die Berechnung ungenau?
(*Hinweis:* 1 mm = 1 000 µm; 1 µm = 1 000 nm)

146 Berührt man nacheinander bei gleicher Temperatur gelagerte Eisen- und Holzstangen, so fühlt sich Eisen sehr viel kälter an.
Begründe diese Beobachtung.

147 **Goldwäscherei** war in der Vergangenheit immer wieder und an verschiedenen Flüssen der Welt (Schwerpunkt Nordamerika) der Versuch, in kurzer Zeit reich zu werden (nur sehr wenigen gelang es tatsächlich). Informiere dich in einem Buch (z. B. Lexikon) oder im Internet über die Goldwäscherei.
Begründe anschließend, warum „Gold waschen" funktionieren kann.

148 Welche Aussagen sind korrekt?
a Ein Metallgitter ist aus Metallatomen aufgebaut.
b Ein Metallgitter ist aus regelmäßig angeordneten Atomrümpfen und dem Elektronengas aufgebaut.
c Im Metallgitter lassen sich die Teilchenschichten gegeneinander verschieben.
d Im Metallgitter halten die Ionenbindungen die Teilchen zusammen.
e Je höher die Temperatur, desto unordentlicher wird das Metallgitter.

☐ a und d sind richtig.

☐ a, b und c sind richtig.

☐ a, b, c und d sind richtig.

☐ a, b, c und e sind richtig.

☐ alle sind richtig.

4 Molekulare Stoffe

Wie aus Seite 20 ff. (Stoffe und Teilchen) bereits bekannt ist, gibt es neben den metallischen Stoffen mit Atomen im Metallgitter als kleinste Teilchen und den Salzen, die aus Ionen aufgebaut sind, noch Stoffe, deren kleinste Teilchen aus Atomen zusammengesetzte Moleküle sind: molekulare Stoffe. Das einfachste Beispiel eines solchen molekularen Stoffes ist das Element Wasserstoff.

4.1 Darstellung und Eigenschaften von Wasserstoff

Wasserstoff kann auf vielen Wegen aus Wasserstoffverbindungen (z. B. H_2O, CH_4) entstehen. Beispielsweise gelingt die Darstellung

- durch **Elektrolyse von Wasser**. Mithilfe elektrischer Energie kann man Wasser in Wasserstoff und Sauerstoff zerlegen (alle Stoffe bestehen aus Molekülen),

$$2\,H_2O \longrightarrow 2\,H_2 + O_2$$

- durch Reaktion eines **unedlen Metalls mit Säuren** (z. B. Salzsäure HCl (aq)),

$$Mg + 2\,HCl \longrightarrow H_2 + MgCl_2$$

- großtechnisch durch Umsetzung von Kohle (C) oder Erdgas (Hauptbestandteil Methan CH_4) mit Wasserdampf.

$$C + H_2O \longrightarrow CO + H_2$$

$$CH_4 + H_2O \longrightarrow CO + 3\,H_2$$

Als farb- und geruchloses, in Wasser äußerst schwer lösliches Gas kann man Wasserstoff nicht sehen. Sein **Nachweis** im Labor erfolgt über die **Knallgasprobe**, wobei Wasserstoff mit dem Sauerstoff der Luft in stark exothermer Reaktion nach Zufuhr von Aktivierungsenergie zu Wasser reagiert:

$$2\,H_2 + O_2 \longrightarrow 2\,H_2O$$

Wasserstoff ist das leichteste aller Gase, seine zweiatomigen Moleküle besitzen eine sehr geringe Größe und die kleinste Masse (2 u). Sein großes Diffusionsvermögen und seine Brennbarkeit bereiteten bei manchen technischen Anwendungen Probleme (z. B. Ammoniaksynthese), werden aber auch genutzt (z. B. Schneiden und Schweißen mit Knallgas, Raketentreibstoff, Heizgas).

136 ⚡ Salze, Metalle und molekulare Stoffe

Wichtige Kenndaten fasst die folgende Tabelle zusammen:

Schmelztemperatur	$-259\,°C$
Siedetemperatur	$-252\,°C$
Dichte	$0{,}0898\ g/dm^3$
Heizwert	$143\,000\ kJ/kg$

Tab. 23: Eigenschaften von Wasserstoff

Die niedrigen Schmelz- und Siedetemperaturen zeigen, dass zwischen den H_2-Molekülen nur **schwache Anziehungskräfte** wirken. Diese nennt man **Van-der-Waals-Kräfte**: Sie nehmen allgemein mit der Oberfläche der Moleküle zu.
Neben Wasserstoff bestehen einige weitere nichtmetallische Elemente aus zweiatomigen Molekülen (Begründung siehe S. 52 ff.).

> **Merke:** Da die Elemente Wasserstoff, Stickstoff, Sauerstoff, Fluor, Chlor, Brom und Iod aus zweiatomigen Molekülen bestehen, besitzen sie die Formeln H_2, N_2, O_2, F_2, Cl_2, Br_2 und I_2.

4.2 Ammoniak als molekulare Verbindung

Auch die Verbindungen von Nichtmetallen untereinander sind molekulare Stoffe (z. B. Ammoniak NH_3, Wasser H_2O, Schwefeldioxid SO_2).
Ammoniak besitzt die Formel NH_3 und ist ein stechend riechendes, farbloses Gas, das sich ausgezeichnet in Wasser löst („Ammoniakwasser"). Als einer der Grundstoffe für die chemische Industrie (z. B. Herstellung von Düngemitteln, Kältemittel) wird Ammoniak großtechnisch nach dem HABER-BOSCH-Verfahren aus Wasserstoff und Stickstoff hergestellt (2006: ca. 120 Millionen Tonnen):

$$3\,H_2\ +\ N_2\ \longrightarrow\ 2\,NH_3$$

Neben seiner niedrigen Siedetemperatur von $-33\ °C$ zeichnet sich Ammoniak durch seine geringe Dichte (1,7-fach leichter als Luft) und seine hohe Wärmeleitfähigkeit aus. Für Mensch und Tier ist Ammoniak länger eingeatmet giftig.

4.3 Die Elektronenpaarbindung
(= Atombindung, = kovalente Bindung)

Die Atome von Nichtmetallen besitzen eine größere Zahl von Valenzelektronen (4 bis 8). Auch für diese gilt, dass die gefüllte Außenschale (Edelgaskonfiguration, Oktettregel) als energetisch günstigster Zustand angestrebt wird. Da diese Atome aber schwer Elektronen abgeben und kein Partner für die Auffüllung der Valenzschale zum Oktett wie bei der Bildung von Anionen zur Verfügung steht, teilen sie sich gemeinsame Elektronen und bilden gemeinsame (= bindende) Elektronenpaare aus. Alle Atome besitzen schließlich in ihrer Umgebung – die **bindenden und nichtbindenden** (= „freien") **Elektronenpaare** zusammengefasst – acht Valenzelektronen.

Die durch ein gemeinsames Elektronenpaar entstehende Bindung heißt Elektronenpaarbindung. Eine durch die Oktettregel bestimmte Anzahl von Atomen tritt zu neuen Teilchen, den Molekülen, zusammen.

Beispiel · Anwendung der Oktettregel für das Chlormolekül

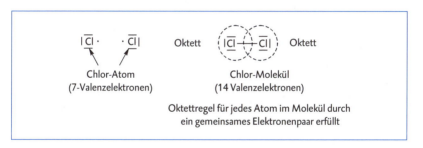

Nur beim Wasserstoff ist bereits mit zwei Elektronen die Außenschale gefüllt (Duplett). Wasserstoffatome sind deshalb in Molekülen immer nur einbindig!

Manche Atome können nicht nur ein Elektronenpaar gemeinsam haben (**Einfachbindung**) sondern auch zwei (**Doppelbindung**) oder drei (**Dreifachbindung**).

Beispiele

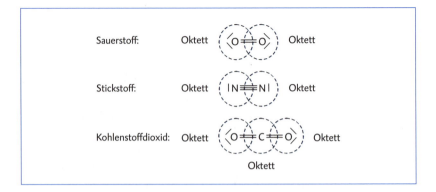

Alle vorher erstellten Formeln heißen **Valenzstrichformeln**.

Aufstellen von Valenzstrichformeln

		Beispiel 1: NH$_3$	Beispiel 2: SO$_3$
1.	Bei bekannter Summenformel von molekularen Stoffen addiert man die Valenzelektronen aller beteiligten Atome	N-Atom: 5 3 H-Atome: $\underline{3 \cdot 1}$ 8 Elektronen ≡ 4 Elektronenpaare	S-Atom: 6 3 O-Atome: $\underline{3 \cdot 6}$ 24 Elektronen ≡ 12 Elektronenpaare
2.	Ermittlung der Anzahl bindender und nichtbindender Elektronenpaare	3 N–H Bindungen 1 nichtbindendes Elektronenpaar	3 S–O Bindungen, davon 1 S–O Doppelbindung 1 O-Atom mit zwei, 2 O-Atome mit drei nichtbindenden Elektronenpaaren
3.	Jedes Atom muss ein Oktett (H ein Duplett) in seiner Umgebung besitzen	H–N(–H)–H	O=S(–O)(–O)

4.4 Weitere Beispiele molekularer Stoffe

Bei molekularen Stoffen findet man bei Raumtemperatur alle Aggregatszustände vertreten. Die beiden Oxide des Kohlenstoffs (**Kohlenstoffmonooxid CO und Kohlenstoffdioxid CO$_2$**) sind beide **Gase**, besitzen aber sehr unterschiedliche Eigenschaften:

CO: brennbar,
giftig durch Behinderung des Sauerstofftransports im Körper,
sehr geringe Wasserlöslichkeit,
mit Luft vergleichbare Dichte

CO_2: nicht brennbar,
löscht Flammen,
neben Wasserdampf wichtigstes Treibhausgas in der Atmosphäre,
mittlere Wasserlöslichkeit, unter Druck stark erhöht („Kohlensäure"),
größere Dichte als Luft (sinkt zu Boden)

Als weiteres wichtiges Gas gilt **Methan (CH_4)**, der Hauptbestandteil von Erdgas. Es verbrennt unter guter Energieausbeute fast ohne Bildung von Schadstoffen:

$$CH_4 + 2\,O_2 \longrightarrow CO_2 + 2\,H_2O$$

Von den bei Raumtemperatur **flüssigen** molekularen Stoffen ist **Wasser (H_2O)** sicher der bekannteste und wichtigste. Der Mensch besteht zu ca. 70 % aus Wasser, das im Körper die verschiedensten Aufgaben erfüllt: Lösemittel für viele Stoffe, Reaktionspartner, Aufrechterhaltung der Körpertemperatur durch „Verdunstungskälte" …).

Aus alkoholischen Getränken kann man durch Destillation den bekanntesten Alkohol mit dem Namen **Ethanol (C_2H_5OH)** abtrennen. Er zählt zur großen Gruppe der organischen Verbindungen (Kohlenstoffverbindungen). Seine Brennbarkeit zeigt, dass Ethanol noch viel Energie enthält:

$$C_2H_5OH + 3\,O_2 \longrightarrow 2\,CO_2 + 3\,H_2O$$

Ethanol erzeugt Rauschzustände, schädigt als Zellgift v. a. Leberzellen und führt bei Missbrauch zu Sucht („Alkoholismus") und Tod. Das gemäßigte Trinken alkoholischer Getränke erfordert ein hohes Maß an Selbstkontrolle!

Organische Stoffe, die aus größeren Molekülen aufgebaut sind, kommen auch als **Feststoffe** vor. Paraffine sind langkettige Kohlenwasserstoffe z. B. mit der Formel $C_{14}H_{30}$, Zitronensäure ($C_6H_8O_7$) ist eine feste organische Säure.

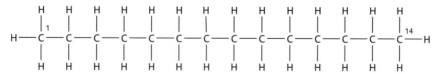

Schließlich seien auch noch die **Kunststoffe** erwähnt, die aus sehr großen, aus tausenden von Atomen zusammengesetzten Molekülen mit unterschiedlicher Kettenlänge bestehen (**Makromoleküle**). Polyethen besitzt Makromoleküle mit einer durchschnittlichen Kettenlänge von ca. 5 000 Kohlenstoffatomen:

$$
\text{-- -- --}\; \underset{\underset{H}{|}}{\overset{\overset{H}{|}}{C}} \text{---} \underset{\underset{H}{|}}{\overset{\overset{H}{|}}{C}} \left[\underset{\underset{H}{|}}{\overset{\overset{H}{|}}{C}} \text{---} \underset{\underset{H}{|}}{\overset{\overset{H}{|}}{C}} \right]_n \underset{\underset{H}{|}}{\overset{\overset{H}{|}}{C}} \text{---} \underset{\underset{H}{|}}{\overset{\overset{H}{|}}{C}} \text{-- -- --} \qquad n > 1\,000
$$

Zusammenfassung

- Nichtmetall-Nichtmetall-Verbindungen und viele nichtmetallische Elemente besitzen als kleinste Teilchen Moleküle.

- Moleküle sind ungeladene Teilchen, deren am Aufbau beteiligte Atome über Elektronenpaarbindungen (= Atombindungen, = kovalente Bindungen) verbunden sind.

- Für eine Elektronenpaarbindung liefert jedes der zwei gebundenen Atome je ein Elektron

- Zwischen zwei Atomen können Einfach- , Doppel- oder Dreifachbindungen auftreten.

- Von Molekülen kann man Valenzstrichformeln zeichnen.

- In diesen Valenzstrichformeln besitzt jedes Atom in seiner Umgebung beim Zusammenzählen bindender und nichtbindender („freier") Elektronenpaare acht Elektronen (= vier Elektronenpaare). Nur das Wasserstoffatom besitzt statt eines Oktetts ein Duplett.

- In Molekülen liegen die Atome mit dieser Elektronenanordnung im energieärmsten (= stabilsten) Zustand vor.

Überblick: Stoffe – Teilchen – Bindungen

Stoffgruppe	Metalle und Metall-Metall-Verbindungen (= Legierungen)	Metall-Nichtmetall-Verbindungen	Nichtmetalle und Nichtmetall-Nicht-metall-Verbindungen
	Atomare Stoffe	Ionenverbindungen (= Salze)	Molekulare Stoffe (häufig) oder atomare Stoffe (manchmal)
Bindungstypen	Atome im Metallgitter „Elektronengas" als metallische Bindung	Ionen im Ionengitter elektrostatische Anziehungskräfte zwischen An- und Kationen als Ionen-bindungen	Elektronenpaarbindungen innerhalb von Molekülen häufig nur schwache Anziehungskräfte zwischen den Molekülen (Van-der-Waals-Kräfte)
Beispiele	Magnesium (Mg) Eisen (Fe) Aluminium (Al) Messing (Cu und Zn)	Natriumchlorid (NaCl) Aluminiumoxid (Al_2O_3) Magnesiumbromid ($MgBr_2$)	Wasserstoff (H_2) Wasser (H_2O) Stickstoffdioxid (NO_2) Dihydrogensulfid (H_2S)
Charakteristische Eigenschaften	meist Feststoffe mit hohen Schmelz- und Siedetemperaturen, gute elektrische Leitfähigkeit, in Wasser unlöslich	Feststoffe mit meist sehr hohen Schmelz- und Siedetemperaturen, gute elektrische Leitfähigkeit nur in der Schmelze und in Lösung leicht- bis schwerlöslich in Wasser	Gase, Flüssigkeiten und Feststoffe mit relativ niedrigen Schmelz- und Siedetemperaturen. Nichtleiter meist geringe Wasserlöslichkeit

142 Salze, Metalle und molekulare Stoffe

Aufgaben **149** Wasserstoff kann man als Füllgas für Luftballons oder für die bemannte Ballonfahrt verwenden. Zum Tragen einer Gondel mit zwei Personen sind in einem Ballon ca. 600 m³ Wasserstoff notwendig (Ballondurchmesser beträgt ca. 10 m).

a Begründe die Verwendungen des Wasserstoffs und zeige Probleme bei diesen Anwendungen auf!

b Durch welches Gas lässt sich Wasserstoff für diese Zwecke ersetzen?

c Berechne die Masse dieser 600 m³ Wasserstoff in Gramm, wenn seine Dichte 0,09 g/dm³ beträgt!

150 Nur bestimmte Elemente und Verbindungen besitzen Moleküle als kleinste Teilchen.
Warum bilden sich Moleküle?

151 Vervollständige die Tabelle.
(Wenn du das beherrscht, hast du einen guten Überblick über Stoffe und die sie aufbauenden Teilchen.)

Name des Stoffes	Element oder Verbindung	Formel	Teilchenart	Valenzstrichformel bei Molekülen
Natriumchlorid	Verbindung	NaCl	Ionen Na^+/Cl^-	–
Ammoniak			Molekül	
		$CaBr_2$		
Sauerstoff				
		Ne		
Magnesium				
Schwefeldioxid				
		H_2		
Wasser				
Methan		CH_4		
		C	Atome (Atomgitter)	
Eisen				
Aluminiumfluorid				
		K_2S		
Chlor				
Dichloroxid				

Molekulare Stoffe 143

152 Nichtmetalle und Nichtmetall-Nichtmetall-Verbindungen gehören häufig zu den molekularen Stoffen.
Begründe diese Aussage.

153 Zeichne die Valenzstrichformel (= LEWIS-Formel) der über die Summenformel gegebenen Moleküle.
H_2S, PH_3, N_2, F_2, HF, C_2H_4, N_2O, C_3H_8, SO_3, CO, HCN, CO_2, O_2

154 Gegeben sind drei Siedetemperaturen und drei Stoffe.
1 120 °C; 20 °C; 1 407 °C
Kaliumchlorid (KCl); Magnesium (Mg); Hydrogenfluorid (HF)
Ordne den Stoffen ihre Siedetemperaturen zu und begründe deine Zuordnung.

155 Der Trinkalkohol mit dem Namen Ethanol ist eine organische Verbindung und besitzt die Summenformel C_2H_6O.
a Mit dieser Summenformel kann man zwei verschiedene Valenzstrichformeln aufstellen. Versuche es.
b Begründe kurz, warum nur eine Valenzstrichformel die richtige für den Reinstoff Ethanol sein kann.

156 Markiere alle Summenformeln farbig, die molekulare Stoffe sind und begründe deine Auswahl.
NaCl; CH_4; $CHCl_3$; MgO; NO_2; C_3H_8; $AlBr_3$; HBr

157 Folgende Valenzstrichformeln sind z. T. unvollständig oder falsch.
Überprüfe sie und stelle sie gegebenenfalls richtig.

158 Vergleicht man die Bindungsenergien der etwa gleich großen biatomaren Moleküle Stickstoff, Sauerstoff und Chlor, so erhält man folgendes Bild:

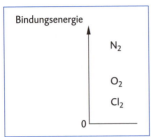

a Beschreibe die Aussage dieser Grafik.
b Erläutere die unterschiedlichen Bindungsenergien.

159 Welche der Aussagen sind korrekt?
a Moleküle sind typische Metall-Nichtmetallverbindungen.
b Moleküle sind prinzipiell Nichtmetallverbindungen.
c Bariumhydrid ist ein molekularer Stoff.
d Moleküle haben allgemein niedrigere Siedepunkte als Salze.
e Aluminiummoleküle sind eher reaktionsfreudig.

☐ a und d sind richtig.
☐ b und d sind richtig.
☐ a, b und d sind richtig.
☐ a, b und d sind richtig.
☐ b, c und e sind richtig.

160 Welche der Aussagen sind korrekt?
a Luft besteht größtenteils aus Molekülen.
b Traubenzucker ($C_6H_{12}O_6$) ist ein molekularer Stoff.
c Ein Sauerstoffatom bildet mit Wasserstoffatomen zwei Atombindungen aus.
d Benzin ist ein Gemisch molekularer Stoffe.
e Kunststoffteilchen sind Moleküle.

☐ Alle sind richtig.
☐ a und b sind richtig.
☐ a, b, c und d sind richtig.
☐ b, c und d sind richtig.
☐ b, c und e sind richtig.

161 In folgender Tabelle sind die Stoffe z. T. falsch eingeordnet. Überprüfe die Zuordnung und stelle gegebenenfalls richtig.

Atombindung	Ionenbindung	Metallbindung
Wasser		
Messing		
	Kupferoxid	
		Kupfer
	Schwefeldioxid	
		Aluminiumnitrid
Titandioxid		
Wasserstoffperoxid		
		Quecksilber
	Goldchlorid	
	Dichlorpentoxid	
Chlorwasserstoff		
	Dihydrogenmonoxid	
		Uran

5 Qualitative Analysemethoden

Um die Zusammensetzung unbekannter Stoffe ermitteln zu können, benötigt man **Nachweisreaktionen**. Sie sollen möglichst spezifisch und damit unverwechselbar sein. Die Frage „Woraus besteht dieser Stoff?" beschäftigt die **qualitative Analytik**. Sowohl Salze wie auch Metalle und molekular gebaute Stoffe können nachgewiesen werden.

5.1 Ionennachweise

Salze besitzen Anionen und Kationen als kleinste Teilchen. Viele Salze sind in Wasser gut löslich sind, andere Salze hingegen sehr schlecht. Durch diese Eigenschaft kann man Ionen aus ihrer Lösung durch **Fällungsreaktionen** nachweisen. Dabei wird die Lösung eines bekannten Salzes (Nachweisreagens) zur ebenfalls gelösten Probe gegeben. Bildet sich ein schwerlösliches Salz (Niederschlag, Ausfällung), so kann man den sich bildenden Feststoff erkennen.

Beispiel

Nachweis von Chlorid-Ionen (Cl$^-$)

Der Test auf sich in einer Lösung befindlichen Chlorid-Ionen erfolgt mit einer Lösung von Silbernitrat als Nachweisreagens (Summenformel AgNO$_3$, enthält Ag$^+$- und NO$_3^-$-Ionen). Sind Chlorid-Ionen vorhanden entsteht ein weißer Niederschlag aus schwerlöslichem Silberchlorid (AgCl).

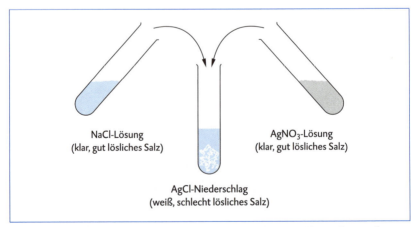

Abb. 57: Nachweis von Chlorid-Ionen durch Bildung eines AgCl-Niederschlags (Fällungsreaktion)

Wurde beispielsweise eine Lösung von Natriumchlorid vorgegeben, so kann man den ablaufenden Vorgang auf verschiedene Weise in Reaktionsgleichungen niederschreiben:

Summengleichung:

$$NaCl + AgNO_3 \longrightarrow AgCl\downarrow + NaNO_3$$

(Symbol $\downarrow$ bedeutet Niederschlag)

Ionengleichung:

$$Na^+_{(aq)} + Cl^-_{(aq)} + Ag^+_{(aq)} + NO_3^-{}_{(aq)} \longrightarrow AgCl\downarrow + Na^+_{(aq)} + NO_3^-{}_{(aq)}$$

(hier werden nur gelöste Ionen (aq) als Ionen angeschrieben)

Die Ionen, die links und rechts des Reaktionspfeils gleich sind, also nicht reagieren, kann man weglassen und so ergibt sich die **vereinfachte Ionengleichung:**

$$Cl^-_{(aq)} + Ag^+_{(aq)} \longrightarrow AgCl\downarrow$$

Aus dieser Gleichung ersieht man am besten, dass man Chlorid-Ionen aus jeder beliebigen Lösung mit Silbernitratlösung nachweisen kann. Umgekehrt kann man selbstverständlich auch Silber-Ionen mit Chlorid-Ionen nachweisen.

Vier weitere Anionennachweise, die nach demselben Prinzip verlaufen, sind in der Tabelle zusammengefasst:

Nachzuweisendes Anion	Nachweisreagens (Beispiel)	Niederschlag
Iodid-Ion I^-	$AgNO_3$-Lösung ($Ag^+ + NO_3^-$)	AgI (blassgelb)
Sulfat-Ion SO_4^{2-}	$BaCl_2$-Lösung ($Ba^{2+} + 2\,Cl^-$)	$BaSO_4$ (weiß, feinflockig)
Sulfid-Ion S^{2-}	$MnCl_2$-Lösung ($Mn^{2+} + 2\,Cl^-$)	MnS (rosa)
Fluorid-Ion F^-	$CaCl_2$-Lösung ($Ca^{2+} + 2\,Cl^-$)	CaF_2 (weiß)

Da jede Reaktion ihre spezifische Nachweisgrenze hat (in sehr starker Verdünnung fällt die Reaktion negativ aus) empfiehlt es sich, eine **Vergleichsprobe** (destilliertes Wasser und Zugabe eines löslichen Salzes mit dem gesuchten Ion) sowie eine **Blindprobe** (nur destilliertes Wasser) durchzuführen.

148 ✦ Salze, Metalle und molekulare Stoffe

Beispiel

Nachweis von Pb^{2+}-Ionen

Hierfür kann man z. B. eine Lösung von Natriumsulfid (Summenformel Na_2S, enthält Na^+ und S^{2-}-Ionen) als Nachweisreagens einsetzen. Sind Pb^{2+}-Ionen vorhanden, so entsteht sehr schwerlösliches, schwarzes Bleisulfid (PbS).

Vereinfachte Ionengleichung:

$$Pb^{2+}_{(aq)} + S^{2-}_{(aq)} \longrightarrow PbS\downarrow$$

(Hinweis: Die Löslichkeit von PbS beträgt nur 0,000 000 000 000 0240 Gramm pro Liter Wasser!)

Schwerlösliche Sulfide bilden z. B. auch Kupfer-(Cu^{2+}) und Zinn (Sn^{2+})-Ionen.

Manche Ionen kann man nicht nur über Fällungsreaktionen, sondern auch über die **Bildung charakteristischer Gase** durch Zugabe einer Säure bzw. Lauge zum Salz nachweisen. Hierzu gehören Sulfid (S^{2-}), Carbonat (CO_3^{2-}) und Ammonium (NH_4^+)-Ionen:

- Bei Zugabe z. B. von Salzsäure (HCl) entwickeln **Sulfide** das nach faulen Eiern stinkende Gas Schwefelwasserstoff (H_2S) und **Carbonate** das farb- und geruchlose Gas Kohlenstoffdioxid (CO_2), das dann über die Kalkwasserprobe (siehe S. 151) sicher identifiziert wird.

  Vereinfachte Gleichungen:

  $$S^{2-} + 2\,HCl \longrightarrow H_2S + 2\,Cl^-$$
  $$CO_3^{2-} + 2\,HCl \longrightarrow CO_2 + H_2O + 2\,Cl^-$$

- **Ammoniumverbindungen** entwickeln bei der Umsetzung z. B. mit Natronlauge (NaOH) das stechend riechende Gas Ammoniak (NH_3).

  Vereinfachte Gleichung:

  $$NH_4^+ + NaOH \longrightarrow NH_3 + H_2O + Na^+$$

5.2 Nachweise durch Flammenfärbung

Eine charakteristische Flammenfärbung (z. B. der nicht leuchtenden Flamme eines Bunsenbrenners) zeigen vor allem die Kationen der **Alkali- und Erdalkalimetallsalze** (Li^+, Na^+, K^+, Ca^{2+}, Sr^{2+}, Ba^{2+}) aber auch manch andere (z. B. Cu^{2+}). Alle diese Ionen besitzen in den Schalen ihrer Atomhüllen **leicht anregbare Elektronen**. Durch die Wärmeenergie der Brennerflamme werden sie von inneren auf äußere Schalen gehoben. Aus diesem energiereichen (= angeregten) Zustand fallen sie in den kälteren Bereichen der Flamme durch Abgabe von Licht bestimmter Farbe wieder auf ihre energiearmen inneren Schalen zurück (= Grundzustand).

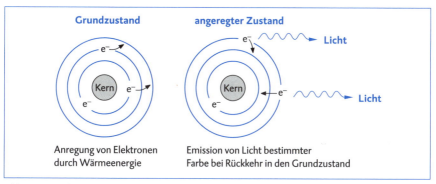

Abb. 58: Entstehung von Emissionslinien.

Die Energie des ausgestrahlten Lichts entspricht der Energiedifferenz der Schalen. Da jedes der genannten Ionen energetisch unterschiedliche Schalen mit Elektronen besitzt, entstehen bei verschiedenen Ionen verschiedene Farben: Li$^+$ karminrot, Na$^+$ gelb, Ca^{2+} ziegelrot, Ba^{2+} fahlgrün und Cu^{2+}: grün.
Sehr viel genauer als mit dem Auge gelingt der sichere Nachweis mittels der **Spektralanalyse** unter Verwendung eines **Spektroskops**. Nach der energetischen Anregung zeigen sich im Spektroskop deutlich leuchtende Linien, die exakt den energetischen Übergängen der Elektronen vom angeregten in den Grundzustand entsprechen. Jedes Ion besitzt sein charakteristisches **Linienspektrum**. Bei Natriumverbindungen erscheint z. B. unter anderem eine sehr intensive Linie im gelben Bereich.

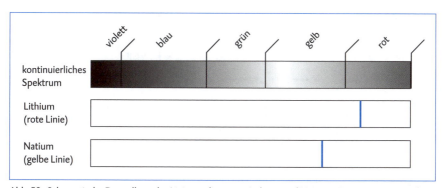

Abb. 59: Schematische Darstellung der Linienspektren von Lithium und Natrium. Die Linien entsprechen den energetischen Unterschieden der Elektronen zwischen dem angeregten Zustand und dem Grundzustand.

5.3 Nachweis molekular gebauter Stoffe

Zur Erinnerung: zu den molekular gebauten Stoffen gehören viele wichtige nichtmetallische Elemente sowie Nichtmetall-Nichtmetall-Verbindungen. Als Beispiele für spezifische Nachweisreaktionen dienen bei den Elementen Wasserstoff (H_2), Sauerstoff (O_2), Iod (I_2) und bei den Verbindungen Kohlenstoffdioxid (CO_2) und Wasser (H_2O).

- Nachweis von **Wasserstoff mit der Knallgasprobe**
  Das mit schwach bläulicher Flamme brennende Gas Wasserstoff bildet im Reagenzglas mit dem Sauerstoff der Luft ein Knallgasgemisch. Bei Zündung an der Brennerflamme reagiert das Gemisch schlagartig unter pfeifendem Geräusch oder leichtem Knall und Energiefreisetzung zu Wasser:

  $$2\,H_2 + O_2 \longrightarrow 2\,H_2O$$

- Nachweis von **Sauerstoff mit der Glimmspanprobe**
  Ein glimmender Holzspan entzündet sich in einer sauerstoffreichen Atmosphäre (Luft enthält ca. 21 % O_2!), weil Sauerstoff der Reaktionspartner bei Verbrennungen ist, selbst aber nicht brennt.

- Nachweis von **Iod durch Bildung des Iod-Stärke-Komplexes**
  Gibt man zu einer Iodlösung eine Stärkelösung (Stärke gehört als wichtigstes Kohlenhydrat auch zur menschlichen Ernährung!), so entsteht eine tiefblaue Lösung, weil der Iod-Stärke-Komplex gebildet wird. Dabei lagern sich Iodmoleküle genau passend in die sehr großen, spiraligen Moleküle der Stärke ein:
  Wortgleichung:

  Iod (aq)   +   Stärke   ⟶   Iod-Stärke-Komplex
  (schwach braun)   (farblos)   (tiefblau)

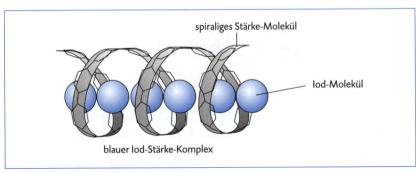

Abb. 60: Iod-Stärke-Komplex

- Nachweis von **Kohlenstoffdioxid mit Kalkwasser**

Kalkwasser ist eine wässrige Lösung von Calciumhydroxid (Formel $Ca(OH)_2$, enthält Ca^{2+} und OH^- Ionen). Beim Einleiten des farb- und geruchlosen Gases Kohlenstoffdioxid in Kalkwasser entsteht ein weißer Niederschlag, weil sich schwerlösliches Calciumcarbonat (Formel $CaCO_3$), auch Kalk genannt, bildet:

Ionengleichung:

$$CO_2 + Ca^{2+}_{(aq)} + 2\,OH^-_{(aq)} \longrightarrow CaCO_3 \downarrow + H_2O$$

- Nachweis von **Wasser durch Bildung farbiger Hydrate**

Bei vielen Salzen ist eine definierte Menge Wasser im Ionengitter als Kristallwasser fest gebunden. So lautet z. B. für den blauen Feststoff Kupfersulfat der exakte Namen Kupfersulfat-Pentahydrat, die exakte Formel $CuSO_4 \cdot 5H_2O$. In diesem Salz sind also pro Cu^{2+}- und SO_4^{2-}-Ion fünf Moleküle Wasser im Ionengitter vorhanden.

Zum Nachweis von Wasser verwendet man das farblose, wasserfreie Kupfersulfat, das bei Gegenwart von Wasser in das blaue, wasserhaltige Kupfersulfat-Pentahydrat übergeht:

Summengleichung:

$$CuSO_4 + 5\,H_2O \longrightarrow CuSO_4 \cdot 5\,H_2O$$
(farblos)   (blau)

Zusammenfassung

- Qualitative Analytik beschäftigt sich mit dem Nachweis von Stoffen.

- Für Nachweisreaktionen werden spezifische chemische und physikalische Eigenschaften der Stoffe genutzt.

- Mit Nachweisreagenzien bilden sich z. B. **schwerlösliche Niederschläge**, farbige Stoffe oder leicht erkennbare Gase.

- Bei der **Flammenfärbung** fallen angeregte Elektronen unter Aussendung von Licht in ihren Grundzustand zurück.

- Bestimmte Nachweisreaktionen besitzen Namen:
  - **Glimmspanprobe** auf Sauerstoff
  - **Knallgasprobe** auf Wasserstoff
  - **Kalkwasserprobe** auf Kohlenstoffdioxid

Salze, Metalle und molekulare Stoffe

Aufgaben

162 Gerät ein Schiff in Seenot, ruft es über Funk andere Schiffe zur Hilfe. Damit die Hilfe das sinkende Schiff auch findet, kann der Skipper eine rote Seenotfackel abbrennen oder eine rote Leuchtkugel abschießen, die am Fallschirm langsam absinkt.
Nenne Salze, die in der Fackel oder Leuchtkugel verwendet werden können und begründe deine Antwort.

163 Will ein Glasbläser ein Glasrohr biegen, so erhitzt er das Glasrohr in der rauschenden, nichtleuchtenden Flamme des Gasbrenners. Dabei wird die Flamme gelb. Normales Glas wird aus den Salzen Siliciumdioxid SiO_2, Natriumoxid Na_2O und Calciumoxid CaO hergestellt.
Welche dieser Bestandteile sind für die gelbe Flammenfärbung verantwortlich?

164 Deine Eltern haben für das Silvesterfeuerwerk Raketen gekauft. Auf der Verpackung sind die Raketen beschrieben und auf den Raketen findest du Inhaltsangaben.
Ordne den Raketen die richtige Beschreibung zu.

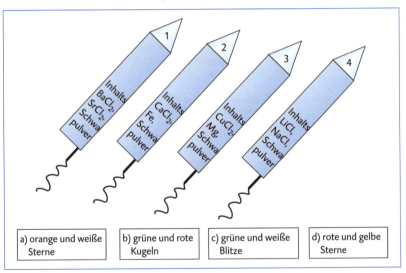

165* In keimenden Bohnen laufen Stoffwechselprozesse ab. Klaus behauptet, es handelt sich auch um Zellatmung.
Stelle die Reaktionsgleichung ausgehend von Traubenzucker $C_6H_{12}O_6$ auf und plane ein Experiment (Beschreibung und Skizze), mit dem du das gasförmige Reaktionsprodukt nachweisen kannst.

166 Kreuze die richtigen Aussagen an! Das Lösungsmittel ist Wasser.

☐ $BaSO_4$ bildet eine rote Lösung.

☐ $BaSO_4$ bildet einen roten Niederschlag.

☐ $BaSO_4$ ist ein weißer Feststoff.

☐ $BaSO_4$ ist schwerlöslich.

☐ Barium-Ionen kann man als Bariumsulfat nachweisen.

☐ Sprüht man eine Bariumsalzlösung in die rauschende Brennerflamme, färbt sich diese rot.

167* In einem alten Schrank hat deine Chemielehrerin mehrere alte Chemikalienflaschen ohne Etikett gefunden. Die abgelösten Etiketten lagen zum Glück dabei:

Deine Aufgabe ist es, die Substanzen eindeutig zu identifizieren, sodass man die Etiketten wieder auf die entsprechenden Flaschen kleben kann. Wie gehst du vor? Beschreibe dein Vorgehen und gib die Reaktionsgleichungen der Nachweisreaktionen an.

168 Kreuze die richtigen Aussagen an! Das Lösungsmittel ist Wasser.

☐ Kupfersulfid und Silbersulfid sind schwerlöslich.

☐ $AgNO_3$ ist sehr gut löslich.

☐ Kupfersulfid bildet eine blaue Lösung.

☐ Kupfersulfat bildet eine blaue Lösung.

☐ Schwermetallsulfide sind leicht löslich.

☐ Ag_2S und CuS sind schwerlöslich.

169 Um eine verdünnte Silbernitratlösung herzustellen, soll man festes Silbernitrat mit destilliertem oder entionisiertem Wasser lösen, nicht mit Leitungswasser.
Warum ist das so? Formuliere eine Begründung!

170 Kupfermetall kann durch die Reaktion von Kupferoxid mit Wasserstoff dargestellt werden.

154 | Salze, Metalle und molekulare Stoffe

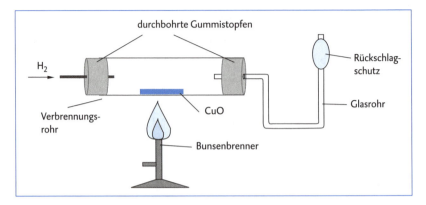

Dabei leitet man Wasserstoff durch die Apparatur und erhitzt das Kupferoxid im Verbrennungsrohr mit dem Gasbrenner. Man muss aber sicherstellen, dass sich kein Luftsauerstoff mehr in der Apparatur befindet, da sich sonst eine Explosion ereignen könnte, die die Apparatur zerstören und den Experimentator verletzen könnte.
Auf welche Art und Weise kann man sicherstellen, dass sich ausschließlich Wasserstoff in der Apparatur befindet?
Beschreibe dein Vorgehen und verwende Fachbegriffe.

171 Bevor man eine qualitative chemische Analyse durchführt, sollte man eine doppelte Blindprobe durchführen:
- Mit der positiven Blindprobe stellt man sicher, dass der gesuchte Stoff gefunden wird, wenn er vorhanden ist.
- Die negative Blindprobe gewährleistet, dass der gesuchte Stoff nicht gefunden wird, wenn er sich nicht in der Probe befindet.
- Führt man beide Blindproben durch, spricht man von der doppelten Blindprobe. Sie garantiert die Zuverlässigkeit des analytischen Verfahrens, z. B. ob das Nachweisreagenz funktioniert.

Wie führt man eine Blindprobe durch? Beschreibe das Vorgehen bei einer positiven und einer negativen Blindprobe.

172 Stelle die falschen Aussagen richtig:
a) Silber-Ionen können mit Flammenfärbung nachgewiesen werden.
b) Silber-Ionen bilden mit Chlorid-Ionen einen gelben Niederschlag.
c) Lithiumchlorid färbt die Brennerflamme rot.
d) Kohlenstoffdioxid kann mit Calciumcarbonat nachgewiesen werden.
e) Strontiumchlorid bildet mit Silbernitratlösung einen roten Niederschlag.
f) Strontiumchlorid färbt die Brennerflamme bläulich.

173 Vor langer Zeit wollte ein Alchemist nicht nur Gold, sondern auch einen Golem herstellen. Ein Golem ist ein aus toter Materie geschaffenes lebendes Wesen. Dazu erhitzte dieser Alchemist zuerst Hühnereiweiß mit Natronlauge, dann säuerte er das Gemisch mit verdünnter Salpetersäure an. Anschließend tropfte er Bleinitratlösung hinzu. Wie erwartet, fiel ein schwarzer Feststoff aus.

Welches Ion hat der Alchemist hier nachgewiesen? Stelle dazu die Reaktionsgleichung auf.

174 In folgenden Nachweisen hat sich der Fehlerteufel herumgetrieben.

$$Ag^+_{(aq)} + 2\,Cl^-_{(aq)} \longrightarrow AgCl_{2\,(s)}$$

$$CaCO_{3\,(s)} + 2\,HCl_{(aq)} \longrightarrow MgCl_{2\,(aq)} + SO_{2\,(g)} + H_2O$$

$$BaSO_{4\,(aq)} + 2\,NaCl_{(aq)} \longrightarrow Na_2SO_{4\,(s)} + BaCl_{2\,(aq)}$$

$$CaSO_{4\,(s)}\ \textit{wasserfei, farblos} + \textit{Wasser} \longrightarrow CaSO_{4\,(s)} \cdot 5\,H_2O\ \textit{blau}$$

$$NH_{3\,(g)} + Ca(OH)_2 \longrightarrow CaCO_{3\,(s)} + H_2O$$

Stelle die Reaktionsgleichungen richtig und schreibe auf, welche Teilchen man jeweils nachweisen kann.

Quantitative Aspekte chemischer Reaktionen

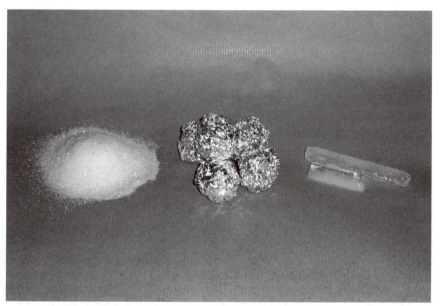

Alle drei hier abgebildeten Stoffportionen Kochsalz (Natriumchlorid), Aluminium und Wasser (in Form von Eis) enthalten genau die gleiche Anzahl von Teilchen: $6{,}022 \cdot 10^{23}$ Teilchen. Diese Menge an Teilchen wird auch 1 mol genannt.

1 Masse, Teilchenzahl und Volumen

Die **quantitative Analytik** klärt die Frage: „Wie viel ist von dem Stoff vorhanden?" Sie kann sich auf die **Masse** m, das **Volumen** V oder die **Teilchenzahl** N beziehen. Um mit diesen Größen rechnen zu können, müssen zuerst die **Atommasse** m_A und daraus abgeleitet die **Stoffmenge** n eingeführt werden.

1.1 Atommasse und Stoffmenge

Die Masse von Atomen (und davon abgeleitet die Masse von Molekülen und Ionen) ist unvorstellbar klein und nicht zu wiegen. Beispielsweise beträgt die Masse eines Wasserstoffatoms in Gramm:
0,000 000 000 000 000 000 000 0167 g = 16,7 · 10^{-24} g.

Um solche Zahlen zu vermeiden, hat man als neue Masseneinheit statt des Gramms die **atomare Masseneinheit u** eingeführt. 1 u entspricht ungefähr der Masse eines Wasserstoffatoms, die genaue Definition ist auf das Kohlenstoffatom C-12 bezogen:

$$1u = \frac{1}{12} m_A(^{12}C)$$

Man findet die Atommasse in der atomaren Masseneinheit u im PSE links oberhalb des Elementsymbols.

Beispiele

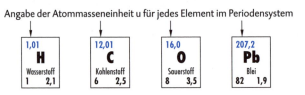

Angabe der Atommasseneinheit u für jedes Element im Periodensystem

(Hinweis: Die Massenangaben weichen aus zwei Gründen von ganzen Zahlen ab: Zum einen bezieht sich die Masse laut Definition auf C-12 und zum anderen kommen viele Elemente in der Natur in bestimmter Häufigkeit als Isotopengemisch vor.)

Für die Umrechnung verschiedener Masseneinheiten ineinander benötigt man Faktoren, wie beispielsweise bei der bekannten Umrechnung von kg in g oder mg.

1 kg = 1 000 g
1 kg = 1 000 000 mg

Rechnet man Gramm in atomare Masseneinheiten u um, so ergibt sich ein sehr großer Umrechnungsfaktor:

1 g = 6,022 · 10²³ u   (für Rechnungen vereinfacht: 6 · 10²³ u)

Trotz der geringen Masse eines Atoms sind mithilfe eines **Massenspektrometers** sehr genaue Massenbestimmungen möglich.

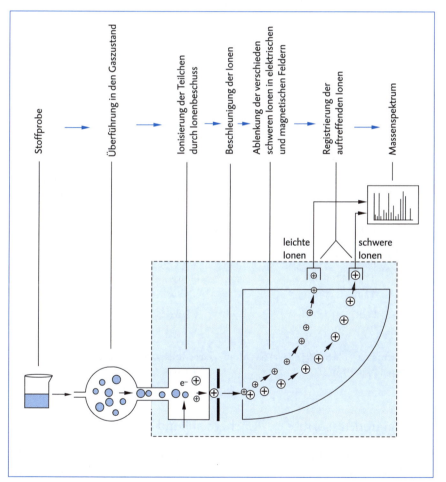

Abb. 61: Arbeitsweise eines Massenspektrometers

160 / Quantitative Aspekte chemischer Reaktionen

Möchte man wissen, wie viele Atome in einer bestimmten Stoffportion enthalten sind, so nimmt man die Masse des Stoffes und teilt durch dessen Atommasse:

$$N = \frac{m}{m_A} \qquad \left(\text{Teilchenzahl} = \frac{\text{Masse in g}}{\text{Atommasse in u}}\right)$$

Beispiel

Die Anzahl an Kohlenstoff-Atomen, die sich in 30 g Kohlenstoff befinden, erhält man durch:

$$N(C) = \frac{m(C)}{m_A(C)} = \frac{30\,g}{12\,u}$$

Durch Umrechnung von Gramm in u ergibt sich:

$$N(C) = \frac{30 \cdot 6 \cdot 10^{23}\,u}{12\,u} = 15 \cdot 10^{23}$$

In 30 g Kohlenstoff finden sich also $15 \cdot 10^{23}$ Kohlenstoff-Atome.

Nimmt man als Masse einer Stoffportion immer die Atommasse in Gramm (bei molekularen Stoffen die Molekülmasse in Gramm), so erhält man für diese Massen immer die gleiche Anzahl von Teilchen (Atome oder Moleküle).

Beispiele

$$m(C) = 12,01\,g \approx 12\,g$$
$$N(C) = \frac{m(C)}{m_A(C)}$$
$$= \frac{12\,g}{12\,u} = \frac{12 \cdot 6 \cdot 10^{23}\,u}{12\,u}$$
$$= \underline{\underline{6 \cdot 10^{23}}}$$

$$m(H_2O) = 2 \cdot 1,01 + 16,01 = 18,03\,g \approx 18\,g$$
$$N(H_2O) = \frac{m(H_2O)}{m_A(H_2O)}$$
$$= \frac{18\,g}{18\,u} = \frac{18 \cdot 6 \cdot 10^{23}\,u}{18\,u}$$
$$= \underline{\underline{6 \cdot 10^{23}}}$$

Die Stoffportion, die $6 \cdot 10^{23}$ Teilchen (Atome oder Moleküle) enthält, definiert man als **Stoffmenge n = 1 mol.**

1.2 Molare Masse, molare Teilchenzahl und molares Volumen

Die Masse einer Stoffportion mit der **Stoffmenge n = 1 mol** entspricht also immer der Atommasse m_A (bei atomaren Stoffen), der Molekülmasse m_M (bei molekularen Stoffen) und der Formelmasse m_F (bei Salzen) in Gramm. Sie heißt **molare Masse M** und ist der Quotient aus der Masse m und der Stoffmenge n.

Masse, Teilchenzahl und Volumen ⬩ 161

> **Molare Masse M:** $M(x) = \dfrac{m(x)}{n(x)} \left[\dfrac{g}{mol} \text{ oder } g \cdot mol^{-1}\right]$ oder $n(x) = \dfrac{m(x)}{M(x)} [mol]$

Beispiele

$m_A(Al) = 27\,u \quad \Rightarrow \quad M(Al) = 27\,\dfrac{g}{mol}$

$m_M(H_2O) = 2 \cdot m_A(H) + m_A(O) = 2 \cdot 1\,u + 16\,u = 18\,u \quad \Rightarrow \quad M(H_2O) = 18\,\dfrac{g}{mol}$

$m_F(NaCl) = m_A(Na) + m_A(Cl) = 23\,u + 35\,u = 58\,u \quad \Rightarrow \quad M(NaCl) = 58\,\dfrac{g}{mol}$

Für die Beispiele wurden die auf ganze Zahlen gerundeten Atom-, Molekül- und Formelmassen verwendet, da dies häufig so üblich ist.

Die Stoffmenge n und daraus abgeleitet die molare Masse M sind die zentralen Begriffe, um Berechnungen in der Chemie einfach gestalten zu können. Die Teilchenzahl N eines Stoffes ist mit dessen Stoffmenge n also über den Proportionalitätsfaktor N_A (**Avogadro-Konstante**) verknüpft:

$N \sim n$

$N(x) = n(x) \cdot N_A \quad \Rightarrow \quad n(x) = \dfrac{N(x)}{N_A}$

> N_A gibt also immer die Teilchenzahl in einem Mol des Stoffes an und beträgt:
> $N_A = 6 \cdot 10^{23}\,[1 \cdot mol^{-1}]$

Beispiel

Welcher Stoffmenge entspricht ein Kilogramm (= 1 Liter) Wasser? Wie viele Wassermoleküle befinden sich darin?

Stoffmenge: $n(H_2O) = \dfrac{m(H_2O)}{M(H_2O)}$

$= \dfrac{1000\,g}{18\,g \cdot mol^{-1}} = \underline{55,5\,mol}$

Teilchenzahl: $N(H_2O) = n \cdot N_A$

$= \dfrac{55,5\,mol \cdot 6 \cdot 10^{23}}{mol} = \underline{\underline{333 \cdot 10^{23}}}$

Ein Liter Wasser entspricht der Stoffmenge 55,5 mol und enthält $333 \cdot 10^{23}$ Wassermoleküle.

Molare Masse von Salzen

Da Salze aus Anionen und Kationen aufgebaut sind, ergibt sich bei Ihnen die Anzahl der Ionen in einem Mol aus der molaren Masse unter Berücksichtigung der Anzahl der Einzelionen.

162 / Quantitative Aspekte chemischer Reaktionen

Beispiel

Wie viele Ionen enthält 1 mol Natriumchlorid?

gegeben: $M(NaCl) = 58\,g \cdot mol^{-1}$

Ein Mol Natriumchlorid enthält aber Na^+-Ionen und Cl^--Ionen im Zahlenverhältnis 1 : 1! Daraus folgt, dass darin 1 mol Na^+-Ionen und 1 mol Cl^--Ionen, also 2 mol Ionen enthalten sind.

Ein Mol Natriumchlorid enthält also $6 \cdot 10^{23}$ Na^+-Ionen und $6 \cdot 10^{23}$ Cl^--Ionen, zusammen $12 \cdot 10^{23}$ Ionen (= Teilchen).

$N(NaCl) = n \cdot (N_A(Na^+) \ + \ N_A(Cl^-))$

$\qquad = 1\,mol \cdot (6 \cdot 10^{23} \cdot 1 \cdot mol^{-1} \ + \ 6 \cdot 10^{23} \cdot 1 \cdot mol^{-1})$

$\qquad = 12 \cdot 10^{23}$

Molare Masse von Gasen

Für Gase kann man schließlich noch eine Beziehung zwischen der Stoffmenge n und dem **molaren Volumen V_M** herleiten.

Nach Avogadro
- reagieren Gase stets in einfachen, ganzzahligen Volumenverhältnissen miteinander (siehe z. B. Wassersynthese)
- enthalten gasförmige Stoffe bei gleichen Bedingungen (Druck, Temperatur) bei gleichem Volumen gleich viele Teilchen (Satz von Avogadro).

Daraus lässt sich folgern, dass die Stoffmenge 1 mol eines Gases, die ja immer $6 \cdot 10^{23}$ (N_A) Teilchen enthält, bei allen Gasen (unter gleichen Bedingungen) gleiches Volumen hat. Dieses konstante Volumen heißt **molares Volumen** V_M und ist der Quotient aus dem Volumen eines Gases V und der Stoffmenge n:

Molares Volumen: $V_M = \dfrac{V}{n} \left[\dfrac{L}{mol} \right]$ oder $n = \dfrac{V}{V_M}\,[mol]$

Unter Normbedingungen (Druck 1 013 hPa , Temperatur 0 °C) beträgt das molare Volumen: $V_M = 22{,}4\,L \cdot mol^{-1}$

Verändern sich die Bedingungen, so verändert sich das Volumen eines Gases. Wenn man beispielsweise die Temperatur bei konstantem Druck erhöht, so vergrößert sich das Volumen. Wenn man hingegen den Druck bei konstanter Temperatur erhöht, dann verkleinert sich das Volumen.

Masse, Teilchenzahl und Volumen ⟍ 163

Beispiel

Berechne das Volumen, das 10 Gramm Wasserstoff bei Normbedingungen einnehmen!

gegeben: $m(H_2) = 10\,g$

$V_M = 22{,}4\,L \cdot mol^{-1}$

$M(H_2) = 2\,g \cdot mol^{-1}$

Da in der Gleichung $n = V/V_M$ zwei unbekannte Größen (n und V) vorliegen, muss man zuerst über die gegebene Masse m die Stoffmenge n berechnen, sodass dann im 2. Schritt die Berechnung von V folgt:

$$n(H_2) = \frac{m(H_2)}{M(H_2)} = \frac{10\,g}{2\,g \cdot mol^{-1}} = 5\,mol$$

$$V(H_2) = n \cdot V_M = 5\,mol \cdot 22{,}4\,L \cdot mol^{-1} = \underline{\underline{112\,L}}$$

1.3 Rechnen mit Reaktionsgleichungen

In Reaktionsgleichungen stehen als Koeffizienten die Stoffmengen der Edukte und Produkte.

Beispiel

$$CH_4 \;+\; 2\,O_2 \longrightarrow CO_2 \;+\; 2\,H_2O$$

1 mol   2 mol   1 mol   2 mol

Dies bedeutet, dass Methangas (CH_4) und Sauerstoff immer im molaren Verhältnis $1:2$ reagieren und dabei immer Kohlenstoffdioxid (CO_2) und Wasser im molaren Verhältnis $1:2$ entstehen. Ferner ermöglicht die Gleichung die Aussage, dass z. B. aus einem Mol CH_4 auch ein Mol CO_2 entsteht.

Da die Stoffmengen proportional zur Masse, zur Teilchenzahl und bei Gasen zum Volumen sind, ergibt sich auch, dass die Stoffe immer in einem bestimmten Massenverhältnis und einem bestimmten Teilchenverhältnis reagieren, für Gase auch in einem bestimmten Volumenverhältnis (siehe S. 50 ff.).

Bei Berechnungen schließt man häufig von einer Stoffportion mit bekannter Masse, Teilchenzahl oder Volumen über die daraus berechenbare Stoffmenge auf die Stoffmenge eines gesuchten Stoffes.

Beispiel

Um Energie zu gewinnen setzt dein Körper jeden Tag ungefähr 300 Gramm Traubenzucker ($C_6H_{12}O_6$) in einer Reaktion mit Sauerstoff um, wobei Kohlenstoffdioxid und Wasser entstehen.

164 / Quantitative Aspekte chemischer Reaktionen

Berechne deinen täglichen Verbrauch an Sauerstoff in Gramm und in Litern ebenso wie deine täglich im Körper entstehende Masse Kohlenstoffdioxid.

Lösung: Schreibe bei diesen Aufgaben immer zuerst die vollständige Reaktionsgleichung an! Sie lautet hier:

$$C_6H_{12}O_6 + 6\,O_2 \longrightarrow 6\,CO_2 + 6\,H_2O$$

gegeben: $m(C_6H_{12}O_6) = 300\,g$

gesucht: $m(O_2)$; $m(CO_2)$; $V(O_2)$

Zusätzlich kann man mithilfe der Formeln und des PSE die benötigten molaren Massen M ermitteln bzw. ist bei Gasen das molare Volumen V_M gegeben:

$$M(C_6H_{12}O_6) = 6 \cdot M(C) + 12 \cdot M(H) + 6 \cdot M(O) = 6 \cdot 12\,\tfrac{g}{mol} + 12 \cdot 1\,\tfrac{g}{mol} + 6 \cdot 16\,\tfrac{g}{mol} = 180\,\tfrac{g}{mol}$$

$$M(O_2) = 2 \cdot M(O) = 2 \cdot 16\,\tfrac{g}{mol} = 32\,\tfrac{g}{mol}$$

$$M(CO_2) = M(C) + 2 \cdot M(O) = 12\,\tfrac{g}{mol} + 2 \cdot 16\,\tfrac{g}{mol} = = 44\,\tfrac{g}{mol}$$

$$V_M(O_2) = 22{,}4\,\tfrac{L}{mol} \qquad V_M(CO_2) = 22{,}4\,\tfrac{L}{mol}$$

Mit diesen Werten kann man zunächst nur die Stoffmenge des verbrauchten Traubenzuckers berechnen:

$$n(C_6H_{12}O_6) = \frac{m(C_6H_{12}O_6)}{M(C_6H_{12}O_6)} = \frac{300\,g}{180\,\tfrac{g}{mol}} = 1{,}66\,mol$$

Aus einer bekannten Stoffmenge n kann man immer mithilfe der Reaktionsgleichung alle anderen Stoffmengen über deren Koeffizienten berechnen. Hier gilt z. B.:

$$① C_6H_{12}O_6 + ⑥ O_2 \longrightarrow 6\,CO_2 + 6\,H_2O$$

$$\frac{n(O_2)}{n(C_6H_{12}O_6)} = \frac{6}{1}$$

$$n(O_2) = 6 \cdot n(C_6H_{12}O_6)$$

Die Stoffmenge von Sauerstoff ist also 6 mal so groß wie die Stoffmenge Traubenzucker! Ebenso gilt:

$$1\,C_6H_{12}O_6 + ⑥ O_2 \longrightarrow ⑥ CO_2 + 6\,H_2O$$

$$\frac{n(O_2)}{n(CO_2)} = \frac{6}{6}$$

$$n(O_2) = n(CO_2)$$

Die Stoffmengen von Sauerstoff und Kohlenstoffdioxid sind gleich groß!

Da in der Aufgabe nach Sauerstoff und Kohlenstoffdioxid gefragt wird, berechnet man deren Stoffmengen zu:

$n(O_2) = 6 \cdot n(C_6H_{12}O_6)$ $\qquad\qquad$ $6 \cdot n(O_2) = 6 \cdot n(CO_2)$

$\qquad = 6 \cdot 1,66\,\text{mol}$ $\qquad\qquad\qquad$ $n(O_2) \quad = n(CO_2)$

$\qquad = 10\,\text{mol}$ $\qquad\qquad\qquad\quad$ $n(CO_2) = 10\,\text{mol}$

Du verbrauchst also täglich an Sauerstoff:

$m(O_2) = n(O_2) \cdot M(O_2)$ $\qquad\qquad$ $V(O_2) = n(O_2) \cdot V_M(O_2)$

$\qquad = 10\,\text{mol} \cdot 32\,\text{g} \cdot \text{mol}^{-1}$ $\qquad\quad$ $= 10\,\text{mol} \cdot 22,4\,\text{L} \cdot \text{mol}^{-1}$

$\qquad = 320\,\text{g}$ $\qquad\qquad\qquad\qquad$ $= 224\,\text{L}$

Du bildest täglich an Kohlenstoffdioxid:

$m(CO_2) = n(CO_2) \cdot M(CO_2)$

$\qquad\quad = 10\,\text{mol} \cdot 44\,\text{g} \cdot \text{mol}^{-1} = 440\,\text{g}$

2 Energiebilanz

2.1 Energiebeteiligung bei chemischen Reaktionen

Zur Erinnerung: Jede chemische Reaktion führt zu einer Stoffveränderung (aus Edukten werden Produkte) **und** zu einer Energieveränderung (exotherme oder endotherme Reaktion, siehe S. 44 ff.).

> Die Reaktionsenergie E entspricht der Veränderung der inneren Energie E_i der Stoffe bei ihrer Umwandlung:
> **$E = E_i$ (Produkte) – E_i (Edukte)**

Ist also z. B. die innere Energie E_i der Produkte höher als die der Edukte, so liegt eine endotherme Reaktion vor und die Reaktionsenergie E wird positiv.

Zwischen der Stoff- und der Energieveränderung gibt es einen einfachen Zusammenhang: Je mehr Masse eines Stoffes umgesetzt wird, desto größer ist die Energieveränderung (anders ausgedrückt: die Masse m verhält sich proportional zur Energie E). Da wiederum die Masse proportional zur Stoffmenge des Stoffes ist ($m \sim n$) ist auch die Energieveränderung proportional zur Stoffmenge, also $E \sim n$. Durch Einführung eines Proportionalitätsfaktors, der molaren Reaktionsenergie E_m erhält man die Gleichung:

$\qquad E = E_m \cdot n \quad$ oder $\qquad E_m = \dfrac{E}{n}$

Diese molare Reaktionsenergie erhält also die Einheit $\frac{\text{kJ}}{\text{mol}} = \text{kJ} \cdot \text{mol}^{-1}$.

166 | Quantitative Aspekte chemischer Reaktionen

In der Chemie ist es üblich, die Werte der Energieveränderung auf den molaren Stoffumsatz zu beziehen. Allgemein gilt dann:

> Die Reaktionsenergie ist abhängig von der umgesetzten Stoffmenge. Auf den molaren Stoffumsatz bezogen ergibt sich für eine bestimmte chemische Reaktion immer eine bestimmte Reaktionsenergie in der Einheit $kJ \cdot mol^{-1}$.

Beispiel

Bei der Verbrennung von 12 Gramm Kohlenstoff werden 394 kJ Energie frei gesetzt.
Da die Reaktionsgleichung $C + O_2 \longrightarrow CO_2$
lautet und die molare Masse von Kohlenstoff $12 \ g \cdot mol^{-1}$ beträgt, kann man daraus schließen, dass bei der Reaktion von 1 mol Kohlenstoff (C) 394 kJ an Energie frei werden. Die molare Reaktionsenergie beträgt also hier $-394 \ kJ \cdot mol^{-1}$. Da eine exotherme Reaktion vorliegt ist die molare Reaktionsenergie negativ.

Erscheinen in der Reaktionsgleichung von 1 abweichende Stoffmengen, so muss man durch Rechnung auf ein Mol beziehen.

Beispiel

In Feuerzeugen verbrennt das Gas Butan mit der Formel C_4H_{10}.
Reaktionsgleichung:
$2 C_4H_{10} + 13 O_2 \longrightarrow 8 CO_2 + 10 H_2O$
Die molare Reaktionsenergie beträgt hier $-2\,854 \ kJ \cdot mol^{-1}$.
Da nach der Reaktionsgleichung 2 mol Butan umgesetzt werden, beträgt die molare Reaktionsenergie pro mol Butan nur die Hälfte, also $-1\,427 \ kJ \cdot mol^{-1}$.

2.2 Energiebilanz bei der Bildung von Salzen

Die Bildung eines Salzes aus einem Metall und einem Nichtmetall kann man in meist 5 Teilschritte zerlegen:
1. Überführung des Metalls in den Gaszustand
2. Ionisierung des Metalls
3. Spaltung von Molekülen des Nichtmetalls in Atome
4. Aufnahme eines oder mehrerer Elektronen durch die Nichtmetall-Atome
5. Bildung eines Ionengitters

Diese Vorgänge kann man nicht aus der Reaktionsgleichung ablesen!

Als Beispiel dient die Synthese von Natriumchlorid (NaCl) aus den Elementen Natrium (Na) und Chlor (Cl_2). Die Bildung dieses Salzes kann man in fünf Teilschritte zerlegen, von denen drei endotherm sind, also Energie benötigen, während zwei exotherm verlaufen, also Energie frei gesetzt wird. Da mehr Energie freigesetzt als verbraucht wird, verläuft der Gesamtprozess exotherm, wobei die molare Reaktionsenergie -411 kJ $\cdot$ mol^{-1} Natriumchlorid beträgt.

Gesamtgleichung:

$$2\,Na + Cl_2 \longrightarrow 2\,NaCl \qquad E = -822\ kJ \cdot mol^{-1}$$

(Beachte: nach Reaktionsgleichung entstehen 2 mol NaCl!)

Die einzelnen Teilschritte und ihre Reaktionsenergien lauten:

1. Sublimation von festem Natrium zu gasförmigem Natrium

$$Na_{(s)} \longrightarrow Na_{(g)} \qquad E_i = +109\ kJ \cdot mol^{-1}$$

2. Ionisierung von gasförmigem Natrium (**Ionisierungsenergie**)

$$Na_{(g)} \longrightarrow Na_{(g)} + e^- \qquad E_i = +502\ kJ \cdot mol^{-1}$$

3. Spaltung der Chlor-Moleküle in Chlor-Atome (**Dissoziationsenergie**)

$$Cl_2 \longrightarrow 2\,Cl \qquad E_i = +242\ kJ \cdot mol^{-1}$$

4. Aufnahme eines Elektrons durch das Chlor-Atom (**Elektronenaffinität**)

$$Cl + e^- \longrightarrow Cl^- \qquad E_i = -363\ kJ \cdot mol^{-1}$$

5. Bildung eines Ionengitters der Na^+- und Cl^--Ionen (**Gitterenergie**)

$$Na^+ + Cl^- \longrightarrow NaCl \qquad E_i = -780\ kJ \cdot mol^{-1}$$

Die **Energiebilanz** lautet also (Stoffmengen beachten!):

Energie bei Sublimation:	$2 \cdot (+109\ kJ \cdot mol^{-1})$
Ionisierungsenergie:	$2 \cdot (+502\ kJ \cdot mol^{-1})$
Dissoziationsenergie:	$(+242\ kJ \cdot mol^{-1})$
Elektronenaffinität:	$2 \cdot (-363\ kJ \cdot mol^{-1})$
Gitterenergie:	$+\ 2 \cdot (-780\ kJ \cdot mol^{-1})$
Energiebilanz:	**$-822\ kJ \cdot mol^{-1}$**

Die freiwerdende **Gitterenergie** ist der entscheidende Energiebeitrag, durch den die Salzsynthese stark exotherm verläuft. Im gebildeten Ionengitter wirken zwischen den Anionen und Kationen sehr starke elektrostatische Anziehungskräfte, die z. B. durch Zufuhr von Wärmeenergie nur schwer überwunden werden können (z. B. hohe Schmelz- und Siedetemperaturen von Salzen).

168 / Quantitative Aspekte chemischer Reaktionen

Zusammenfassung

- Mithilfe der Stoffmenge n (Einheit mol) und den molaren Größen
  - **Avogadro-Konstante N_A = 6,022 · 10^{23} mol^{-1}**
  - **molare Masse M [g · mol^{-1}] und**
  - **Molvolumen V_M = 22,4 L · mol^{-1}**

  lassen sich viele chemische Berechnungen durchführen und damit quantitative Beziehungen herstellen. Man kann z. B. die Teilchenzahl N, die Masse m und das Volumen V (nur bei Gasen!) ermitteln:

  $N = n \cdot N_A \qquad m = n \cdot M \qquad V = n \cdot V_M$

- Um die molare Masse berechnen zu können, benötigt man immer die Summenformel des Stoffes.

- Um Beziehungen zwischen Stoffmengen bei chemischen Reaktionen herstellen zu können, muss die korrekte Reaktionsgleichung aufgestellt werden.

- Auch die **Reaktionsenergie E** wird auf die umgesetzte Stoffmenge bezogen (Einheit kJ · mol^{-1}).

- Bei chemischen Reaktionen ergibt sich die Gesamtenergie durch Addition aller Teil-energien der ablaufenden chemischen Prozesse. Bei Salzen liefert die **Gitterenergie** den größten Beitrag.

Aufgaben 175 Die Formeln und Einheiten für die molare Masse M, das molare Volumen V_m und die Teilchenanzahl N sollte man wissen und anwenden können.

a   Stelle die Formeln und Einheiten dieser drei Größen auf.

b   Löse die Gleichungen nach der Stoffmenge auf (Umstellen!)

176 Fülle die Lücken in der Tabelle. Die Werte für die relativen Atommassen findest du im Periodensystem.

Stoff X	$M(X) \left[\dfrac{g}{mol}\right]$	$m(X)$ [g]	$n(X)$ mol	$N(X)$
Mg		48,6		
CaO			0,125	
NaCl				$1,20 \cdot 10^{23}$
O_2				$3,01 \cdot 10^{22}$
$CuSO_4$		96,6		

Energiebilanz ⁄ 169

177 Dein Lehrer gibt deiner Klasse die experimentelle Aufgabenstellung, 1 g Eisensulfid darzustellen. Ein Mitschüler sagt gleich dazu vorlaut: „Das ist doch easy, da wiegen wir 0,5 g Eisen und 0,5 Schwefel ab und zünden das an." Der Lehrer schmunzelt und sagt: „Ich glaube kaum, dass du so Erfolg haben wirst, denn ...".
Wie muss man vorgehen, um diese Aufgabenstellung zu lösen?
Beschreibe deinen Lösungsweg und berechne die Massen von Eisen und Schwefel (m(Fe) und m(S)), die zur Synthese von 1 g Eisensulfid (FeS) benötigt werden.

178 Welcher Metallwürfel enthält mehr Atome? Betrachte den Disput und vervollständige die Gedanken des Chemikers!

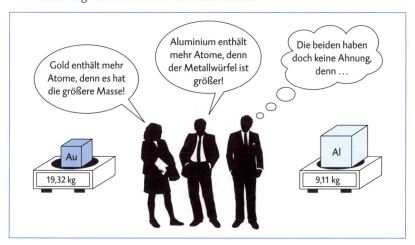

179 Kreuze die richtigen Aussagen an!

☐ Wasserstoff hat eine molare Masse von $2 \frac{g}{mol}$.

☐ 0,5 mol Siliciumdioxid haben eine Masse von 30 g.

☐ 466,6 g BaSO$_4$ entspricht der Stoffmenge 3 mol.

☐ Die Avogadrokonstante hat keine Einheit.

☐ Das molare Volumen von Feststoffen ist fast gleich groß.

☐ Das molare Volumen von Gasen ist fast gleich groß.

180 Die Firma *Poweruranium AG* stellt Geräte zur Urananreicherung her.

Im Kernkraftwerk werden als „Brennstoff" Uransalze verwendet, die einen erhöhten Anteil an dem seltenen Uran-Isotop ^{235}U enthalten. Um Uranisotope voneinander zu trennen, wird gasförmiges Uranhexafluorid $^{235}UF_6$ von $^{238}UF_6$ in Ultrazentrifugen getrennt. Uranhexafluorid wird in mehreren chemischen Reaktionen aus dem Mineral U_3O_8 dargestellt. Verkürzt könnte man die Reaktion so schreiben:

$$U_3O_{8\,(s)} + 16\,HF_{(g)} + F_{2\,(g)} \longrightarrow 3\,UF_{6\,(g)} + 8\,H_2O_{(g)}$$

Als zuständiger Chemiker bei *Poweruranium* sollst du die stöchiometrischen Mengen der Edukte und Produkte berechnen, die benötigt werden, um 421 kg Triuranoktoxid vollständig in Uranhexafluorid umzusetzen. Folgende Werte werden benötigt:

a $V(HF)$
b $V(F_2)$
c $V(UF_6)$
d $V(H_2O)$

Berechne die Volumina bei Normbedingungen und achte dabei auf einen nachvollziehbaren Rechenweg.

181 Wasserstoffchlorid kann durch die Reaktion von Natriumchlorid mit Schwefelsäure H_2SO_4 mit untenstehender Apparatur dargestellt werden.
a Stelle die Reaktionsgleichung auf.
b Welche Masse an Natriumchlorid wird umgesetzt, um 112 mL Hydrogenchlorid zu erzeugen?
c Welches Volumen an Schwefelsäure reagiert, um 112 mL Hydrogenchlorid zu erzeugen? ($\rho(H_2SO_4) = 1{,}84\,\frac{kg}{L}$)

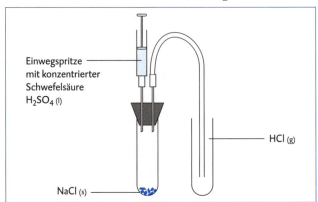

Energiebilanz 171

182 Nebenstehende Abbildung zeigt modellhaft, wie ein Massenspektrometer (MS) die Atom- bzw. die Molekümasse ermittelt.
Erläutere diesen Modellversuch.

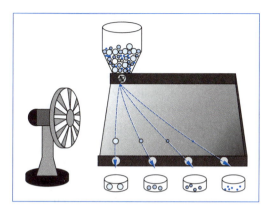

183 Franz hat zu einer Wasserstoffperoxidlösung Braunstein gegeben und den entstehenden Sauerstoff in einem Reagenzglas aufgefangen. Jetzt überlegt er laut folgendes:
„Entweicht der Sauerstoff, wenn ich das Reagenzglas mit der Öffnung nach oben oder nach unten halte?" Alexandra sagt: „Rechne doch schnell die Dichte aus. Ist sie größer als die von Luft, dann bleibt der Sauerstoff im Reagenzglas mit der Öffnung nach oben!" Franz antwortet: „Wie soll ich die Dichte denn ausrechnen, da brauche ich doch die Masse zu einem bestimmten Volumen!" „Ja und?" antwortet Alexandra, „Denk doch mal an den Satz von Avogadro". Mit dieser Hilfe rechnet Franz tatsächlich die Dichte von Sauerstoff aus.
a Nenn den Satz von Avogadro.
b Wie ist Franz vorgegangen? Berechne die Dichte von Sauerstoff.
c Berechne die Dichte von Luft.

184 Kreuze die richtigen Aussagen an!
☐ 2 mol Helium haben dieselbe Masse wie 4 mol Wasserstoff.
☐ 2 mol Helium haben dieselbe Masse wie 2 mol Wasserstoff.
☐ 2 mol Helium haben dasselbe Volumen wie 4 mol Wasserstoff.
☐ 2 mol Helium haben dasselbe Volumen wie 2 mol Wasserstoff.
☐ 2 mol Helium nehmen bei Normbedingungen ein Volumen von 22,4 L ein.
☐ 2 mol Helium nehmen bei Normbedingungen ein Volumen von 11,2 L ein.

185 Auf der Internationalen Raumstation ISS sind dauerhaft Astronauten stationiert. Den zum Leben nötigen Sauerstoff erhalten sie über sogenannte „Solid Fuel Oxygen Generators" (SFOG), man spricht auch von „Sauerstoffkerzen". Sie liefern den Sauerstoffbedarf für einen Astronauten pro Tag. Natriumchlorat $NaClO_3$ (s) zersetzt sich in einer exothermen Reaktion zu Natriumchlorid und Sauerstoff. Auf der ISS wird von einem Sauerstoffbedarf von 800 L O_2 pro Person ausgegangen.

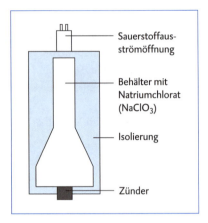

Berechne die Masse an Natriumchlorat in einer „Sauerstoffkerze".

186 Kraftfahrzeuge produzieren beim Fahren Kohlenstoffdioxid, das einen großen Anteil an der Klimaerwärmung hat. In der Diskussion ist ein Grenzwert von 120 g CO_2 pro gefahrenem Kilometer. Wie hoch sollte nach diesem Grenzwert der Benzinverbrauch auf 100 km sein?
Berechne diesen Verbrauchswert in Liter Oktan/100 km.
Oktan ist ein typischer Benzinbestandteil. Folgende Angaben stehen dir zur Verfügung, nicht alle davon sind nützlich:

Dichte Oktan	$\rho = 0{,}7 \, \frac{kg}{L}$
Summenformel Oktan	C_8H_{18}
Siedetemperatur Oktan	126 °C
Dichte CO_2	1,97 $\frac{g}{L}$

187 Im Jahre 1937 geschah das bis dahin größte zivile Unglück der Luftfahrtgeschichte. Das Luftschiff „Hindenburg" explodierte nach einem Transatlantikflug in Lakehurst, New York. Es war mit brennbarem Wasserstoff und nicht mit dem Edelgas Helium gefüllt. Mit Helium wäre das Unglück nicht passiert.
Das Traggas-Volumen betrug bei der „Hindenburg" 190 000 m³.

a Berechne die Masse an Wasserstoff, die dieses Luftschiff enthielt.
b Berechne die Masse an Helium, die anstelle des Wasserstoffs im Luftschiff hätte sein können.
c Bei der Knallgasreaktion wird pro mol umgesetzten Wasserstoffs eine Energie von 286 kJ freigesetzt. Berechne die Energie, die bei dem Unglück von Lakehurst durch die Verbrennung von 190 000 m³ Wasserstoff freigesetzt wurde.

188 Man sieht auf den Straßen immer mehr SUV's, „Sport Untility Vehicles". Das sind Pseudo-Geländewagen mit einer Masse von fast 3 Tonnen Gewicht. Ein SUV eines deutschen Herstellers verbraucht bei Höchstgeschwindigkeit auf der Autobahn 61 Liter Treibstoff auf 100 km.
Berechne die Masse an Kohlenstoffdioxid, die dieses Auto bei Höchstgeschwindigkeit pro km produziert.
Folgende Angaben stehen dir zur Verfügung, nicht alle davon sind nützlich:

Dichte Treibstoff	$\rho = 0{,}8\ \frac{kg}{L}$
Summenformel Treibstoff	$C_{11}H_{24}$
Siedetemperatur Treibstoff	150 °C – 200 °C
Dichte CO_2	$1{,}97\ \frac{g}{L}$

189 Betrachte die folgende Reaktion:

$$Mg_{(s)} + 2\,HCl_{(aq)} \longrightarrow H_{2\,(g)} + MgCl_{2\,(aq)} \qquad \Delta E_{Rm} = -460\,\tfrac{kJ}{mol}$$

Kreuze die richtigen Aussagen an!

☐ Bei der Reaktion von 1 mol Magnesium werden 460 kJ Energie freigesetzt.

☐ Bei der Reaktion von 24,3 g Magnesium werden 460 kJ Energie freigesetzt.

☐ Wenn 460 kJ Energie abgegeben werden, entstehen 22,4 L Wasserstoff.

☐ Wenn 95,2 g Magnesiumchlorid entstehen, werden 920 kJ Energie freigesetzt.

☐ Wenn 95,2 g Magnesiumchlorid entstehen, werden 230 kJ Energie freigesetzt.

☐ Die Reaktion von Magnesium und Salzsäure ist eine endotherme Reaktion.

190 Viele deutsche Haushalte sind mit Heizungen ausgestattet, die mit fossilen Energieträgern wie Erdöl, Erdgas oder Kohle heizen. Unterscheiden sich diese Heizungen in ihrem Kohlenstoffdioxidausstoß?
Berechne die Stoffmenge CO_2, die aus einem Kilogramm Brennstoff beim Heizen entsteht und trage den Wert in die Tabelle ein.
Vergleiche diese drei Brennstoffe bezüglich der CO_2-Emission im Verhältnis zum Heizwert und bewerte die Brennstoffe in dieser Hinsicht.

Brennstoff	Heizwert $\left[\tfrac{MJ}{kg}\right]$ (Energiedichte)	Stoffmenge CO_2 pro kg Brennstoff [mol]
Heizöl (z. B. $C_{12}H_{26}$)	42	
Erdgas (z. B. CH_4)	50	
Kohle (Koks, reiner Kohlenstoff)	29	

191 Energetik der Natriumchloridsynthese.
Auftrag: Beschreibe mit Fachausdrücken, was auf Teilchenebene bei dieser Reaktion abläuft, nenne die Vorgänge mit Energiebeteiligung und gib an, ob sie exo- oder endotherm sind.

Energiebilanz 175

Experiment	Beschreibung	Teilchenebene

⇑ Wärme ⇑

⬤ Chloratom   ⊖ Chloridion
○ Natriumatom   ⊕ Na⁺-Ion

Molekülstruktur und Stoffeigenschaften

Das Wahrzeichen der Stadt Bottrop bildet der frei begehbare Aussichtsturm in Form eines Tetraeders. Viele Moleküle sind in Form eines Tetraeders aufgebaut, meist dann, wenn vier Atome an einem weiteren, zentralen Atom gebunden sind: So haben die vier Atome größtmöglichen Abstand zueinander.

1 Das Orbitalmodell

Da das bereits bekannte BOHR'sche Atommodell (siehe S. 78) für manche Erklärungen nicht ausreicht, wurde vor allem durch Erkenntnisse der Quantenmechanik ein weiteres, verbessertes Atommodell vorgeschlagen, das heute weitgehend akzeptiert ist, das **Orbitalmodell**. Mit seiner Hilfe kann unter anderem die **räumliche Struktur von Molekülen** erklärt werden.

Anders als im BOHR'schen Modell mit seinen Elektronenschalen bzw. Energiestufen definiert man beim Orbitalmodell ein **Orbital als Aufenthaltsraum von Elektronen mit bestimmter räumlicher Struktur**, in dem sich ein Elektron mit einer bestimmten Wahrscheinlichkeit aufhält. Von den bekannten s-, p-, d- und f-Orbitalen sollen an dieser Stelle nur die ersten beiden in ihrer räumlichen Struktur besprochen werden.

s-Orbitale: kugelförmig mit zunehmender Größe (1s, 2s, 3s, ...).

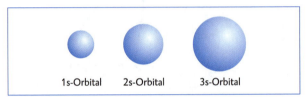

p-Orbitale: hantelförmig, je drei senkrecht zueinander stehend ($2p_x$, $2p_y$, $2p_z$, auch $3p_x$, $3p_y$, $3p_z$. ...); alle p-Orbitale einer Energiestufe sind energetisch gleichwertig.

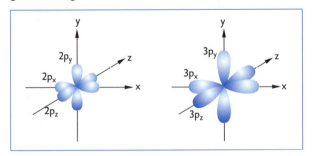

Regel zur Verteilung der Elektronen: Jedes Orbital fasst maximal 2 Elektronen, wobei jedes gleichwertige Orbital bei der Auffüllung mit Elektronen zuerst einfach und dann doppelt besetzt wird.

Beispiel

Wie kann das Sauerstoff-Atom mithilfe des Orbitalmodells beschrieben werden?

Insgesamt müssen bei einem Sauerstoffatom 8 Elektronen auf die Orbitale verteilt werden.

Zuerst wird das energetisch günstigste 1s-Orbital mit 2 Elektronen, dann das 2s-Orbital mit 2 Elektronen gefüllt. Von den verbleibenden 4 Elektronen kommt jeweils eines in jedes p-Orbital (2p$_x$, 2p$_y$, 2p$_z$, da energetisch gleichwertig), bevor das letzte Elektron das 2p$_x$-Orbital doppelt besetzt. Es verbleiben demnach zwei einfach besetzte p-Orbitale.

Kurzschreibweise: $1s^2$; $2s^2$; $2p_x^2$; $2p_y^1$; $2p_z^1$

Einfach besetzte Orbitale können mit anderen einfach besetzten Orbitalen **Atombindungen** eingehen. Dabei kommt es zu **Überlappungen der Orbitale**, sodass für diese Elektronen gemeinsame Aufenthaltsräume entstehen, die die Bindung bewirken. Diese Atombindungen sind räumlich gerichtet, sodass bei Molekülen bestimmte Molekülstrukturen entstehen.

Die Atombindung im Wasserstoffmolekül entsteht z. B. durch Überlappung einfach besetzter 1s-Orbitale.

Beispiel

Atombindung im H$_2$-Molekül
a) in der Orbitalvorstellung:

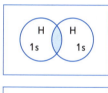

b) in der Schreibweise mit Elektronenpaaren:

Doppelt besetzte Orbitale entsprechen freien Elektronenpaaren.

In den folgenden zwei Kapiteln wird zum Verständnis nur die bereits bekannte **Valenzstrichschreibweise (= LEWIS-Formel)** mit bindenden und nichtbindenden Elektronenpaaren gebraucht.

2 Der räumliche Bau von Molekülen

2.1 Elektronenpaarabstoßungsmodell

Da zweiatomige Moleküle immer linear sind, benötigt man erst für Moleküle mit drei oder mehr beteiligten Atomen ein erklärendes Modell, das **Elektronenpaarabstoßungsmodell**. Unter Berücksichtigung der Oktettregel (siehe S. 81, 137) benötigt es nur wenige Annahmen:
- die negativ geladenen bindenden und nichtbindenden Elektronenpaare stoßen sich ab, sodass sie möglichst weit voneinander entfernt sind.
- Doppel- und Dreifachbindungen sind wie Einfachbindungen zu werten.[1]
- Wasserstoff kann in Molekülen immer nur **eine** Atombindung eingehen!

Beispiel

Die LEWIS-Formel des **Wassermoleküls** kann unter Berücksichtigung der Raumstruktur folgendermaßen ermittelt werden:
Formel von Wasser: H_2O
Durch Zählen der Valenzelektronen
1 VE · 2(H) + 6 VE · 1(O) = 8 VE (H_2O)
ergibt sich für die LEWIS-Formel, dass **4 Elektronenpaare** anzuzeichnen sind, davon sind zwei bindend und zwei nichtbindend. Nach dem Elektronenpaarabstoßungsmodell müssen vier Elektronenpaare so weit wie möglich voneinander entfernt sein, d. h. in die Ecken eines Tetraeders weisen, das Sauerstoffatom sitzt in der Mitte dieses Tetraeders. Die drei Atome des Wassermoleküls müssen gewinkelt angeordnet sein, also:

Tetraeder — größter möglicher Abstand der vier Elektronenpaare — LEWIS-Formel

---

[1] Hinweis: Die Erklärung für diese Regeln liefert das Orbitalmodell in erweiterter Form, das erst in höheren Jahrgangsstufen besprochen wird.

Der räumliche Bau von Molekülen / 181

Die Lewis-Formel von **Kohlenstoffdioxid** ergibt sich unter Berücksichtigung der Raumstrukturen:

Formel von Kohlenstoffdioxid: CO_2

Es sind unter Beachtung der Oktettregel

4 VE · 1 (C) + 6 VE · 2 (O) = 16 VE (CO_2) Valenzelektronen (also 8 Elektronenpaare) zu verteilen. Die beiden Sauerstoffatome sind jeweils mit einer Doppelbindung am Kohlenstoffatom gebunden, jedes O-Atom besitzt dann noch zwei nichtbindende Elektronenpaare. Nach dem Elektronenpaarabstoßungsmodell werden die Doppelbindungen wie Einfachbindungen betrachtet und müssen so weit wie möglich voneinander entfernt sein, hier also 180 Grad. Das Molekül ist demnach linear gebaut:

Einfache Moleküle besitzen meist eine der folgenden Molekülstrukturen:

linear – gewinkelt – planar – pyramidal – tetraedrisch – oktaedrisch

2.2 Polare Atombindungen

Wie bereits bekannt ist, können nichtmetallische Atome Elektronen aufnehmen, um eine gefüllte Außenschale zu erreichen (siehe S. 83).

Die Fähigkeit eines Atoms, Elektronen innerhalb einer Elektronenpaarbindung an sich zu ziehen, bezeichnet man als **Elektronegativität (EN)**.

182 Molekülstruktur und Stoffeigenschaften

Die Elektronegativität ist abhängig von der Kernladungszahl eines Atoms und dem Atomradius. Innerhalb einer Periode nimmt die Elektronegativität deshalb von links nach rechts zu, weil die Kernladungszahl größer wird (siehe S. 77). Innerhalb einer Hauptgruppe nimmt die Elektronegativität von oben nach unten ab, da der Atomradius größer wird. (siehe S. 91).

Chemische Bindung		Unterschiede in den Elektronegativitäten (ΔEN)	Kennzeichen der Bindung	Bindungspartner	Beispiele
Elektronenpaarbindung	unpolar	$\Delta EN = 0$	Bindendes Elektronenpaar gehört beiden Bindungspartnern zu gleichen Teilen	Nichtmetallatome	Cl_2, O_2, H_2
	polar	$\Delta EN < 1,7$	Bindenden Elektronenpaar wird von dem Atom mit der höheren EN angezogen	Nichtmetallatome	HCl, H_2O, NF_3
Ionenbindung		$\Delta EN > 1,7$	Bildung von Ionen	Metallkationen, Nichtmetallanionen	$NaCl$, $MgBr_2$, KI
Metallbindung		$\Delta EN = 0$ bzw. sehr klein	Elektronengasmodell	Metallatome	Na, Mg, Ba

Tab. 24: Überblick über die verschiedenen Bindungsarten

Stark elektronegative Elemente wie Fluor, Sauerstoff, Chlor und Stickstoff ziehen auch in Atombindungen mit anderen Nichtmetall-Atomen das bindende Elektronenpaar stärker zu sich heran, sodass sich die Bindungselektronen näher am elektronegativeren Element aufhalten. Man spricht in diesen Fällen von **polaren Atombindungen**, wobei der elektronegativere Teil **partiell negativ geladen** (Zeichen δ^-), der andere **partiell positiv** (Zeichen δ^+) geladen ist.

Beispiel

Das Gas **Hydrogenfluorid** (= Fluorwasserstoff) besitzt die Formel HF. Dabei ist das Fluor stark elektronegativ, sodass die Atombindung zwischen dem Wasserstoff-Atom und dem Fluor-Atom polar ist: das Fluor-Atom ist partiell negativ das Wasserstoff-Atom partiell positiv geladen:

$$\overset{\delta^+}{H}\!-\!\overset{\delta^-}{\underline{\overline{F}}}|$$

Merke: Polare Atombindungen spielen nur bei Beteiligung der stark elektronegativen Elemente Fluor, Sauerstoff, Chlor und Stickstoff eine wesentliche Rolle!

Schließlich können in einem Molekül auch **mehrere Bindungen polar** sein. Je nach Raumstruktur des Moleküls gibt es dann zwei Möglichkeiten:
- Die Ladungsschwerpunkte der positiven und negativen Partialladungen fallen nicht zusammen. Ist dies der Fall, so spricht man von einem Dipol-Molekül oder kurz von einem **Dipol**. (z. B. H_2O, NH_3)

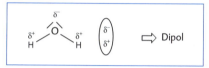

- Die Ladungsschwerpunkte der positiven und negativen Partialladungen fallen zusammen. Ist dies der Fall, so tritt außerhalb des Moleküls trotz polarer Atombindungen keine Polarität in Erscheinung. Das Molekül ist dann kein Dipol. (z. B. CO_2, CCl_4)

3 Zwischenmolekulare Kräfte

Neben den sehr starken elektrostatischen Anziehungskräften zwischen Ionen (Ionenbindungen) und den meist starken metallischen Bindungen wirken weit schwächere Kräfte auch zwischen Molekülen: **zwischenmolekulare Kräfte**. Je nach vorliegenden Molekülen können entweder Dipol-Dipol-Kräfte, Wasserstoffbrückenbindungen oder Van-der-Waals-Kräfte auftreten.
- **Van-der-Waals-Kräfte** treten auf, wenn unpolare Moleküle schwache Kräfte mit ihren Oberflächen aufeinander ausüben. Sie sind **umso stärker, je größer die Moleküle** sind.

Unpolare Moleküle sind alle Kohlenwasserstoffe wie CH_4, C_3H_8, $C_{16}H_{34}$. Auch der Hauptbestandteil von Benzin, das Oktan C_8H_{18} gehört in diese Stoffklasse.

184 Molekülstruktur und Stoffeigenschaften

- **Dipol-Dipol-Kräfte** wirken zwischen Dipol-Molekülen als zusätzliche elektrostatische Anziehungskräfte.

Beispiel

Schwefeldifluorid SF_2 besitzt zwei stark polare Atombindungen und ist gewinkelt gebaut, sodass die Ladungsschwerpunkte der Partialladungen nicht zusammen fallen. Zwischen Dipol-Molekülen treten Dipol-Dipol-Kräfte auf.

- **Wasserstoffbrückenbindungen** treten als häufiger Sonderfall auf, wenn **an einer polaren Atombindung ein Wasserstoffatom beteiligt ist**, das partiell positiv geladen ist. Da das Wasserstoff-Atom das kleinste Atom ist, können sich die Moleküle sehr gut annähern, sodass diese Kräfte stärker als Dipol-Dipol-Kräfte sind.

Beispiel

Wasser H_2O
Die Wassermoleküle besitzen zwei polare Atombindungen mit Wasserstoff, sodass sich zwischen den positiv polarisierten Wasserstoff-Atomen und dem negativ polarisiertem Sauerstoff-Atom **Wasserstoffbrückenbindungen** ausbilden können.

.... Wasserstoffbrücken-
bindung

> **Merke:** Die Stärke der zwischenmolekularen Kräfte nimmt von den Van-der-Waals-Kräften über die Dipol-Dipol-Kräfte zu den Wasserstoffbrückenbindungen zu. (Am stärksten sind die Ion-Ion-Anziehungskräfte, also Ionenbindungen.)

Der Bau von Molekülen und damit die vorliegenden zwischenmolekularen Kräfte haben wesentlichen **Einfluss auf viele Eigenschaften von Stoffen** wie z. B. deren Schmelz- und Siedetemperaturen und deren Löslichkeiten in verschiedenen Lösungsmitteln. Es gilt:

> Je größer die zwischenmolekularen Kräfte sind, desto höher liegt im Allgemeinen die Schmelz- und Siedetemperatur des Stoffes.

Zwischenmolekulare Kräfte 185

Beim Schmelzen und Sieden müssen die zwischenmolekularen Kräfte überwunden werden, damit die Teilchen zunächst ihre Gitterplätze im Feststoff verlassen (der Stoff wird flüssig) und sich schließlich vollständig voneinander trennen können (der Stoff wird gasförmig). Bei größeren zwischenmolekularen Kräften ist dazu mehr Wärmeenergie, d. h. eine höhere Temperatur notwendig.

Beispiele

Mit diesen Regeln ist es möglich, den Stoffen Calciumoxid, Ammoniak NH_3, Stickstoff N_2 und Kohlenstoffmonooxid die Schmelztemperaturen 2 587 °C, –191 °C, –78 °C, –210 °C zuzuordnen.

CaO: 2 587 °C
  Sehr starke Ionenbindungen im Ionengitter

NH_3: –78 °C
  Wasserstoffbrückenbindungen zwischen den NH_3-Molekülen

CO: –191 °C
  Nur schwache Dipol-Dipol-Kräfte zwischen den Molekülen

N_2: –210 °C
  Sehr schwache Van-der-Waals-Kräfte zwischen den unpolaren N_2-Molekülen

Man kann auch entscheiden, ob Propan (Formel C_3H_8) oder Hexan (Formel C_6H_{14}) die höhere Siedetemperatur besitzt:
Beide Moleküle sind unpolar, d. h. es wirken zwischen den Molekülen nur schwache Van-der-Waals-Kräfte. Da die Moleküle im Hexan wesentlich größer sind, besitzen sie die größere Oberfläche und damit größere Van-der-Waals-Kräfte. Hexan besitzt die höhere Siedetemperatur.

> Je polarer die Moleküle eines Stoffes sind, desto besser ist die Löslichkeit des Stoffes in polaren Lösungsmitteln.

Wichtigstes Beispiel eines polaren Lösungsmittels ist **Wasser**.
Polare Moleküle des zu lösenden Stoffes können mit polaren Molekülen des Lösungsmittels z. B. über Dipol-Dipol-Kräfte oder Wasserstoffbrückenbindungen gut wechselwirken. Ebenso gilt: **Unpolare Stoffe lösen sich gut in unpolaren Lösungsmitteln.** Ein unpolares Lösungsmittel(gemisch) ist z. B. Benzin.

186 / Molekülstruktur und Stoffeigenschaften

Beispiel

Die beiden Flüssigkeiten Ethanol (Formel C_2H_5OH, „Alkohol") und Wasser sind beliebig miteinander mischbar, lösen sich also in jedem Verhältnis vollständig auf. Dies kann man folgendermaßen begründen:
Beide Stoffe besitzen polar gebaute Moleküle, da jeweils polare Atombindungen zwischen einem Sauerstoff-Atom und einem Wasserstoff-Atom auftreten. Die Moleküle bilden untereinander Wasserstoffbrückenbindungen.

Die **Stoffeigenschaften des Wassers** haben sehr große Bedeutung u. a. für das Leben auf der Erde:

- Wasser ist ein ausgezeichnetes **Lösungsmittel für viele polare Stoffe** (Salze, Zucker, Eiweiße, …). Wassermoleküle lösen viele Ionen aus ihrem Ionengitter und umhüllen als Dipole sowohl Anionen wie Kationen unter Energiegewinn. Diesen Vorgang nennt man **Hydratation**; anschließend liegen in wässriger Lösung **hydratisierte Ionen** vor:

- **Dichteanomalie**
  Wasser besitzt als Flüssigkeit bei 4 °C die größte Dichte (fast alle anderen Stoffe haben ihre größte Dichte als Feststoff!). Beim Übergang zum Eis ordnen sich die Dipole der Wassermoleküle über Wasserstoffbrückenbindungen weiter entfernt voneinander an. **Eis schwimmt deshalb auf Wasser**, sodass tiefere Gewässer nicht bis auf den Grund zufrieren.

- **Hohe Verdampfungsenergie**
  Geht Wasser vom flüssigen in den gasförmigen Zustand über (es verdampft), so werden für das Lösen der Wasserstoffbrückenbindungen große Energiemengen benötigt. Wasser eignet sich deshalb als ausgezeichnetes **Kühlmittel**, auch zur Kühlung des menschlichen Körpers („Verdunstungskälte").

Zwischenmolekulare Kräfte 187

- **Guter Wärmespeicher**

Wasser erwärmt sich sehr langsam, kühlt aber auch langsam wieder ab. Große Wassermassen wie die Weltmeere sind deshalb riesige Wärmespeicher, sodass beispielsweise Meeresklima viel ausgeglichenere Temperaturen im Jahresverlauf hat wie Kontinentalklima.

Durch die Wasserstoffbrückenbindungen der Moleküle muss zu deren erhöhter Beweglichkeit (Temperaturerhöhung) viel Wärmeenergie aufgenommen werden.

Zusammenfassung

- Neben dem BOHR'schen Atommodell wird zur Erklärung z. B. der Raumstruktur und der Bindungsverhältnisse von Molekülen das **Orbitalmodell der Atome** verwendet.

- Mithilfe der **LEWIS-Formel** (= Valenzstrichformel) und des **Elektronenpaarabstoßungsmodells** kann man die Verteilung der Valenzelektronen und die räumliche Struktur von Molekülen aufzeichnen. Dabei ist die Oktettregel zu beachten.

- **Polare Atombindungen** liegen vor, wenn ein stark elektronegatives Element wie **Fluor, Sauerstoff, Chlor und Stickstoff** mit einem anderen Element eine Atombindung bildet.

- **Dipol**-Moleküle liegen vor, wenn polare Atombindungen im Molekül vorkommen **und** die Ladungsschwerpunkte der positiven und negativen Partialladungen nicht zusammen fallen.

- In molekular gebauten Stoffen können **van-der-Waals-Kräfte, Dipol-Dipol-Kräfte oder Wasserstoffbrückenbindungen** als zwischenmolekulare Kräfte auftreten.

- Die Stärke der genannten zwischenmolekularen Kräfte nimmt in dieser Reihenfolge zu.

- Mit zunehmenden zwischenmolekularen Kräften steigen die Schmelz- und Siedetemperaturen der meisten Stoffe an

- Polare Stoffe lösen sich gut in polaren Lösungsmitteln, unpolare in unpolaren Lösungsmitteln („Gleiches löst sich gern in Gleichem")

- Wichtige Eigenschaften des Wassers:
  - gutes Lösungsmittel für polare Stoffe
  - Dichteanomalie
  - Hohe Verdampfungsenergie
  - Hohe Wärmespeicherkapazität

Aufgaben

192 Folgende Verbindungen sind gegeben:
Sauerstoffdifluorid, Stickstofftribromid, Kohlenstoffdioxid, Schwefelwasserstoff, Ethin (C_2H_2)
Gib die Summenformel, die LEWIS-Formel und den räumlichen Bau der Moleküle an.

193 Folgende Chemikalien werden in Wasser gelöst:

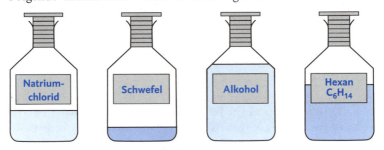

a Gib an, was du beobachten kannst.
b Erkläre deine Beobachtungen.

194 Das Diagramm zeigt die Siedetemperaturen von Wasserstoffverbindungen der Kohlenstoffgruppe bzw. Stickstoffgruppe.

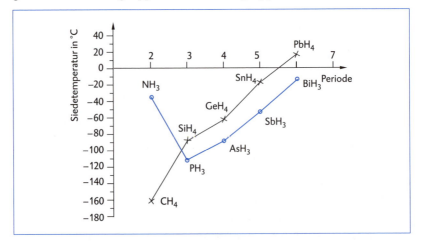

a Beschreibe die beiden Kurvenverläufe.
b Gib eine Erklärung für den Verlauf der Siedetemperaturkurven.
c Vergleiche die Siedetemperaturkurve der Wasserstoffverbindungen der Kohlenstoffgruppe mit der der Wasserstoffverbindungen der Stickstoffgruppe und erläutere die Unterschiede.

195 Folgende Tabelle gibt die Siedetemperaturen einiger Kohlenwasserstoffe wieder.

Name	Summenformel	Valenzstrichformel	Siedetemperatur
Methan	CH_4		$-162\,°C$
Ethan	C_2H_6		$-89\,°C$
Propan	C_3H_8		$-42\,°C$
Butan	C_4H_{10}		$0,5\,°C$
Pentan	C_5H_{12}		$36\,°C$
Hexan	C_6H_{14}		$69\,°C$

a Ergänze die Tabelle.
b Übertrage die Werte in ein entsprechendes Diagramm.
c Interpretiere den Kurvenverlauf.

196 Die Stoffe Ammoniak, Wasser und Wasserstofffluorid unterscheiden sich in ihrer Bindungslänge.
Ordne die Stoffe nach steigender Bindungslänge und begründe dies.

197 Ein Schüler erhielt von seinem Lehrer die Aufgabe für folgende Verbindungen aus Literaturstellen die Siedetemperaturen zu suchen:
Methan (CH_4), Ethanol (C_2H_5OH), Wasser, Selenwasserstoff (H_2Se)
Der Schüler fand die Siedetemperaturen, vergaß sie aber sofort hinter die entsprechende Verbindung zu schreiben.
Ordne den angegebenen Verbindungen die aufgeführten Siedetemperaturen zu und begründe die Zuordnung.
Siedetemperaturen: $-162\,°C$; $-41\,°C$, $65\,°C$, $100\,°C$

190 / Molekülstruktur und Stoffeigenschaften

198 Ergänze folgende Tabelle

Summenformel	Valenzstrichformel	Name der räumlichen Struktur	Dipol-molekül
HBr			ja
HOCl			
HCN			
CCl_4			
Cl_2O			
H_3CCOOH			
NH_4^+			
C_2FCl			

199 Ordne den Molekülen Schwefelwasserstoff, Dichloroxid und Sauerstoff-difluorid die Bindungswinkel 111°, 103° und 92° zu.
Begründe deine Entscheidung unter Zuhilfenahme einer Skizze, die den räumlichen Bau der Moleküle wiedergibt.

200 Folgende Bindungsarten sind gegeben:
- polare Elektronenpaarbindung
- unpolare Elektronenpaarbindung
- Ionenbindung
a Ordne die Bindungsarten nach steigender Elektronendichte zwischen den Atomen und begründe deine Entscheidung.
b Gib für jede Bindungsart eine chemische Verbindung an. (Name und chemische Formel).

201 Die folgende Tabelle ist, abgesehen von einer Spalte, noch unvollständig. Begriffe, die in die noch leeren Felder eingesetzt werden können, findest du hier:

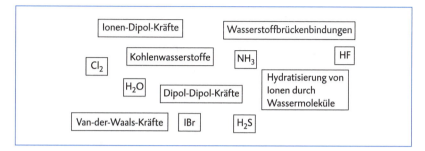

Setze die fehlenden Begriffe und Wechselwirkungen ein.

Zwischenmolekulare Kräfte	Kennzeichen	Beispiele
	Spontan auftretende schwache Kräfte zwischen unpolaren Molekülen	
	Elektrostatische Anziehung zwischen permanenten Dipolen	
	Elektrostatische Anziehung zwischen Ionen und polaren Molekülen	
	Anziehende Wechselwirkung zwischen einem stark elektronegativem Atom und einem positiv polarisierten Wasserstoff-Atom	

(zunehmende Stärke der Wechselwirkung ↓)

202 Gegeben sind folgende Moleküle: SI$_2$, NBr$_3$ und H$_2$CO$_2$
Beschreibe unter Zuhilfenahme einer Skizze den räumlichen Bau der Moleküle.

203 Brom und Kaliumbromid unterscheiden sich in ihren chemischen und physikalischen Eigenschaften.
Vergleiche beide Substanzen unter folgenden Gesichtspunkten und gib jeweils eine Erklärung dafür.
  a Bindungstyp
  b Löslichkeit in Wasser
  c Schmelztemperatur

204 Das Molekül CH₄ und das Molekül-Ion CH₃⁻ haben trotz ähnlicher Molekülgeometrie unterschiedliche Bindungswinkel HCH.
Erkläre diese Tatsache.

205 Die folgenden zwei Moleküle werden aus den Atomen Bor, Stickstoff und Fluor gebildet. Gib die Summenformeln der beiden abgebildeten Kugelstäbchenmodelle an, die den räumlichen Bau der zwei Moleküle wiedergeben. Begründe deine Entscheidung. (Hinweis: Bor geht als Halbmetall eine Elektronenpaarbindung ein.)

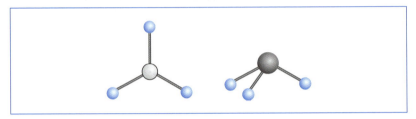

206 Vergleiche das Ammonium-Ion und Phophortrichlorid hinsichtlich ihrer Bindungswinkel und begründe deine Aussagen.

Lösungen

1 Strukturdiagramm Gegenstand – Stoff – Stoffportion

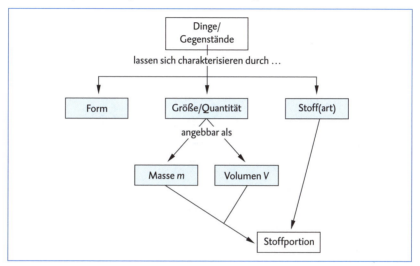

2 Die Naturwissenschaft Chemie beschäftigt sich mit dem Vorkommen, der Gewinnung, den Eigenschaften und der Verwendung von Stoffen, sowie mit Wegen zur Herstellung neuer Stoffe.

3 Synonyme für den Begriff „Stoff" sind Material, Chemikalie, Reagenz, Substanz und Materie.

4 Gesuchter Stoff
A: Kochsalz (Natriumchlorid)
B: Kupfer
C: Gold
D: Iod
E: Quecksilber
F: Eisen
G: Aluminium
H: Schwefel

194 / Lösungen

5 Steckbrief: Wasser
Farbe: farblos
Aggregatzustand bei 20 °C: flüssig
Dichte bei 20 °C: 1 g/cm^3
Schmelztemperatur: 0 °C
Siedetemperatur: 100 °C
Besondere Kennzeichen: geruchlos, geschmacklos, wichtigstes Lösemittel;
leitet elektrischen Strom annähernd nicht.

6 a

Stoff	Löslichkeit[1] in g/100 g	Gute Löslichkeit in Wasser	Schwerlöslich in Wasser
Haushaltszucker (Rohrzucker)	203,9	☒	☐
Kochsalz (Natriumchlorid)	35,88	☒	☐
Salpeter (Kaliumnitrat)	31,66	☒	☐
Soda (Natriumcarbonat)	21,66	☒	☐
Alaun (Kaliumaluminiumsulfat)	6,01	☒	☐
Gips (Calciumsulfat)	0,20	☐	☒
Löschkalk (Calciumhydroxid)	0,12	☐	☒
Kalkstein (Calciumcarbonat)	0,0015	☐	☒

b In einem Liter Wasser lassen sich maximal
358,8 g Kochsalz (Natriumchlorid)
2 039 g Haushaltszucker (Rohrzucker, Saccharose)
2 g Gips (Calciumsulfat) lösen, ohne dass ein Bodenkörper entsteht.

7 Alle häufig an der Erdoberfläche zu findenden Mineralien sind schwer löslich.

8

	Unterscheidungskriterium	gemeinsame Eigenschaft
a	Geruch	bei Raumtemperatur farblose Flüssigkeiten
b	Geschmack	kristalline Stoffe
c	Farbe	Glanz, gute Wärmeleiter, elektrisch leitfähig ⇒ Metalle

9 Die Löslichkeit von Kaliumnitrat und von Stoff b = Haushaltszucker (Rohr-zucker) in Wasser nimmt mit zunehmender Temperatur zu, die Löslichkeit von Stoff a = Kochsalz (Natriumchlorid) in Wasser ist annähernd tempera-turunabhängig.

10 **a** Je höher die Wassertemperatur ist, desto geringer ist die Löslichkeit von Gasen in Wasser.

b Bei der gleichen Temperatur löst sich mehr Kohlenstoffdioxid in Wasser.

c Im Sommer steigt die Wassertemperatur von Flüssen, Seen und Teichen an ⇒ die Menge an gelöstem Sauerstoff nimmt ab. Da die Lebewesen im Wasser Sauerstoff benötigen kann es passieren, dass nicht mehr genug Sauerstoff zur Verfügung steht ⇒ Fischsterben.
(Zusatz: Der Sauerstoffbedarf steigt im Sommer häufig auch noch dadurch an, dass viele sauerstoffverbrauchende Stoffwechselprozesse bei höherer Temperatur beschleunigt ablaufen.)

d Will man möglichst viel Kohlenstoffdioxid im Leitungswasser lösen, ist es sinnvoll, das Wasser vorher zu kühlen, da mit abnehmender Wassertemperatur mehr Kohlenstoffdioxid im Wasser gelöst werden kann.

11 Richtig aufgebaut sind B und D; bei A wird Stromfluss in zweitem Stromkreis gemessen; bei C fehlt die Spannungsquelle.

12 ☒ Eisennagel

☐ Schaschlikspieß aus Holz

☐ Glasstab

☒ Bleistiftmine aus Graphit

☒ 1-Euro-Münze

☐ Joghurt-Becher aus Kunststoff

☐ Kochsalzkristall

☒ Salzwasser

☒ Haushaltsessig

13 Kerzenwachs schmilzt aufgrund abnehmender Wärmeleitfähigkeit der Stoffe in folgender Reihenfolge: Kupfer – Aluminium – Edelstahl (Eisen) – Marmor – Glas – Kunststoff.

14 Kupfer hat eine sehr hohe Wärmeleitfähigkeit, sodass sich der Boden des Topfes schnell erwärmt.

196 / Lösungen

15 Zur Isolierung von Häuserwänden verwendet man wegen ihrer geringen Wärmeleitfähigkeit u. a. Korkplatten, Mineralwolle oder Polystyrol (Styropor).

16 Die Wärmeleitfähigkeit eines Heizkörpers aus Glas ist etwa 15-mal geringer als die eines konventionellen Heizkörpers aus Stahl, deshalb dauert es viel länger, bis sich der Heizkörper aufwärmt. ⇒ Der Glasheizkörper ist nicht für ein schnelles Aufheizen von Räumen geeignet. Zusätzlich besteht der Nachteil, dass der Heizkörper zerbrechen könnte. Falls der Heizkörper aus durchsichtigem Glas gefertigt wird, muss davon ausgegangen werden, dass er durch Ablagerungen im Heizwasserkreislauf (Rost) sehr schnell unansehnlich wird. ⇒ Nachteile scheinen vorteilhaftes Design zu überwiegen ⇒ Kauf nicht empfehlenswert.

17 a Leichtmetalle: Aluminium, Magnesium
Schwermetalle: Gold, Blei, Eisen

b Magnesium hat eine ca. 4,5-mal geringere Dichte als Eisen. Bei gleicher Motorengröße würde durch Verwendung von Magnesium der Motor also um ca. das 4,5-fache leichter. *(Zusatz: Problematisch ist, dass Magnesium mit dem Sauerstoff der Luft zu Magnesiumoxid reagiert.)*

c Würfel 1 besteht aus Messing, Würfel 2 aus Gold. Gold hat eine höhere Dichte als Messing, also die gleiche Masse einer Goldportion schon bei geringerem Volumen als bei der Messingportion erreicht wird.

18 Masse des Goldklumpens:
$$m(\text{Gold}) = p(\text{Gold}) \cdot V(\text{Gold}) = 19{,}32\,\text{g} \cdot \text{cm}^{-3} \cdot 2000\,\text{cm}^3 = 38640\,\text{g} = 38{,}64\,\text{kg}$$

Die Masse des Goldklumpens ist mit knapp 40 kg zu groß um den Goldklumpen in einem einfachen Tuch davonzutragen.

19 a
$$\rho(\text{Luft}) = \frac{m(\text{Luft})}{V(\text{Luft})} = \frac{25{,}129\,\text{g} - 25{,}000\,\text{g}}{0{,}1\,\text{L}} = \frac{0{,}129\,\text{g}}{0{,}1\,\text{L}} = 1{,}29\,\frac{\text{g}}{\text{L}}$$

$$\rho(\text{Kohlenstoffdioxid}) = 1{,}98\,\frac{\text{g}}{\text{L}}$$

$$\rho(\text{Helium}) = 0{,}17\,\frac{\text{g}}{\text{L}}$$

b Helium, wird wegen seiner geringeren Dichte als Luft zur Füllung von Gasballons verwendet.

c Kohlenstoffdioxid hat eine höhere Dichte als Luft und sinkt deshalb in dem Gefäß mit dem Teelicht nach unten ⇒ Die Teelichtflamme erlischt, da der zur Verbrennung notwendige Sauerstoff (aus der Luft) durch das nicht brennbare Kohlenstoffdioxid verdrängt wird.

d Volumen des Klassenraumes = Volumen der Luft:

$V(\text{Luft}) = \text{Länge} \cdot \text{Breite} \cdot \text{Höhe} = 12\,\text{m} \cdot 10\,\text{m} \cdot 3\,\text{m} = 360\,\text{m}^3 = 360\,000\,\text{dm}^3 = 360\,000\,\text{L}$

Masse der Luft: $m(\text{Luft}) = p(\text{Luft}) \cdot V(\text{Luft}) = 1{,}29\,\text{g} \cdot \text{L}^{-1} \cdot 360\,000\,\text{L} = 464\,400\,\text{g} = 464{,}4\,\text{kg}$

20 Die Zeit-Temperatur-Kurve steigt nicht weiter an, weil bei 78 °C die Siedetemperatur des Ethanols erreicht wird.

Kurvenverlauf:

Abschnitt 1: 1–7 Minuten:

linearer Anstieg beim Erwärmen, weil pro Zeiteinheit in etwa die gleiche Wärmemenge an das Gefäß abgegeben wird ⇒ die kinetische Energie der Teilchen nimmt zu ⇒ die Temperatur steigt

Abschnitt 2: 7–11 Minuten:

konstante Temperatur/keine weitere Temperaturänderung trotz Erwärmen ⇒ die zugeführte Energie wird benötigt, um die Anziehungskräfte zwischen den Teilchen zu überwinden ⇒ Teilchen verlassen Flüssigkeit ⇒ Ethanol siedet. Erst wenn alles Ethanol verdampft ist, steigt die Temperatur wieder an.

21 a Reinstoffe wie destilliertes Wasser oder Ethanol besitzen eine konstante Siedetemperatur. Die Siedetemperatur einer Kochsalzlösung (Kochsalz-Wasser-Gemisch) hängt vom Mischungsverhältnis ab.

b **Reinstoffe** haben eine charakteristische, konstante Siedetemperatur, die Siedetemperatur von Stoffgemischen hängt von der jeweiligen **Zusammensetzung** ab.

22 a Brom (l); Propan (g); Quecksilber (l); Schwefel (s); Wolfram (s)

b Zinn hat im Gegensatz zu weiteren Metallen eine sehr niedrige Schmelztemperatur.

c Wolfram eignet sich zur Herstellung von Glühfäden, da es aufgrund seiner hohen Schmelztemperatur zwar glüht, aber dabei nicht schmilzt. Außerdem leitet es, wie alle Metalle, den elektrischen Strom, sodass es auf einfache Weise zum Glühen gebracht werden kann.

d Messing ist eine Legierung aus Kupfer und Zink, deshalb sind Schmelz- und Siedetemperatur vom Mischungsverhältnis abhängig ⇒ Man kann nur einen Schmelz- (und Siede-)bereich angeben.

23	Den Quotienten aus der Masse einer Stoffportion und dem zugehörigen Volumen nennt man …	Dichte
	Ein Stoff, der glänzt, den elektrischen Strom und Wärme leitet und gut verformbar ist, gehört höchstwahrscheinlich zur Stoffklasse der …	Metalle
	Die Siedetemperatur eines Stoffes ist gleich seiner …	Kondensationstemperatur
	Metalle, deren Dichte kleiner als 5g/cm^3 ist, werden … genannt.	Leichtmetalle
	Die Schmelztemperatur eines Stoffes ist gleich seiner …	Erstarrungstemperatur
	… ist ein Schwermetall, magnetisch und gleichzeitig unser wichtigstes Gebrauchsmetall.	Eisen
	Verschiedene Stoffportionen, die bei Normbedingungen die gleiche und konstante Dichte, Schmelz- und Siedetemperatur aufweisen, sind höchstwahrscheinlich …	Reinstoffe
	Die Bezeichnungen fest, flüssig und gas(förm)ig bezeichnen den … eines Stoffes.	Aggregatzustand
	Den direkten Übergang vom festen in den gasförmigen Zustand nennt man …	sublimieren

24 a

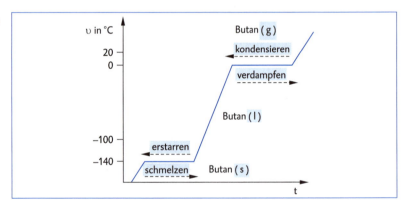

b Schmelztemperatur ϑ_m(Butan) ≈ −130 °C
Siedetemperatur ϑ_b(Butan) ≈ 0 °C

c Wenn die Schmelz- bzw. Siedetemperatur erreicht ist, wird die zugeführte Wärme benötigt, um die Anziehungskräfte zwischen den Teilchen zu überwinden, deshalb steigt die Temperatur beim weiteren Erwärmen vorerst nicht an.

d Butan ist bei Raumtemperatur und Normdruck ein Gas. Wird der Druck erhöht, kann Butan auch bei Raumtemperatur verflüssigt werden, weil der Abstand zwischen den Teilchen durch die Druckerhöhung verringert wird.

25 „Je …, desto …" Sätze zum Teilchenmodell:
  a Je **höher** die Temperatur einer Stoffportion ist, desto schneller bewegen sich die Teilchen.
  b Je niedriger die Temperatur einer Stoffportion, desto **kleiner** ist der Abstand zwischen den Teilchen.
  c Je höher die Temperatur einer Stoffportion ist, desto **unregelmäßiger** sind die Teilchen angeordnet.
  d Je kleiner der Abstand zwischen den Teilchen eines Stoffes ist, desto **stärker** wirken die Anziehungskräfte zwischen den Teilchen.
  e Je größer der Druck ist, der auf eine Gasportion wirkt, desto **kleiner** ist der Abstand zwischen den Teilchen.
  f Je kleiner der Abstand zwischen den Teilchen eines Gases ist, desto **höher** ist seine Dichte.
  g Je **größer** die Anziehungskräfte zwischen den Teilchen sind, desto **höher** sind die Schmelz- und die Siedetemperatur des Stoffes.

26 a Im ausgeschalteten Zustand befindet sich das Wachs auf dem Boden der Lampe, die Dichte des Wachses ist also größer als die der farblosen Flüssigkeit. Wird die Glühbirne im Sockel der Lampe angeschaltet, so erwärmt diese das darüber befindliche Wachs, dadurch steigt die Geschwindigkeit der Wachs-Teilchen an, der mittlere Abstand zwischen den Teilchen nimmt zu, das Wachs dehnt sich aus, schmilzt und die Dichte erniedrigt sich. Wird die Dichte des flüssigen Wachses in einzelnen Bereichen kleiner als die der farblosen Flüssigkeit, so lösen sich Wachstropfen aus dem geschmolzenen Wachs ab und steigen nach oben auf. Beim Aufstieg/am oberen Ende der Lampe kühlen sich die Wachstropfen langsam ab, weil ständig Zusammenstöße mit den Teilchen der Flüssigkeit/der Lampenwand stattfinden. Dadurch nimmt die Bewegungsenergie der Wachsteilchen wieder ab, der mittlere Abstand zwischen den Teilchen wird kleiner und die Dichte steigt. Sobald die Dichte des Wachses wieder größer als die der Flüssigkeit ist, sinkt der Wachstropfen zu Boden und der Prozess kann von neuem beginnen.

  b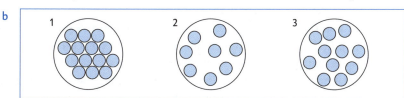

27 a Die Energie der Sonnenstrahlen führt zur Erhöhung der Geschwindigkeit der Wasser-Teilchen ⇒ die Anziehungskräfte zwischen den Wasser-Teilchen im Regenwasser können überwunden werden ⇒ das Wasser verdampft, weil immer wieder einzelne Wasser-Teilchen genügend
Energie besitzen und sich aus des Flüssigkeit „losreißen".

b In der kalten Luft ist der Abstand zwischen den Teilchen geringer und
die Geschwindigkeit der Teilchen niedrig. Beim Erwärmen steigt die
Geschwindigkeit der Teilchen, es kommt zu häufigeren Stößen gegen
die Gefäßwand, d. h. der Druck im Inneren der Flasche steigt ⇒ der
Luftballon dehnt sich aus, bis der Druck im Inneren dem äußeren Luftdruck entspricht. Der mittlere Abstand zwischen den Teilchen steigt
dadurch an.

c Bei niedrigerer Temperatur ist die Geschwindigkeit der Teilchen geringer, deshalb dauert es sehr lange, bis sich die Farb- oder Geschmacks-
Teilchen aus dem Früchtetee in das Wasser ausbreiten können.

d Die kleinen Teilchen sind in ständiger Bewegung ⇒ Die Teilchen des
Rasierwassers breiten sich gleichmäßig im ganzen Raum aus ⇒ sobald
die Konzentration der Teilchen ausreicht, um eine Erregung der Riech-
sinneszellen auszulösen, wird der Geruch des Rasierwassers wahrge-
nommen.

e Martin wird die Wette gewinnen, denn zwischen den Zucker-Teilchen
(Achtung: Einzelne Zucker-Kristalle bestehen aus vielen Zucker-Teilchen) ist nichts. Die kleineren Wasser-Teilchen können sowohl in den
leeren Raum zwischen den Zucker-Teilchen schlüpfen, als auch die ur-
sprünglich mit Luft gefüllten Hohlräume zwischen den Zucker-Kristal-
len ausfüllen.

f Das Auftauen in kaltem Leitungswasser geht schneller als in warmer
Luft, weil sich im Leitungswasser = Flüssigkeit mehr Teilchen im gleichen Raum bewegen, als in der Luft = Gas. Dies hat zur Folge, dass es
durchschnittlich zu mehr Teilchenzusammenstößen zwischen den
Wasser-Teilchen und den Teilchen der Gefäßwand und damit auch in
den Erdbeeren kommt, wobei Bewegungsenergie von den Wasser-Teilchen über die Teilchen der Gefäßwand auf die Teilchen in den Erdbeeren übertragen wird. Folge: Die Erdbeeren tauen auf, das Leitungswasser kühlt ab. Beim Auftauen der Erdbeeren an der Luft kann zwar bei
einem einzigen Teilchenzusammenstoß zwischen den Teilchen der
Luft und den Teilchen in den Erdbeeren mehr Bewegungsenergie auf
die Teilchen in den Erdbeeren übertragen werden, insgesamt treten

aber weniger Zusammenstöße auf, sodass das Auftauen der Erdbeeren insgesamt langsamer verläuft.

g   In der Milchflasche mit warmer Luft ist der Abstand zwischen den Teilchen groß. Beim Abkühlen nimmt der Abstand zwischen den Teilchen ab. Da die Milchflasche durch das Ei verschlossen ist, können keine Teilchen von außen in die Flasche, es entsteht ein Unterdruck der das Ei in die Flasche saugt.

Um das Ei wieder aus der Flasche herauszuholen, stellt man die Flasche zuerst aufrecht in einen Behälter mit kaltem Wasser. Anschließend dreht man die Flasche auf den Kopf, so dass das Ei im Flaschenhals sitzt. Nun taucht man die Flasche kopfüber in heißes Wasser. Beim Erwärmen dehnt sich die in der Flasche eingeschlossene Luft aus und das Ei wird wieder herausgedrückt.

h   Cola-Dosen werden unter erhöhtem Druck abgefüllt, damit sie nicht so leicht verbeulen. Beim Öffnen der Dose entweicht ein Teil des Gases (Stickstoff und Kohlenstoffdioxid). Dabei müssen die Anziehungskräfte zwischen den Teilchen überwunden werden. Die dafür notwendige Energie wird der Bewegungsenergie der Teilchen im Cola entzogen. Diese werden also im Mittel langsamer, so dass es sein kann, dass dadurch das Cola gefriert.

202 Lösungen

28

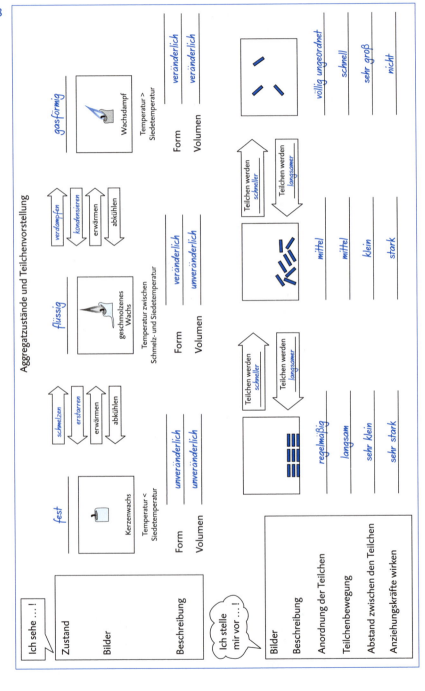

29 a Luftverflüssigung im Linde-Verfahren
1. Im Kompressor wird die Luft verdichtet = zusammengedrückt (komprimiert). Dabei erwärmt sich die Luft, weil der Abstand zwischen den Teilchen kleiner wird und die Anziehungskräfte stärker wirken können.
2. Im Kühler a wird die verdichtete Luft gekühlt, also die Kompressionswärme abgeführt.
3. Im Kühler b (Gegenstromkühler) wird die verdichtete Luft mithilfe von kalter Luft, die aus dem Entspannungsgefäß zurückkommt, weiter gekühlt.
4. Im Entspannungsgefäß kann sich die Luft wieder ausdehnen (dekomprimieren). Beim Ausdehnen müssen die zwischen den Teilchen wirkenden Anziehungskräfte überwunden werden. Dadurch kühlt sich die Luft ab. Nach mehreren Kompressions- und Entspannungszyklen ist die eingesetzte Luft so weit abgekühlt, dass ein Teil der Luft beim Entspannen so weit abkühlt, dass er kondensiert.
5. Die (übrigbleibende) kältere noch gasförmige Luft wird erneut in den Kompressor eingeleitet mit neu zugeführter Luft vermischt und nach häufigem Durchlaufen des Kreisprozesses aus Verdichten, Kühlen und Entspannen soweit abgekühlt, dass sich immer wieder ein Teil davon verflüssigt (kondensiert). Die dabei freiwerdende Kondensationswärme wird über die noch gasförmige kalte Luft mit abgeführt.

b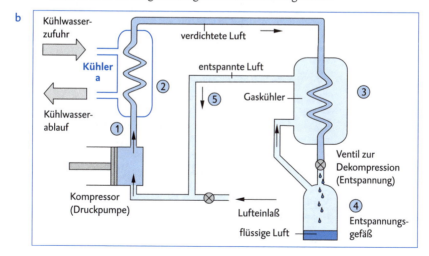

30 Filmleiste: Vorgänge beim Lösen von Iod in Alkohol

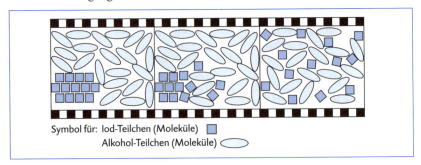

31
Edelstahl	Legierung	homogen
Limonade	Lösung	homogen
frisch gepresster Orangensaft	Suspension	heterogen
Weißwein	Lösung	homogen
Salatdressing aus Essig und Öl	Emulsion	heterogen
Sandsturm	Rauch	heterogen
Erdöl	Lösung	homogen
Knallgasgemisch	Gasgemisch	homogen
Wodka	Lösung	homogen

32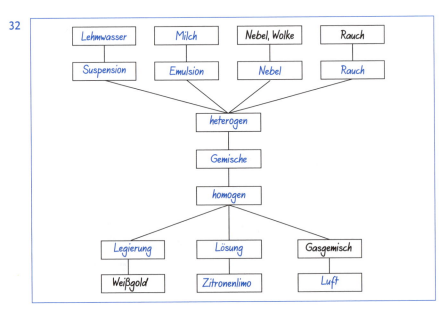

33 Diese Tiere atmen mithilfe ihrer Kiemen, d. h. sie nehmen Sauerstoff aus dem Wasser auf. Somit muss dieses Wasser eine Lösung sein.

34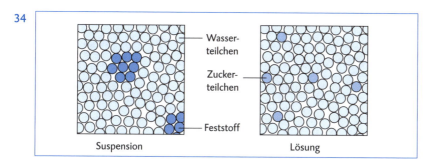

35 Voldemortium und Umbridgelot sind Reinstoffe, da sie konstante Kenneigenschaften besitzen. Dass man bei Umbridgelot keine Siedetemperatur bestimmen kann, da die Zersetzungstemperatur niedriger liegt, macht keinen Unterschied. Bezoar ist ein Gemisch. Es enthält Reinstoffe mit verschiedenen Kenneigenschaften, man spricht vom Siedebereich und Schmelzbereich.

36 1. Man verrührt das Gemisch in Wasser, dabei löst sich das Kochsalz auf.
2. Die Suspension wird filtriert. Der Rückstand ist das Eisenoxid, das Filtrat ist die Kochsalzlösung.
3. Diese wird in eine Porzellanschale gegeben und eingedampft.

37 Emulsion
Wasser und Benzin ergeben ein heterogenes Gemisch, eine Emulsion, da sich Benzin nicht in Wasser löst. Benzin hat eine geringere Dichte als Wasser, somit schwimmt Benzin auf Wasser. Deshalb kann Herr Schmidt den Inhalt seines Kanisters mithilfe eines Scheidetrichters trennen.

38 a Extrahieren   b Extrahieren
   c Eindampfen   d Magnetscheiden

39 Durch die Sonnenstrahlung wird die Lösung erwärmt, sodass das Wasser verdampft und das Salz zurückbleibt. Dieser Vorgang heißt Eindampfen.

40 Bei Lösungen   → Siedetemperaturen
   Bei Legierungen   → Schmelztemperaturen
   Bei Gasgemischen   → Siedetemperaturen, Dichte

206 Lösungen

41

Gemisch	Bestandteil 1	Bestandteil 2	Trennverfahren
Lösung	Salz	Wasser	Eindampfen
Lösung	Alkohol	Wasser	Destillieren
Suspension	Lehm	Wasser	Filtrieren
Lösung	Sauerstoff	Wasser	Ausgasen
Suspension	Kohlepulver	Wasser	Filtrieren
Emulsion	Wasser	Öl	Scheidetrichter
Gemenge	Aluminiumspäne	Eisenspäne	Magnetscheiden

42
1. Man füllt dreckiges Wasser in den schwarzen Topf und stellt die Apparatur in die Sonne.
2. Das Wasser verdampft und kondensiert am durchsichtigen Deckel.
3. Von dort tropft das saubere Wasser in den größeren Topf und kann als Trinkwasser verwendet werden. (Man sollte geringe Mengen Kochsalz zugeben, da destilliertes Wasser in größeren Mengen gesundheitsschädlich ist.)

Es handelt sich hier um eine Destillation von Wasser.

43
Glas A: Lösung, Glas B: Lösung und Suspension
Die Kochsalzlösung befindet sich im Glas A,
die Kaliumaluminiumsulfatlösung im Glas B.
Begründung: Im Kühlschrank herrscht eine Temperatur von etwa 7 °C. Bei dieser Temperatur beträgt die Löslichkeit von Kochsalz 39 g/100 mL, aber die von Kaliumaluminiumsulfat nur ca. 5 g/100 mL. Deshalb fällt ein großer Teil des bei 70 °C gelösten Kaliumaluminiumsulfats aus.

44
Szenario 1 passiert, die Temperatur wird ansteigen.
Begründung: Während der Wein siedet, verdampft anfangs mehr Alkohol als Wasser. Reiner Alkohol siedet bei 78 °C, reines Wasser siedet bei 100 °C. Theoretisch siedet das Gemisch anfangs also bei 78 °C, und zum Ende der Trennung wird die Siedetemperatur bei 100 °C liegen.

45
1. Zuerst trennt man die Eisenspäne mithilfe eines Magneten ab.
2. Anschließend siebt man die Kieselsteine heraus.
3. Das Zucker/Sand-Gemisch wird in Wasser eingerührt und filtriert: Rückstand: Sand, Filtrat: Zuckerlösung.
4. Den Zucker gewinnt man durch Eindampfen der Zuckerlösung.

46 Salz bildet mit Wasser ein homogenes Gemisch, eine Lösung. Diese kann man aber durch Filtrieren nicht trennen.

47 Heißes Wasser extrahiert Aroma- und Farbstoffe aus den Teeblättern, je länger der Teebeutel im Wasser hängt, desto mehr Stoffe werden extrahiert.

48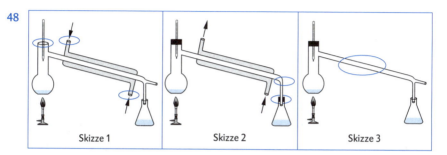

Zu Skizze 1: Die Apparatur ist direkt über dem Siedekolben vor dem Kühler offen, es würde folglich der Dampf entweichen. Bei der Thermometerführung muss die Apparatur natürlich durch einen Stopfen o. ä. verschlossen sein. Zudem fließt kein Kühlwasser, da es zwei Zuläufe, aber keinen Ablauf gibt. Der Dampf könnte nicht kondensieren. Der Ablauf müsste zum Siedekolben hin erfolgen.
Zu Skizze 2: Die Apparatur ist geschlossen und würde wahrscheinlich explodieren. Als Abhilfe könnte man einen Vorstoß mit Öffnung oder eine Vorlage ohne Stopfen verwenden.
Zu Skizze 3: Der Kühler fehlt, sobald das Destillationsrohr Dampftemperatur hätte, würde aus dem Vorstoß kein Kondensat tropfen, sondern Dampf strömen.

49 Chemische Reaktionen sind a, b, c, e, i.

50 a endotherm, da die zum Ablauf der chemischen Reaktion benötigte Energie aus der Umgebung (hier der Lösung) genommen wird
Thermische Energie (Wärme) $\Rightarrow$ Chemische Energie
b endotherm, da die Reaktion nur bei Zuführung von Wärme abläuft
Thermische Energie (Wärme) $\Rightarrow$ Chemische Energie
c exotherm, das kurze Erhitzen liefert die Aktivierungsenergie
Chemische Energie $\Rightarrow$ Thermische Energie (Wärme), Lichtenergie

d exotherm, die Explosion der Sprengkapsel liefert die nötige Aktivierungsenergie für die Explosionreaktion von TNT, die dann spontan abläuft
Chemische Energie ⇒ Thermische Energie (Wärme), Lichtenergie, Bewegungsenergie

e endotherm, da die Reaktion nur bei Zuführung von Lichtenergie abläuft
Lichtenergie ⇒ Chemische Energie

f exotherm
Chemische Energie ⇒ Thermische Energie (Wärme)

51 Das Auskristallisieren des Natriumacetats ist eine exotherme Reaktion; dabei wird chemische in thermische Energie umgewandelt. Die Aktivierungsenergie wird durch die mechanische Verformung des Plättchens aufgebracht. Das Verflüssigen ist ein endothermer Vorgang, dabei wird thermische in chemische Energie umgewandelt.

52 Der von der Fotovoltaikanlagen produzierte überschüssige Strom kann verwendet werden, um mit einem Elektrolysator Wasser zu zersetzen. Wasserstoff und Sauerstoff können viel effizienter gespeichert werden als elektrische Energie. Bei Bedarf produziert die Brennstoffzelle daraus Strom.

53 $2 C_8H_{18}(l) + 25 O_2(g) \longrightarrow 16 CO_2(g) + 18 H_2O(g)$
$2 CO(g) + 2 NO(g) \longrightarrow 2 CO_2(g) + N_2(g)$
Platin und Rhodium wirken bei dieser Reaktion als Katalysatoren. Sie senken die Aktivierungsenergie für die Umwandlung von Kohlenstoffmonooxid und Stickstoffmonoxid in Kohlenstoffdioxid und Stickstoff.

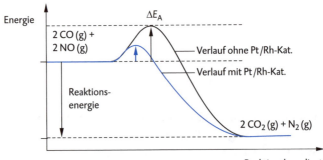

54 Der Platinschwamm senkt die Aktivierungsenergie der exothermen Reaktion.

$$2\,H_2\,(g)\ +\ O_2\,(g)\ \longrightarrow\ 2\,H_2O\,(l)$$

Die Reaktionsenergie ändert sich nicht und der Platinschwamm liegt unverändert vor. Er fungiert als Katalysator.

55 Die Waagschale wird sich heben, da Schwefel mit Sauerstoff zum Gas Schwefeldioxid verbrennt, dieses Gas wird nicht mitgewogen.

56 Das Erwärmen der Apparatur deutet sehr stark auf eine chemische Reaktion hin. Man müsste nun die Stoffe untersuchen. Tatsächlich ist hier folgende chemische Reaktion abgelaufen:

Natriumhydroxid (s) + Salzsäure (aq) $\longrightarrow$ Natriumchlorid (aq) + Wasser

Hier liegt eine geschlossene Apparatur vor, es können keine Stoffe hinzukommen oder entweichen. Somit wäre es möglich, den Massenerhaltungssatz zu beweisen.

57 Synthese von Wasser

$$2\,H_2\,(g)\ +\ O_2\,(g)\ \longrightarrow\ 2\,H_2O\,(g)\qquad\text{Volumenverhältnis b}$$

Synthese von Distickstoffoxid

$$2\,N_2\,(g)\ +\ O_2\,(g)\ \longrightarrow\ 2\,N_2O\,(g)\qquad\text{Volumenverhältnis b}$$

Synthese von Wasserstoffchlorid

$$H_2\,(g)\ +\ Cl_2\,(g)\ \longrightarrow\ 2\,HCl\,(g)\qquad\text{Volumenverhältnis c}$$

Synthese von Ammoniak

$$3\,H_2\,(g)\ +\ N_2\,(g)\ \longrightarrow\ 2\,NH_3\,(g)\qquad\text{keines der hier dargestellten Volumenverhältnisse}$$

Synthese von Distickstofftetraoxid

$$2\,O_2\,(g)\ +\ N_2\,(g)\ \longrightarrow\ N_2O_4\,(g)\qquad\text{Volumenverhältnis d}$$

Synthese von Ozon

$$3\,O_2\,(g)\ \longrightarrow\ 2\,O_3\,(g)\qquad\text{Volumenverhältnis a}$$

58 ☐ $4\,NH_3\,(g)\ +\ 5\,O_2\,(g)\ \longrightarrow\ 4\,NO\,(g)\ +\ 6\,H_2O\,(l)$

☒ $HCl\,(aq)\ +\ NaOH\,(aq)\ \longrightarrow\ NaCl\,(aq)\ +\ H_2O\,(aq)$

☐ $2\,Na\,(s)\ +\ 2\,H_2O\,(l)\ \longrightarrow\ 2\,NaOH\,(aq)\ +\ H_2\,(g)$

210 Lösungen

☐ $2\,KI\,(aq)\;+\;Cl_2\,(g)$ ⟶ $2\,KCl\,(aq)\;+\;I_2\,(aq)$

☐ $2\,Al\,(s)\;+\;3\,Cl_2\,(g)$ ⟶ $2\,AlCl_3\,(s)$

☐ $CaCO_3\,(s)\;+\;2\,HCl\,(aq)$ ⟶ $CaCl_2\,(aq)\;+\;H_2O\,(l)\;+\;CO_2\,(g)$

☐ $2\,ZnO\,(s)+\;C\,(s)$ ⟶ $2\,Zn\,(s)\;+\;CO_2\,(g)$

☒ $CuCO_3\,(s)$ ⟶ $CuO\,(s)\;+\;CO_2\,(g)$

☐ $4\,CuO\,(s)\;+\;CH_4\,(g)$ ⟶ $4\,Cu\,(s)\;+\;CO_2\,(g)\;+\;2\,H_2O\,(l)$

59 Man benötigt 1 500 m³ Wasserstoff und 500 m³ Stickstoff.

$3\,H_2\,(g)\;+\;N_2\,(g)$ ⟶ $2\,NH_3\,(g)$

3 VT   1 VT   2 VT

$3 \cdot 500$ m³ $1 \cdot 500$ m³ $2 \cdot 500$ m³

60

$$\frac{m(Cu)}{m(O)} = \frac{N(\text{Cu-Atom})}{N(\text{O-Atom})} \cdot \frac{m(\text{Cu-Atom})}{m(\text{O-Atom})}$$

Verhaltnis der Stoffmassen in der Verbindung	Atomzahlverhältnis der Verbindung	Verhältnis der Atommassen

Das soll berechnet werden

$$\Rightarrow \frac{N(\text{Cu-Atome})}{N(\text{O-Atome})} = \frac{m(Cu)}{m(O)} \cdot \frac{m(\text{O-Atom})}{m(\text{Cu-Atom})} = \frac{7{,}92}{1} \cdot \frac{1}{3{,}96} = \frac{2}{1}$$

$\Rightarrow$ Rotes Kupferoxid hat die Verhältnisformel Cu_2O.

$$\Rightarrow \frac{N(\text{Cu-Atome})}{N(\text{O-Atome})} = \frac{m(Cu)}{m(O)} \cdot \frac{m(\text{O-Atom})}{m(\text{Cu-Atom})} = \frac{3{,}96}{1} \cdot \frac{1}{3{,}96} = \frac{1}{1}$$

$\Rightarrow$ Schwarzes Kupferoxid hat die Verhältnisformel CuO.

61   1. AB mit m(Legomolekül) = 3,2 g und
      Massenverhältnis $m(A)/m(B) = 0{,}6$
      A_2B mit m(Legomolekül) = 4,4 g und
      Massenverhältnis $m(A)/m(B) = 1{,}2$

     2. $5{,}6\,g \triangleq A_3B$; $5{,}2\,g \triangleq AB_2$; $9{,}6\,g \triangleq A_3B_3$

62

m(Calcium)	m(Sauerstoff)	m(Calciumoxid)
4,01 g	1,60 g	5,61 g
2,00 g	0,79 g	2,79 g
1,60 g	0,64 g	2,24 g
3,50 g	1,40 g	4,90 g
6,20 g	2,47 g	8,67 g

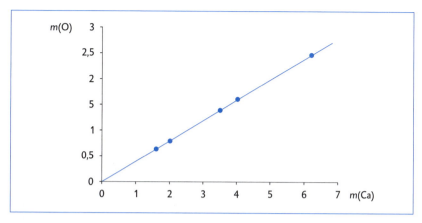

$$\frac{N(\text{Ca-Atome})}{N(\text{O-Atome})} = \frac{m(\text{Ca})}{m(\text{O})} \cdot \frac{m(\text{O-Atom})}{m(\text{Ca-Atom})} = \frac{4{,}01}{1{,}6} \cdot \frac{1}{2{,}5} = \frac{1}{1}$$

⇒ Calciumoxid hat die Verhältnisformel CaO.

63 Es können aus 5 g Zink und 5 g Sauerstoff nur dann 10 g Zinkoxid werden, wenn die Zink- und Sauerstoffatome dieselbe Masse hätten. Atome verschiedener Elemente unterscheiden sich aber in der Masse. Somit ist die Aussage und Begründung deines Mitschülers Unsinn.

64
- Ein Element: A
- Eine chemische Verbindung: B, D, F
- Ein Elementgemisch: C
- Ein Gemisch aus chemischen Verbindungen: E
- Moleküle, die aus Atomen zweier verschiedener Elemente bestehen: B, D, E
- Moleküle, die aus Atomen dreier verschiedener Elemente bestehen: F
- Es könnte sich um Wassermoleküle handeln: D
- Es könnte sich um Kohlenstoffmonoxidmoleküle handeln: B

65 Magnesiumoxid MgO   Eisensulfid FeS
   Dieisentrisulfid Fe_2S_3 Schwefelhexafluorid SF_6
   Bleitetraiodid PbI_4 Calciumdihydrid CaH_2
   Trinatriumphosphid Na_3P Quecksilberoxid HgO
   Wolframtrioxid WO_3

66

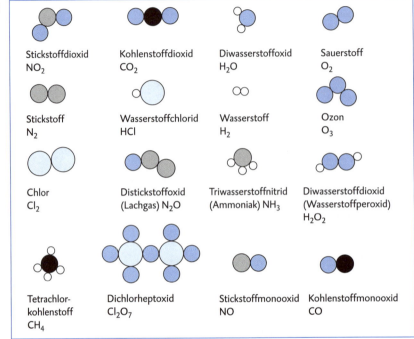

67

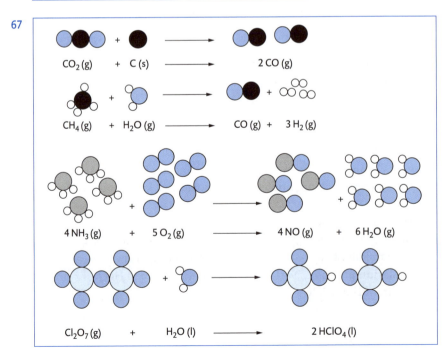

68 Es muss sich Sauerstoff im Restvolumen befinden, da aus V2 abzuleiten ist, dass Wasserstoff und Sauerstoff im Volumenverhältnis 2 : 1 vollständig reagieren. Somit reagieren bei den anderen Versuchen folgende Gasmengen:
V1: 10mL Wasserstoff mit 5mL Sauerstoff,
  Restvolumen 5mL Sauerstoff.
V3: 10 mL Wasserstoff mit 5 mL Sauerstoff,
  Restvolumen 15 mL Sauerstoff.
V1: 20 mL Wasserstoff mit 10 mL Sauerstoff,
  Restvolumen 10 mL Sauerstoff.
Satz von Avogandro: Gleiche Volumina verschiedener Gase enthalten bei gleichem Druck und gleicher Temperatur gleich viele Teilchen. Da Wasserstoff und Sauerstoff im Volumenverhältnis 2 : 1 vollständig reagieren, muss das Teilchenverhältnis auch 2 : 1 sein.

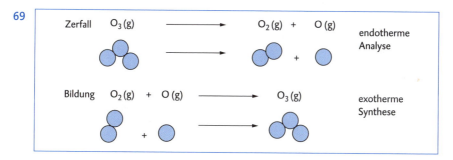

70
	Verhältnisformel	Molekülformel
Methanal	CH_2O	CH_2O
Ethanol	CH_2O	$C_2H_4O_2$
Glucose	CH_2O	$C_6H_{12}O_6$

Die Molekülformel beschreibt die tatsächliche Atomanzahl im Molekül, die Verhältnisformel nur das Atomzahlverhältnis. Für Moleküle muss man immer die Molekülformel verwenden.

214 / Lösungen

71

Name	Formel	Name	Formel	Name	Formel
Natrium-chlorid	NaCl	Kaliumfluorid	KF	Dichlor-heptoxid	Cl_2O_7
Dialuminium-trisulfid	Al_2S_3	Trimagnesium-dinitrid	Mg_3N_2	Dichlortrioxid	Cl_2O_3
Kupfer-dibromid	$CuBr_2$	Goldtrichlorid	$AuCl_3$	Disilbermono-sulfid	Ag_2S
Zinnoxid	SnO	Kohlenstoff-monooxid	CO	Uranhexa-flourid	UF_6
Bleidioxid	PbO_2	Schwefeldioxid	SO_2	Diwasserstoff-dioxid	H_2O_2
Triblei-tetraoxid	Pb_3O_4	Schwefel-trioxid	SO_3	Diwasserstoff-monooxid	H_2O

72

Wasser (l) $\longrightarrow$ Wasserstoff (g) + Sauerstoff (g)

$2\,H_2O\,(l) \longrightarrow 2\,H_2\,(g) + O_2\,(g)$ **Analyse**

Eisen (s) + Schwefel (s) $\longrightarrow$ Eisensulfid (s)

$Fe\,(s) + S\,(s) \longrightarrow FeS\,(s)$ **Synthese**

Wasser (g) + Magnesium (s) $\longrightarrow$ Wasserstoff (g) + Magnesiumoxid (s)

$H_2O\,(g) + Mg\,(s) \longrightarrow H_2\,(g) + MgO\,(s)$ **Umsetzung**

Magnesium (s) + Sauerstoff (g) $\longrightarrow$ Magnesiumoxid (s)

$2\,Mg\,(s) + O_2\,(g) \longrightarrow 2\,MgO\,(s)$ **Synthese**

Wasserstoffperoxid (aq) $\longrightarrow$ Wasser (l) + Sauerstoff (g)

$2\,H_2O_2\,(aq) \longrightarrow 2\,H_2O\,(g) + O_2\,(g)$ **Analyse**

Kohlenstoffmonooxid (g) + Sauerstoff (g) $\longrightarrow$ Kohlenstoffdioxid (g)

$2\,CO\,(g) + O_2\,(g) \longrightarrow 2\,CO_2\,(g)$ **Synthese**

73

III I	IV I	IV II	IV II	VI II	VI I	I II
BH_3	SiH_4	CO_2	SO_2	SO_3	SF_6	N_2O

IV II	V II	III I	VI II	I II	II I	VII II
NO_2	P_4O_{10}	PH_3	WO_3	K_2O	$CaCl_2$	Mn_2O_7

74 a KCl

 b CaS

 c Al_2S_3

 d $AlBr_3$

I	II	III	IV	VI	VII
Cl_2O	ClO	Cl_2O_3	ClO_2	ClO_3	Cl_2O_7
Dichlor-monooxid	Chlor-monooxid	Dichlor-trioxid	Chlordioxid	Chlortrioxid	Dichlor-heptoxid

76 a $\quad 5\,C\,(s) \;+\; 2\,SO_2\,(g) \longrightarrow CS_2\,(l) \;+\; 4\,CO\,(g)$

b $\quad 2\,NO\,(g) \;+\; 4\,HNO_3 \longrightarrow 3\,N_2O_4\,(g) \;+\; 2\,H_2O\,(l)$

c $\quad 4\,HCl\,(g) \;+\; O_2\,(g) \longrightarrow 2\,H_2O\,(l) \;+\; 2\,Cl_2\,(g)$

d $\quad 2\,Fe\,(s) \;+\; 3\,Br_2\,(l) \longrightarrow 2\,FeBr_3\,(s)$

e $\quad CuO\,(s) \;+\; H_2\,(g) \longrightarrow Cu\,(s) \;+\; H_2O\,(l)$

77 a Apparatur 2 entspricht der Realität, da Schwefel folgendermaßen mit Sauerstoff reagiert:

$$S\,(s) \;+\; O_2\,(g) \longrightarrow SO_2\,(g)$$

d. h. für jedes Molekül Sauerstoff, das verschwindet, entsteht ein Molekül Schwefeldioxid. Da gleiche Volumina verschiedener Gase bei gleichem Druck und gleicher Temperatur (Abkühlen!) gleich viele Teilchen enthalten, muss somit für jedes Volumteil Sauerstoff, das verschwindet, ein Volumteil Schwefeldioxid entstehen. Deshalb bleibt das Volumen in der Apparatur und damit die Form des Ballons gleich.

b Da es sich hier um eine geschlossene Apparatur handelt, somit keine Stoffe entweichen bzw. hinzukommen können, muss die Masse konstant bleiben. (Massenerhaltungsatz).

78 a In der Skizze ist der Streuversuch von Rutherford dargestellt. Eine sehr dünne Goldfolie wurde mit α-Teilchen beschossen.

b Nur die Pfeile, die direkt durch die Atomhülle gehen, geben Aufschluss über den Atombau. Die riesige Atomhülle enthält nur Elektronen. Die positiv geladenen α-Teilchen durchdringen diese riesige Atomhülle, ohne mit einem Elektron zusammenzustoßen. Weiter sind Pfeile zu sehen, die auf den Atomkern (kleiner schwarzer Punkt) prallen. Da positive Ladung mit positiver Ladung zusammenstößt, wird der α-Strahl zurückgeworfen.

Im Bild sind des Weiteren Pfeile zu erkennen, die hinter der Goldfolie leicht abgelenkt werden. Die α-Teilchen streifen den Rand des Atomkerns und werden deshalb nur leicht abgelenkt.

216 / Lösungen

79 a Atome eines Elements mit unterschiedlicher Nukleonenzahl werden als Isotope bezeichnet. Die Anzahl der Protonen ändert sich nicht, nur die Anzahl der Neutronen.

b Protonenzahl $p^+ = 8$
Neutronenzahl = Nukleonenzahl – Protonenzahl: $18 - 8 = 10 \Rightarrow n = 10$
Da das Atom ungeladen ist, ist die Zahl der Elektronen gleich der Zahl der Protonen. $\Rightarrow$ Anzahl der Elektronen = 8

c Bei Isotopen bleibt die Anzahl der Protonen gleich, nur die Anzahl der Neutronen ändert sich. Somit ändert sich nur die Nukleonenzahl.
Protonenzahl: 8, Nukleonenzahl z. B. 20 $\Rightarrow$ Anzahl der Neutronen ist nun 12.

d Protonenzahl = 8, Elektronenzahl = 11
Die Anzahl der Elektronen ist um 3 größer als die Anzahl der Protonen, da das Ion dreifach negativ geladen ist.

80

Atom/Ion	Anzahl der Protonen	Anzahl der Neutronen	Anzahl der Elektronen
S^{2-}	16	16	18
Al^{3+}	13	14	10
P	15	16	15

81 a Es handelt sich um das Element Sauerstoff. Die Nukleonenzahl beträgt 16, die Anzahl der Protonen 8, die Anzahl der Elektronen 8 und die Anzahl der Neutronen 8.

b Es handelt sich um das Element Chlor. Die Nukleonenzahl beträgt 35, die Anzahl der Protonen 17, die Anzahl der Elektronen 17 und die Anzahl der Neutronen 18.

c Es handelt sich um das Element Gallium. Die Nukleonenzahl beträgt 69, die Anzahl der Protonen 31, die Anzahl der Elektronen 31 und die Anzahl der Neutronen 38.

d Es handelt sich um das Element Gold. Die Nukleonenzahl beträgt 197, die Anzahl der Protonen 79, die Anzahl der Elektronen 79 und die Anzahl der Neutronen 118.

82 a $2\,Al + 3\,I_2 \longrightarrow 2\,AlI_3$

b $Al \longrightarrow Al^{3+} + 3\,e^-$

$I_2 + 2\,e^- \longrightarrow 2\,I^-$

Lösungen 217

83 ☒ Das Element hat 7 Protonen.

☒ Das Element hat 7 Elektronen.

☒ Die Kernladungszahl des Elements ist 7.

☐ die Nukleonenzahl des Elements ist 7.

☐ Das Element hat 12 Neutronen.

84 a Elektronenkonfiguration von N: $1^2\,2^5$

Elektronenkonfiguration von Mg: $1^2\,2^8\,3^2$

Elektronenkonfiguration von F: $1^2\,2^7$

b $N + 3\,e^- \longrightarrow N^{3-}$

$Mg \longrightarrow Mg^{2+} + 2\,e^-$

$F + e^- \longrightarrow F^-$

85 Um die Anzahl der Valenzelektronen angeben zu können, muss die Elektro-
nenkonfiguration des Elements angegeben werden. Die Elektronen, die sich
auf der höchstbesetzten Energiestufe befinden sind die Valenzelektronen.
Elektronenkonfiguration von Li: $1^2\,2^1$; Lithium hat 1 Valenzelektron.
Elektronenkonfiguration von S: $1^2\,2^8\,3^6$; Schwefel hat 6 Valenzelektronen.
Elektronenkonfiguration von B: $1^2\,2^3$; Bor hat 3 Valenzelektronen.

86 a Das Element hat 9 Protonen im Kern. Deshalb handelt es sich um Fluor.
Es besitzt 10 Elektronen; deshalb ist es einfach negativ geladen. Hier ist
das Fluorid-Ion F^- dargestellt.

b Das Element hat 11 Protonen im Kern. Deshalb handelt es sich um Natrium. Es besitzt 10 Elektronen; deshalb ist es einfach positiv geladen.
Hier ist das Natrium-Ion Na^+ dargestellt.

c Das Element hat 11 Protonen im Kern. Deshalb handelt es sich um Natrium. Es besitzt 11 Elektronen; deshalb ist es nicht geladen. Hier ist das
Natriumatom Na dargestellt.

87 a Da es sich bei den Kohlenstoffatomen um Isotope handelt, ist ihre Protonenzahl gleich; sie beträgt 6. Die Protonenzahl des Stickstoffatoms ist
7.

b $^{14}_{7}N + ^{1}_{0}n \longrightarrow ^{14}_{6}C + ^{1}_{1}p$

c Bei der Reaktion ist als Elementarteilchen ein Proton entstanden.

88

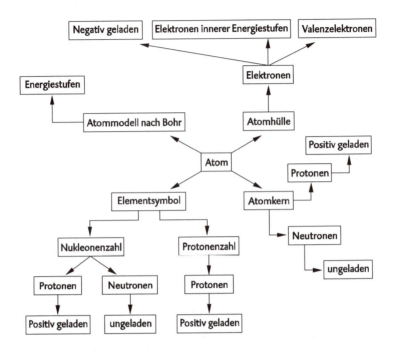

89	Atommodell	Bezeichnung des Modells	Inhalt des Modells	Schwierigkeiten
	Thomson	„Rosinenkuchenmodell"	Das Atom besitzt eine positiv geladene Grundmasse. In dieser Grundmasse sind die negativ geladenen Elektronen verteilt.	Das Ergebnis des Experiments von Rutherford kann nicht erklärt werden.
	Rutherford	Kern-Hülle-Modell	Das Atom besteht aus einem Atomkern mit positiv geladenen Protonen und ungeladenen Neutronen und einer Atomhülle mit negativ geladenen Elektronen. Die Elektronen umkreisen den Atomkern.	Die Atome wären nicht stabil. Die Elektronen müssten in den Atomkern stürzen.
	Bohr	Schalenmodell	Die Elektronen bewegen sich um den Atomkern auf definierten, stabilen Bahnen.	Experimente haben gezeigt, dass von Elektronen nicht gleichzeitig der Ort und der Impuls zu bestimmen ist.

90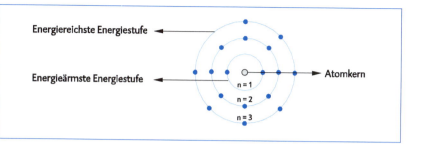

91 a K$^+$; O^{2-}

b Es existieren nur die Ionen, die bei Reaktionen durch Abgabe oder Aufnahme von Elektronen das Elektronendublett bzw. Elektronenoktett erreichen.
Neon ist ein Edelgas und hat das Elektronenoktett erreicht.
Magnesium besitzt 2 Valenzelektronen und erreicht das Elektronenoktett durch die Abgabe der zwei Elektronen. Es existieren nur Mg^{2+}-Ionen.
Phosphor besitzt 5 Valenzelektronen und erreicht das Elektronenoktett durch Aufnahme von 3 Elektronen. Es existieren P^{3-}-Ionen.
Stickstoff besitzt ebenfalls 5 Valenzelektronen und erreicht das Elektronenoktett durch Aufnahme von 3 Elektronen. Es existieren nur N^{3-}-Ionen.
Chlor besitzt 7 Valenzelektronen und erreicht das Elektronenoktett durch Aufnahme von einem Elektron. Es existieren nur Cl$^-$-Ionen.

92 Phosphor-Atom: In der ersten Energiestufe können sich maximal 2 Elektronen befinden. Phosphor müsste drei Energiestufen besitzen.
Erste Energiestufe: 2 Elektronen; zweite Energiestufe: 8 Elektronen; dritte Energiestufe: 5 Elektronen
Fluor-Atom: Energieärmere Energiestufen müssen zuerst voll besetzt sein, bevor eine energiereichere Energiestufe vollbesetzt werden kann (= Aufbauregel).
Erste Energiestufe: 2 Elektronen; zweite Energiestufe: 7 Elektronen
Silicium-Atom: Das Silicium-Atom hat 14 Protonen und damit 14 Elektronen in der Atomhülle. Im Bild sind 16 Elektronen dargestellt. Es handelt sich also bei der Abbildung um das Schwefel-Atom.

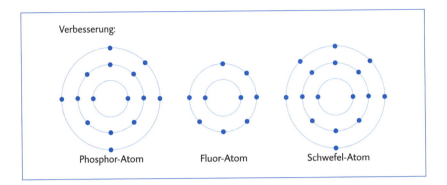

93 a Das Wasserstoffisotop (= Tritium) besitzt 1 Proton, 2 Neutronen und 1 Elektron.
b Das Eisenatom besitzt 25 Protonen, 31 Neutronen und 25 Elektronen.
c Das Fluorid-Ion besitzt 9 Protonen, 10 Neutronen und 10 Elektronen.
d Das Magnesium-Ion besitzt 12 Protonen, 12 Neutronen und 10 Elektronen.
e Das Lithium-Ion besitzt 3 Protonen, 4 Neutronen und 2 Elektronen.

94 $Li\bullet \quad \bullet \overset{\bullet}{Al}\bullet \quad |\overline{\underline{Cl}}\bullet \quad |\overline{\underline{O}}|^{2-} \quad |\overline{\underline{N}}|^{3-} \quad |\overline{\underline{Ne}}|$

95 Alle Elemente in der Gruppe der Halogene besitzen 7 Valenzelektronen.

96 Schwefel steht im Periodensystem in der **3.** Periode und in der **VI.** Hauptgruppe. Innerhalb dieser Hauptgruppe, die als **Sauerstoffgruppe** bezeichnet wird, nimmt der Atomradius von oben nach unten **zu**. Schwefel nimmt **zwei** Elektronen auf, um das **Elektronenoktett** zu erreichen. Die Elektronen**affinität** ist bei Schwefel **geringer** als bei Sauerstoff. Innerhalb dieser Periode nimmt aber die Elektronen**affinität** zu, d. h. die Aufnahme eines Elektrons ist bei einem Chloratom **leichter** möglich.

97 a Die Aufbauregel besagt, dass die Besetzung der Energiestufen mit Elektronen immer mit der energieärmsten Energiestufe beginnt. Ist diese Energiestufe vollbesetzt, wird erst die nächste Energiestufe besetzt.
b Unter der Edelgaskonfiguration versteht man, die Elektronenkonfiguration, bei der ein Atom auf der äußersten Energiestufe 8 Elektronen bzw. 2 Elektronen (Helium) besitzt.

c Die Ionisierungsenergie ist die Energie, die aufgebracht werden muss, um von einem Atom oder Ion ein Elektron vollständig abzutrennen.

d Die Elemente des Periodensystems werden eingeteilt in Metalle, Halbmetalle und Nichtmetalle.

98 a Fluor
   b Caesium
   c Wasserstoff
   d Helium
   e Iod
   f Aluminium-Ion

99 Im Periodensystem sind die Elemente nach steigender Kernladungszahl angeordnet. Elemente mit ähnlichen chemischen Eigenschaften sind in Gruppen zusammengefasst.

100 ☐ Li ◻ Si ▨ Br ◼ Mg ◻ Ne ☐ K
   ☐ Ar ☐ Cs ◼ Ca ☐ Kr ☐ C ◼ O
   ◻ Pb ▨ F ▨ I ◼ Te ◼ S ◼ Ba

Die Elemente, die gekennzeichnet wurden, gehören jeweils zur selben Hauptgruppe. Deshalb besitzen sie ähnliche Eigenschaften.

101 Beispiele für Metall-Atome: Lithium, Magnesium, Aluminium
Beispiele für Halbmetall-Atome: Bor, Silicium, Arsen
Beispiele für Nichtmetall-Atome: Kohlenstoff, Stickstoff, Sauerstoff

(Überprüfe deine Lösung mit dem Periodensystem auf der vorderen Umschlaginnenseite.)

102 Im Periodensystem sind die Elemente nach steigender Kernladungszahl angeordnet. Elemente mit ähnlichen chemischen Eigenschaften sind in Gruppen zusammengefasst.
a 1: z. B. Calcium, Strontium
   2: z. B. Fluor, Chlor
   3: z. B. Neon, Argon

b 1: Magnesium, Calcium und Strontium stehen in der II. Hauptgruppe des Periodensystems und gehören damit zur Gruppe der Erdalkalimetalle. Da die drei Elemente jeweils 2 Valenzelektronen besitzen, zeigen sie ähnliche chemische Eigenschaften.
2: Brom, Fluor und Chlor stehen in derselben Hauptgruppe des Periodensystems. Es ist die VII. Hauptgruppe, die Gruppe der Halogene. Da

die drei Elemente jeweils 7 Valenzelektronen besitzen, zeigen sie ähnliche chemische Eigenschaften.

3: Helium, Neon und Argon stehen in derselben Hauptgruppe des Periodensystems. Es ist die VIII. Hauptgruppe, die Gruppe der Edelgase. Da die drei Elemente jeweils 8 Valenzelektronen besitzen, zeigen sie ähnliche chemische Eigenschaften.

103 Das Natrium-Ion Na^+ hat 10 Elektronen, die auf der 1. und 2. Energiestufe verteilt sind. Das Natrium-Atom Na hat 11 Elektronen, die auf der 1., 2. und 3. Energiestufe verteilt sind. Dadurch ist der Atomradius größer als der Ionenradius.

104 Die Ionisierungsenergie nimmt von Lithium zum Neon hin zu, da die Anziehungskraft des Kerns auf die Valenzelektronen wächst. Dadurch benötigt man mehr Energie, um ein Valenzelektron zu entfernen.

105 a Lithium, Kohlenstoff, Sauerstoff und Fluor stehen in derselben Periode des Periodensystems. Es ist die 2. Periode. Die Valenzelektronen der vier Elemente sind auf derselben Energiestufe, der 2. Energiestufe, angeordnet.

b

Elementsymbol	F	O	C	Li
Elektronenaffinität [eV]	3,40	1,46	1,26	0,62

c Die Elektronenaffinität nimmt von Fluor zu Lithium hin ab, da die Anziehungskraft des Kerns auf die Valenzelektronen geringer wird. Dies erschwert die Aufnahme eines weiteren Elektrons.

106 a Das Element besitzt im Atomkern 35 Protonen und in der Atomhülle 35 Elektronen. Nach dem Bohr'schen Atommodell sind die Elektronen in der Atomhülle folgendermaßen verteilt: $1^2\,2^8\,3^{18}\,4^7$. Über die Anzahl der Neutronen lässt sich keine Aussage treffen, da die Nukleonenzahl des Elements unbekannt ist.

b Aufgrund der Elektronenkonfiguration des Elements lässt sich schließen, dass das Element in der VII. Hauptgruppe, da es sieben Valenzelektronen besitzt, und in der 4. Periode steht, da die 7 Valenzelektronen auf der 4. Energiestufe angeordnet sind.

107 **a** Die Ionisierungsenergie nimmt von der Abspaltung des ersten Elektrons bis zur Abspaltung des 20. Elektrons stetig zu. Ein sprunghafter Anstieg lässt sich jeweils zwischen der Abspaltung des 2. und 3., des 10. und 11., 18. und 19. Elektrons beobachten. Dieser sprunghafte Anstieg der Ionisierungsenergien wird immer etwas größer.

b Die Abspaltung des ersten Elektrons erfordert wenig Energie. Das Elektron ist auf der 4. Energiestufe angeordnet. Die Anziehung zum Atomkern ist gering. Die Abspaltung des zweiten Elektrons erfordert mehr Energie, obwohl die beiden Elektronen auf der 4. Energiestufe angeordnet sind, da das zweite Elektron gegen die Anziehung des positiv geladenen Ions abgespalten wird. In gleicher Weise nimmt bei der weiteren Abspaltung von Elektronen, die dieselbe Energiestufe besetzen, die Ionisierungsenergie zu. Die Ionisierungsenergie steigt generell, weil die Abspaltung der Elektronen, die auf den Energiestufen 3., 2. und 1. angeordnet sind, eine Anziehung des Atomkerns erfahren und daher mehr Energie notwendig ist, um diese Elektronen abzutrennen. Die sprunghaften Anstiege sind dadurch zu erklären, dass dort jeweils Elektronen einer neuen Energiestufe abgetrennt werden.

108 **a** $2\,Na + Cl_2 \longrightarrow 2\,NaCl$

$2\,Na + Br_2 \longrightarrow 2\,NaBr$

b Chlor und Brom nehmen bei dieser Reaktion jeweils ein Elektron auf, um das Elektronenoktett zu erreichen. Ein Maß dafür ist die Elektronenaffinität. Der Wert der Elektronenaffinität ist bei Chlor größer als bei Brom. Chlor und Brom gehören beide zur Hauptgruppe der Halogene. Chlor steht in dieser Hauptgruppe aber über dem Brom. Aufgrund der höheren Elektronenaffinität reagiert Chlor heftiger als Brom mit Natrium.

109 ☒ Chlor ist ein Nichtmetall.

☐ Chlor steht in der **VII.** Hauptgruppe, der Gruppe der Halogene.

☒ Chlor hat 17 Protonen im Atomkern.

☐ Chlor hat 18 Neutronen **im Atomkern**.

☒ Chlor hat 17 Elektronen in der Atomhülle.

☐ Chlor erreicht durch Elektronen**aufnahme** das Elektronenoktett.

☒ Chlor bildet Anionen, die sog. Chlorid-Ionen.

☐ Chlorid-Ionen sind **ein**fach negativ geladene Ionen.

☐ Chlor besitzt **7** Valenzelektronen.

☐ Valenzelektronen sind Elektronen, die sich auf **der höchsten** Energiestufen befinden.

☐ Chlor ist bei Raumtemperatur eine stechend riechendes gelbgrünes **Gas**.

☒ Chlor ist für den Menschen sehr giftig, da es bei zu hoher Konzentration in der Luft die Atemwege verätzen kann.

☒ Chlorgas bildet mit Wasser Salzsäure.

110 a $2\,Na + 2\,H_2O \longrightarrow 2\,NaOH + H_2$

b Lithium reagiert sehr langsam mit Wasser. Die Ionisierungsenergie ist kleiner als bei Natrium. Die Reaktion ist relativ unproblematisch. Kalium reagiert heftiger mit Wasser als Natrium. Kalium besitzt eine höhere Ionisierungsenergie. Die Reaktion verläuft sehr heftig.

111 a $F_2 + H_2 \longrightarrow \mathbf{2\,FH}$

b $\mathbf{2}\,Na + \mathbf{Br_2} \longrightarrow 2\,NaBr$

c $Ca + Cl_2 \longrightarrow \mathbf{CaCl_2}$

d $\mathbf{2}\,Al + \mathbf{6}\,H_2O \longrightarrow \mathbf{2}\,Al(OH)_3 + \mathbf{3}\,H_2$

112

		trifft zu	trifft nicht zu
a	Die Elementarteilchen, die den Atomkern bilden, heißen Nukleonen.	☒	☐
b	Nach dem Atommodell von Rutherford umkreisen die Elektronen im Atomkern die Protonen und Neutronen wie Planeten die Sonne.	☐	☒
c	Nach dem Atommodell von Bohr sind die Elektronen bestimmten Energiestufen zugeordnet.	☒	☐
d	Ein Anion hat mehr Protonen als Elektronen.	☐	☒
e	Ein Kation hat mehr Protonen als Elektronen.	☒	☐
f	Ein Kation ist ein negativ geladenes Atom.	☐	☒
g	Aus der römischen Ziffer der Hauptgruppe kann man auf die Anzahl der Valenzelektronen der Elemente schließen, die sich in dieser Hauptgruppe befinden.	☒	☐
h	Chlor ist ein Element der Sauerstoffgruppe.	☐	☒
i	Stickstoff, Sauerstoff, Neon, Brom und Natrium sind Nichtmetalle.	☐	☒

113 a Der Name des Elements ist Germanium. Es hat die Nukleonenzahl 74 und steht in derselben Hauptgruppe wie das Silicium. Hinweis:

Eigenschaften des Germaniums	Werte
Nukleonenzahl	74
Farbe	grauweiß
Dichte	$4,228 \ g/cm^3$
Siedetemperatur	$2\,830\,°C$

b Gemeinsamkeiten: Sie gehören zur gleichen Hauptgruppe und besitzen die gleiche Anzahl an Valenzelektronen. Beide Elemente sind Halbmetalle.
Unterschiede: Silicium hat 4 Valenzelektronen auf der 3. Energiestufe, Germanium hat 4 Valenzelektronen auf der 4. Energiestufe. Beide Elemente unterscheiden sich in der Anzahl der Protonen, Neutronen und Elektronen. Silicium besitzt einen kleineren Atomradius, eine höhere Ionisierungsenergie und einen höheren Wert für die Elektronenaffinität als Germanium.

114

	Na^+	Al^{3+}	Br^-	Ca^{2+}	Cs^+	Mg^{2+}
Cl^-	NaCl	$AlCl_3$	–	$CaCl_2$	CsCl	$MgCl_2$
O^{2-}	Na_2O	Al_2O_3	–	CaO	Cs_2O	MgO
N^{3-}	Na_3N	AlN	–	Ca_3N_2	Cs_3N	Mg_3N_2
K^+	–	–	KBr	–	–	–
S^{2-}	Na_2S	Al_2S_3	–	CaS	Cs_2S	MgS
F^-	NaF	AlF_3	–	CaF_2	CsF	MgF_2

Salze bestehen immer aus Kationen und Anionen in einem bestimmten Zahlenverhältnis (Verhältnisformel), sodass die Summe der positiven und negativen Elementarladungen Null ergibt. Weder Kationen noch Anionen bilden mit sich selbst Salze, weshalb diese Felder leer bleiben müssen.

115 a K^+ und S^{2-}: K_2S

b Mg^{2+} und Br^-: $MgBr_2$

Erläuterung: Durch Abgabe und Aufnahme von Elektronen erreichen die Atome eine gefüllte Außenschale (Oktettregel), wobei sich die Kernladung nicht verändert.

226 / Lösungen

116 Zwischen den Ionen im Ionengitter herrschen sehr starke elektrostatische Anziehungskräfte. Diese verhindern, dass Ionen in die Luft entweichen und damit unsere Nase erreichen könnten.

117 a $Br < Br^-$: Ein Brom-Atom ist kleiner als ein Bromid-Ion.

b $K > K^+$: Ein Kalium-Atom ist größer als ein Kalium-Ion.

c $Fe^{2+} > Fe^{3+}$: Ein Eisen(II)-Ion ist größer als ein Eisen(III)-Ion.

d $Na^+ > Mg^{2+}$: Ein Natrium-Ion ist größer als ein Magnesium-Ion.

e $O^{2-} > F^-$: Das Oxid-Ion ist größer als das Fluorid-Ion

zu a: Die Anziehungskräfte Kern/Hülle sind beim Brom-Atom größer, da bei gleicher Protonenzahl im Kern nur 7 statt 8 Valenzelektronen wie beim Bromid-Ion angezogen werden.

zu b: Durch das fehlende Valenzelektron wirken beim Kalium-Ion die Kernanziehungskräfte nur noch auf die Elektronen der M-Schale ein, die L-Schale ist nicht mehr besetzt.

118 Ionenverbindungen sind Metall-Nichtmetallverbindungen. Da Na und Ca typische Metalle, O, F und Cl typische Nichtmetalle sind, kann man Paare kombinieren. (Beachte, dass Si ein Halbmetall ist.)

Na/O : Na^+ und O^{2-} Ca/O : Ca^{2+} und O^{2-}

Na/F : Na^+ und F^- Ca/F : Ca^{2+} und F^-

Na/Cl : Na^+ und Cl^- Ca/Cl : Ca^{2+} und Cl^-

119 Im Ionengitter von NaF herrschen stärkere elektrostatische Anziehungskräfte. Da beide Verbindungen gleiche Na^+-Ionen enthalten, kann der Unterschied nur mit den im Vergleich zu Cl^--Ionen kleineren F^--Ionen begründet werden. Die entgegengesetzt geladenen Ionen liegen im NaF näher zusammen, also ziehen sie sich stärker an.

120 Ein Stein ist spröde, weil er häufig aus einem Salz oder einem Gemisch verschiedener Ionenverbindungen besteht.
Werden mechanische Kräfte ausgeübt, so kommen an vielen Stellen des Ionengitters gleich geladene Ionen nebeneinander zu liegen. Die starken Abstoßungskräfte bewirken den Zerfall.

Lösungen 227

121 a Ca^{2+} und Br$^-$ liegen im Zahlenverhältnis 1 : 2 vor. Die Kurzform lautet: Ca^{2+} + 2 Br$^-$

Erläuterung: Jedes Calcium-Atom hat bei der Bildung der Verbindung seine zwei Valenzelektronen abgegeben, jedes Brom-Atom im Brom-Molekül hat ein Elektron aufgenommen, um eine energetisch günstige, gefüllte Außenschale zu erreichen (Oktettregel). Da in der Ionenverbindung elektrische Neutralität herrscht, liegt das Zahlenverhältnis 1 : 2 vor (Formel CaBr$_2$).

b Al^{3+} und S^{2-} im Zahlenverhältnis 2 : 3 (Kurzform: 2 Al^{3+} + 3 S^{2-})

c K$^+$ und O^{2-} im Zahlenverhältnis 2 : 1 (Kurzform: 2 K$^+$ + O^{2-})

d Na$^+$ und F$^-$ im Zahlenverhältnis 1 : 1 (Kurzform: Na$^+$ + F$^-$)

e Fe^{3+} und Cl$^-$ im Zahlenverhältnis 1 : 3 (Kurzform: Fe^{3+} + 3 Cl$^-$)

f Co^{2+} und I$^-$ im Zahlenverhältnis 1 : 2 (Kurzform: Co^{2+} + 2 I$^-$)

(Die Erläuterungen zu b bis f sind analog zu a.)

122 a NaCl liegt im Meerwasser gelöst vor, d. h. in jedem Liter befinden sich viele einzelne Na$^+$- und Cl$^-$-Ionen. Meerwasser erhält durchschnittlich 30 g NaCl in 1 Liter gelöst.

b In Salzlagerstätten liegt NaCl als Feststoff vor, d. h. die Na$^+$- und Cl$^-$-Ionen liegen dicht gepackt in einem Ionengitter (meist mit vielen Fehlstellen und anderen Ionen eingelagert).

123 1: Festes Kaliummetall befindet sich im Reagenzglas.

2: Durch das Erhitzen schmilzt und verdampft das Kalium.

3: Brommoleküle werden eingespritzt.

4: Die Brommoleküle spalten sich, die Bromatome beginnen, mit den Natriumatomen zu reagieren.

5: Kaliumatome bilden Kationen unter Valenzelektronenabgabe, die Bromatome nehmen diese unter Anionenbildung auf.

6: Fast alle Teilchen liegen als Ionen vor.

7: Aufgrund der elektrostat. WW bilden Ionen ein Ionengitter.

8: Kaliumbromid liegt als Ionengitter vor.

124 Cu$_2$S + O$_2$ $\longrightarrow$ 2 Cu + SO$_2$

Erklärung: Zuerst schreibst du die Formeln der Ausgangs- und Endstoffe an, die du aus dem Text abgeleitet hast (Cu$_2$S, O$_2$ und Cu). Das zweite Produkt muss ein Schwefeloxid sein (SO$_2$ oder SO$_3$). Schließlich muss die Gleichung durch geeignete Koeffizienten richtig gestellt werden (2 Cu).

228 / Lösungen

125 Bildung von Magnesiumoxid durch Reaktion von Magnesium mit dem Sauerstoff der Luft:

$$Mg \longrightarrow Mg^{2+} + 2\,e^- \qquad | \cdot 2$$
$$O_2 + 4\,e^- \longrightarrow 2\,O^{2-}$$

$$\underline{2\,Mg + O_2 + 4\,e^- \longrightarrow \underbrace{2\,Mg^{2+} + 2\,O^{2-}}_{2\,MgO} + 4\,e^-}$$

Da Elektronen vollständig vom Magnesium zum Sauerstoff übertragen werden, erscheinen sie in der Gesamtgleichung nicht mehr:

$$2\,Mg + O_2 \longrightarrow 2\,MgO$$

Bildung von Magnesiumnitrid durch Reaktion von Magnesium mit dem Stickstoff der Luft:

$$Mg \longrightarrow Mg^{2+} + 2\,e^- \qquad | \cdot 3$$
$$N_2 + 6\,e^- \longrightarrow 2\,N^{3-}$$

$$\underline{3\,Mg + N_2 + 6\,e^- \longrightarrow \underbrace{3\,Mg^{2+} + 2\,N^{3-}}_{Mg_3N_2} + 6\,e^-}$$

$$3\,Mg + N_2 \longrightarrow Mg_3N_2$$

126

	Mögliche Ionenarten und ihr Verhältnis			Verhältnisformel
Natrium-bromid				NaBr
Aluminium-oxid	$2\,Al^{3+} + 3\,O^{2-}$			Al_2O_3
Eisen(III)-bromid		$Fe^{3+} + 6\,Br^-$		$FeBr_3$
Kalium-sulfid			$2\,K^+ + S^{2-}$	K_2S
Magnesium-fluorid		$Mg^{2+} + 2\,F^-$		MgF_2
Calcium-oxid			$Ca^{2+} + O^{2-}$	CaO

NaBr mit Na^+ und Cl^- im Verhältnis 1 : 1.

Erläuterung: Aufgrund der Ionenwertigkeit (Oktettregel) treten die Natrium- und Bromid-Ionen im Verhältnis 1 : 1 zusammen, sodass sich die (Verhältnis-)Formel NaBr ergibt. Die weiteren Salze ergeben sich analog.

127 **a** Das Kation A muss mindestens zweifach positiv geladen sein, da dann wegen des Zahlenverhältnisses $A : B = 1 : 2$ das Anion einfach negativ geladen ist. Eine kleinere Elementarladung gibt es nicht. Also gilt für die Ionen: A^{2+} und B^-. Ebenso denkbar sind Vielfache der Ladungen, z. B. A^{4+} und B^{2-} oder A^{6+} und B^{3-}. Sie ergeben die Verhältnisformel AB_2.

b Hat A die Koordinationszahl 8, so muss B die Koordinationszahl 4 haben, weil nur halb so viele Kationen A wie Anionen B im Salz vorhanden sind.

128 „Beim Schmelzen von Natriumchlorid werden die Ionen beweglich, sodass elektrische Leitfähigkeit auftritt, während der Feststoff trotz des Ionengitters ein Nichtleiter ist."
Hinweis: Damit in einem Stoff elektrische Leitfähigkeit auftritt, müssen bewegliche Ladungsträger vorhanden sein.

129 Salz 1: KI   Salz 2: NaCl   Salz 3: Al_2O_3 Salz4: MgO

130 In Glas 1 entsteht eine klare Lösung und die Leitfähigkeit ist hoch. In Glas 2 bleibt eine Trübung (ungelöster Feststoff), die Leitfähigkeit ist nur gering.
Begründung: Beim wasserlöslichen Salz wurde das Ionengitter vollständig zerstört. Sehr viele bewegliche Kationen und Anionen befinden sich als Ladungsträger in der Lösung. Beim schwer wasserlöslichem Salz bleibt das Ionengitter in vielen Feststoffpartikeln erhalten, weshalb in der Lösung nur wenige frei gesetzte Kationen und Anionen vorhanden sind.

131	Kathode	2
	Anode	3
	Elektrolyse einer Natriumchloridlösung	6
	Elektrolyse einer Kaliumchloridlösung	
	Elektrolyse einer Kupferchloridlösung	
	Bromidionen	
	Natriumionen	1
	Pluspol	4
	Minuspol	5
	Salzschmelze	
	Wässrige Salzlösung	7

230 / Lösungen

132 a $CuBr_2$ (aq)

Cu^{2+} (aq) $+$ $2\,e^-$ $\longrightarrow$ Cu (s)

$2\,Br^-$ (aq) $\longrightarrow$ Br_2 $+$ $2\,e^-$

b Al_2O_3 (l)

Al^{3+} (l) $+$ $3\,e^-$ $\longrightarrow$ Al (l)

$2\,O^{2-}$ (l) $\longrightarrow$ O_2 (g) $+$ $4\,e^-$

(eigentlich: $2\,O^{2-}$ (l) $+$ C (s) $\longrightarrow$ CO_2 (g) $+$ $4\,e^-$

133 Um bei Raumtemperatur als Flüssigkeit vorzuliegen, müssen die elektrostatischen Anziehungskräfte zwischen den Ionen geschwächt werden. Da die Elementarladungen Naturkonstanten und nur bis zu jeweils einwertigen Kationen und Anionen verringerbar sind (geringere Anziehungskraft durch niedrig geladene Ionen), kann eine Verringerung der Anziehungskräfte nur über den *Abstand* zwischen den Ionen erreicht werden. Die verwendeten Ionen sollten also möglichst groß sein.

Hinweis: Die benötigte Größe erreicht man nicht bei den bekannten einfachen Ionen, sondern nur mit komplex gebauten, organischen Ionen.

134 a

$Mg \longrightarrow Mg^{2+} + e^- \quad | \cdot 1$

$Br_2 + 2\,e^- \longrightarrow 2\,Br^- \quad | \cdot 1$

Ionengleichung: $Mg + Br_2 \longrightarrow Mg^{2+} + 2\,Br^-$

Summengleichung: $Mg + Br_2 \longrightarrow MgBr_2$

$K \longrightarrow K^+ + e^- \quad | \cdot 2$

$S + 2\,e^- \longrightarrow S^{2-} \quad | \cdot 1$

Ionengleichung: $2\,K + S \longrightarrow 2\,K^+ + S^{2-}$

Summengleichung: $2\,K + S \longrightarrow K_2S$

135 Aussagen zu Salzen Teil 1: nur a, c und d sind richtig.

Aussagen zu Salzen Teil 2: nur a, c, d und e sind richtig.

Aussagen zu Salzen Teil 3: nur b, c und d sind richtig.

Aussagen zu Salzen Teil 4: nur a, b und d sind richtig.

136 a

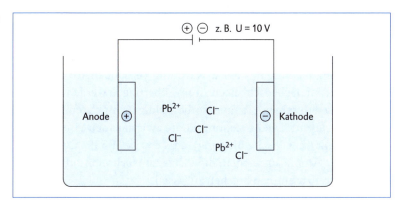

b **Kathode:** Pb^{2+} + 2 e$^-$ $\longrightarrow$ Pb
[An der Kathode werden Pb^{2+}-Ionen durch Elektronenaufnahme entladen.]

Anode: 2 Cl$^-$ $\longrightarrow$ Cl$_2$ + 2 e$^-$
[An der Anode werden Cl$^-$-Ionen durch Elektronenabgabe entladen.]

137 3 NiO + 2 Al $\longrightarrow$ 3 Ni + Al$_2$O$_3$

Erläuterung: Alle aus der Angabe erschließbaren Formeln werden angeschrieben (Ausgangsstoffe: NiO + Al; Endstoff: Ni); als zweiter Endstoff muss Aluminiumoxid vorliegen (Formel: Al$_2$O$_3$). Die Gleichung stellt man durch Finden passender Koeffizienten richtig.

138 a, c und e sind richtig.

139 Die Bereiche mit ungestörtem Metallgitter, die sog. Kristallite, werden vergrößert. Durch das wiederholte Erhitzen und Schmieden können sich die Metallatome optimal anordnen. Angestrebt, aber nie erreicht, wurde der Einkristall.

232 / Lösungen

140 a Eisen ist als Metall ein guter Wärmeleiter, d. h. die Wärme der Koch-platte wird über den Boden gut ins Innere übertragen.
Erklärung: Die Eisen-Atome liegen im Metallgitter so dicht zusam-men, dass die mit der Erwärmung verbundenen Schwingungen sehr gut auf die benachbarten Atome übertragen werden können.

b Eisen ist sehr gut temperaturbeständig (Schmelztemperatur 1 539 °C),
Erklärung: Die Anziehungskräfte zwischen den Eisen-Atomen sind so stark (metallische Bindung), dass erst bei 1 539 °C die Schwingungen der Atome ausreichen, die Plätze zu wechseln und damit das Metall-gitter zusammen brechen zu lassen.

c Eisen wird in sehr großen Mengen produziert.

d Eisen ist kostengünstig.

(e Eisen kann gut verarbeitet werden, Verformbarkeit.)

141 Durch das Erhitzen geraten die Eisen-Atome im Metallgitter in stärkere Schwingungen, sodass ein leichteres Verschieben der Ebenen („Gleit-ebenen") erreicht wird. Nach der Verschiebung besitzt das Metallgitter eine neue stabile Ordnung.

142

Atomart	Atomradius [nm]	Schmelztemperatur [°C]
Natrium	0,43	98
Kalium	0,55	63
Calcium	0,53	851

Das Natrium-Atom ist kleiner als das Kalium-Atom, weil das Valenzelek-tron auf der kernnäheren L-Schale sitzt (Kalium: M-Schale). Das Calcium-Atom ist etwas kleiner als das Kalium-Atom, da die Elektronen auf der M-Schale von dem höher geladenen Atomkern stärker angezogen wer-den. (K: Ein Valenzelektron auf der M-Schale und 19 Protonen im Kern; Ca: Zwei Valenzelektronen auf der M-Schale und 20 Protonen im Kern). Die Natrium-Atome sind näher zusammen (kleinerer Radius) als die Ka-lium-Atome bei jeweils einem Valenzelektron; also ist im Natrium die metallische Bindung stärker. Die Calcium-Atome besitzen zwei Valenz-elektronen bei mit Kalium-Atomen vergleichbarem Radius; die doppelt so zahlreichen Elektronen im „Elektronengas" verstärken die metalli-schen Bindungen im Gitter.

143 Kupfer besitzt als Metall eine sehr gute elektrische Leitfähigkeit (bewegliche Elektronen als „Elektronengas" im Metallgitter), Kunststoff verhindert als Nichtleiter (keine beweglichen Ladungsträger) Stromverluste und Kurzschlüsse und schützt den Menschen (keine Verwendung beschädigter Kabel).

144 Stoff ?1 ist Aluminiumoxid, es wird als Schlacke entfernt.
Stoff ?2 ist Eisen, es fließt als Flüssigkeit in die Lücke zwischen zwei Schienen und verbindet diese beim Erkalten.
Reaktionsgleichung:

$Fe_2O_3(s) + 2 Al(s) \longrightarrow 2 Fe(l) + Al_2O_3(s)$

145 Notwendige Annahme: die Atome sind „runde Kugeln" und liegen direkt über- und nebeneinander.

Anzahl der Gitterebenen $X = \dfrac{d}{2r}$

$= \dfrac{5000\,\text{nm}}{2 \cdot 0{,}144\,\text{nm}}$

$= \dfrac{5000\,\text{nm}}{0{,}288\,\text{nm}}$

$\approx \underline{\underline{22000}}$

Die Berechung ist ungenau (die tatsächliche Anzahl ist größer), weil die Gitterebenen im Metallgitter versetzt zueinander jeweils in den Mulden der benachbarten Ebenen liegen (dichteste Kugelpackungen), also:

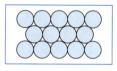

146 Eisen hat eine wesentlich bessere Wärmeleitfähigkeit als Holz, sodass mehr Körperwärme an das Eisen abgegeben wird. Temperatursinneszellen der Haut registrieren diese Wärmeabgabe als Temperaturabnahme.

234 / Lösungen

147 Man findet Gold als **reaktionsträges Edelmetall elementar** („gedie-gen") in der Natur. Als Waschgold (= Seifengold) kommt es gemeinsam mit Gesteinen in Flusssanden vor. Durch die **hohe Dichte** (19,32 g/cm^3) kann man Goldpartikel verschiedener Größe durch „**Schlämmen**" leicht von Begleitgesteinen trennen (Dichten 2−4 g/cm^3).

Hinweis: Ein anderes Verfahren, das mit großen Gesundheitsgefahren verbunden ist, verwendet flüssiges Quecksilber, das mit Gold die Legie-rung **Goldamalgam** bildet. Nach der Trennung vom Gestein erhitzt man das Goldamalgam, wobei Quecksilber verdampft (giftig) und Gold zurück bleibt.

148 a, c, d und e sind richtig.

149 a Wasserstoff besitzt eine sehr geringe Dichte, sodass er in der Luft schnell nach oben steigt und im Ballon einen starken Auftrieb erzeugt. Wasserstoff diffundiert aber sehr leicht durch viele Oberflächen, so-dass er entweicht und ist brennbar, sodass keinerlei Zündquellen in der Nähe sein dürfen.

b Helium (das Gas ist ebenfalls leichter als Luft aber sehr reaktionsträge und nicht brennbar).

c $m(H_2)$ = 600 000 dm^3 · 0,09 g/dm^3
= 54 000 g = 54 kg

150 Atome mit einer größeren Zahl Valenzelektronen erreichen die energe-tisch günstige, gefüllte Außenschale mit acht Elektronen (Oktettregel) da-durch, dass sie sich eine bestimmte Zahl Valenzelektronen mit anderen Atomen teilen. Sie bilden eine bestimmte Anzahl gemeinsamer (binden-der) Elektronenpaare aus, so dass alle Atome des Moleküls in ihrer Umge-bung ein Oktett besitzen (Ausnahme Wasserstoffmolekül H_2 mit Dup-lett). Es liegt dann der energetisch günstigste Zustand vor.

151

Name des Stoffes	Element oder Verbindung	Formel	Teilchenart	Valenzstrichforme l bei Molekülen
Natriumchlorid	Verbindung	NaCl	Ionen Na$^+$/Cl$^-$	−
Ammoniak	Verbindung	NH$_3$	Molekül	$\overline{N}$ H—H H

Calciumbromid	Verbindung	$CaBr_2$	Ionen $Ca^{2+}/2\,Br^-$	–
Sauerstoff	Element	O_2	Molekül	$\langle O = O \rangle$
Neon	Element	Ne	Atome	–
Magnesium	Element	Mg	Atome (Metallgitter)	–
Schwefeldioxid	Verbindung	SO_2	Moleküle	$\langle O \diagdown \overline{S} = O|$
Wasserstoff	Element	H_2	Moleküle	H——H
Wasser	Verbindung	H_2O	Moleküle	O / \ H H
Methan	Verbindung	CH_4	Moleküle	H | H——C——H | H
Kohlenstoff	Element	C	Atome (Atomgitter)	–
Eisen	Element	Fe	Atome (Metallgitter)	–
Aluminiumfluorid	Verbindung	AlF_3	Ionen $Al^{3+}/3\,F^-$	–
Kaliumsulfid	Verbindung	K_2S	Ionen $2\,K^+/S^{2-}$	–
Chlor	Element	Cl_2	Moleküle	$|\overline{Cl}$——$\overline{Cl}|$
Dichloroxid	Verbindung	Cl_2O	Moleküle	O / \ Cl Cl

152 Atome von Nichtmetallen besitzen **viele Valenzelektronen** (≥ 4). Um energetisch günstige Teilchen zu bilden (**Oktettregel, Achterschale**) findet sich eine bestimmte Anzahl von Atomen zu neuen Teilchen, den Molekülen, zusammen. Weil Nichtmetall-Elemente und Nichtmetall-Nichtmetall-Verbindungen deshalb häufig aus Molekülen aufgebaut sind, gehören sie zu den molekularen Stoffen.

153

$$
\begin{array}{ccccc}
\overset{\displaystyle \diagdown\,\overline{S}\,\diagup}{\underset{H\qquad H}{}} & \overset{\displaystyle \overline{P}}{\underset{H\;\;|\;\;H}{\diagup\,|\,\diagdown}} & |N\!\equiv\!N| & |\overline{\underline{F}}\!-\!\overline{\underline{F}}| & H\!-\!\overline{\underline{F}}|
\end{array}
$$

Alle Atome besitzen in den Molekülen ein Oktett, Wasserstoffatome können nur ein Duplett ausbilden.

154 Kaliumchlorid: 1 407 °C
Magnesium: 1 120 °C
Hydrogenfluorid: 20 °C

Erläuterung: **Kaliumchlorid** ist ein Salz. Zwischen den **Ionen** dieses Salzes wirken im Ionengitter **sehr starke elektrostatische Anziehungskräfte**. Im Metall **Magnesium** wirken zwischen den **Atomen** im Metallgitter (dichteste Kugelpackung) ziemlich **starke metallische Bindungen**. Zwischen den **Molekülen** des **Hydrogenfluorids** wirken nur **schwache zwischenmolekulare Anziehungskräfte** (Van-der-Waals-Kräfte)

155 a

1   2

b Ein Reinstoff besteht immer nur aus **einer** bestimmten Teilchensorte. Hier ist es das Teilchen mit der Valenzstrichformel 2.

Lösungen **▸** 237

156 NaCl; **CH₄**; **CHCl₃**; MgO; **NO₂**; **C₃H₈**; AlBr₃; **HBr**

Bei den blau gedruckten Summenformeln handelt es sich immer um **Nichtmetall-Nichtmetall-Verbindungen**, die aus Molekülen aufgebaut sind.

157

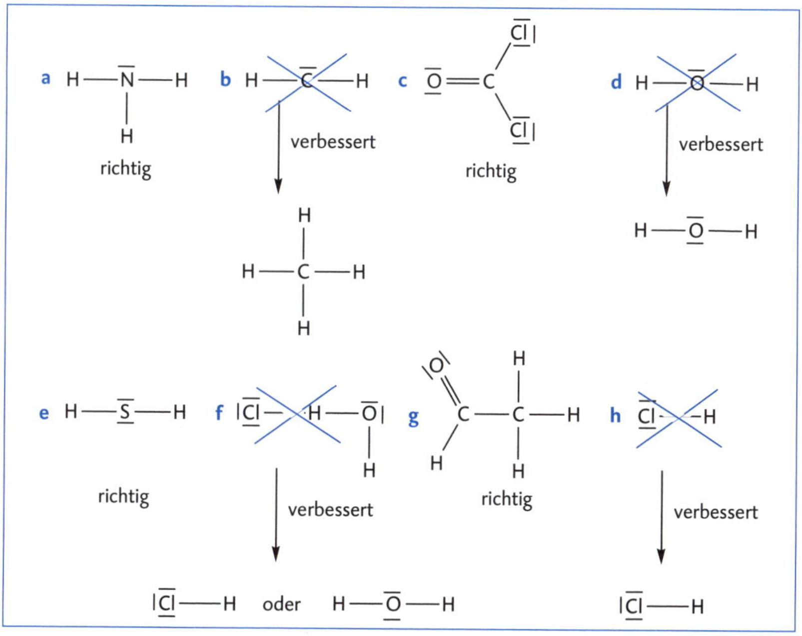

158 **a** Die Bindungsenergie ist im Sauerstoffmolekül ca. doppelt so groß wie im Chlormolekül, aber nur halb so groß wie im Stickstoffmolekül.

b Zwischen 2 Chloratomen liegt im Chlormolekül eine Einfachbindung vor, im Sauerstoffmolekül eine Doppel- und im Stickstoffmolekül eine Dreifachbindung.

159 b und d sind richtig.

160 Alle sind richtig.

238 / Lösungen

161	Atombindung	Ionenbindung	Metallbindung
	Wasser		
			Messing
		Kupferoxid	
			Kupfer
	Schwefeldioxid		
		Aluminiumnitrid	
		Titandioxid	
	Wasserstoffperoxid		
			Quecksilber
		Goldchlorid	
	Dichlorpentoxid		
	Chlorwasserstoff		
	Dihydrogenmonoxid		
			Uran

162 Entweder Lithium- oder Strontiumsalze, z.B. LiCl oder $SrCl_2$, die eine rote Flammenfärbung ergeben.

163 Natriumsalze bzw. das Natriumoxid Na_2O

164 1b, 2a, 3c, 4d

165 $C_6H_{12}O_6 + 6\,O_2\,(g) \longrightarrow 6\,H_2O + 6\,CO_2\,(g)$

Nachweis von CO_2 mit der Kalkwasserprobe (Skizze siehe nächste Seite): Man lässt die Bohnen in einem Trichter keimen. Der Trichter steht in einem Becherglas und taucht in Kalkwasser ein. Während der Zellatmung kommt es zur Bildung von CO_2, das im Trichter in das Kalkwasser gelangt. Dort fällt dann Calciumcarbonat (Kalk) aus, wodurch die Bildung von Kohlenstoffdioxid nachgewiesen werden kann.

$CO_2 + Ca(OH)_2\,(aq) \longrightarrow CaCO_3\,(s) + H_2O$

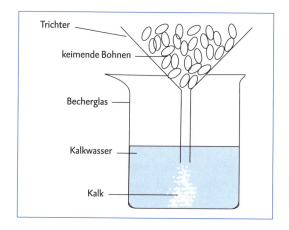

166
- ☐ BaSO$_4$ bildet eine rote Lösung.
- ☐ BaSO$_4$ bildet einen roten Niederschlag.
- ☒ BaSO$_4$ ist ein weißer Feststoff.
- ☒ BaSO$_4$ ist schwerlöslich.
- ☒ Barium-Ionen kann man als Bariumsulfat nachweisen.
- ☐ Sprüht man eine Bariumsalzlösung in die rauschende Brennerflamme, färbt sich diese rot.

167
1. Prüfen der Flammenfärbung: Nur Bariumnitrat zeigt eine charakteristische grüne Flammenfärbung.
2. Beträufeln je einer Stoffprobe mit Salzsäure. Nur bei Magnesiumcarbonat zeigt sich eine Gasentwicklung (CO$_2$).
   MgCO$_3$ (s) + 2 HCl (aq) $\longrightarrow$ MgCl$_2$ + CO$_2$ (g) + H$_2$O
3. Zugabe einer Silbernitratlösung zu den wässrigen Stofflösungen: Nur bei der Bleichloridlösung fällt ein weißer Stoff (Silberchlorid) aus.
   Ag$^+$ (aq) + Cl$^-$ (aq) $\longrightarrow$ AgCl (s)
4. Erhitzen je einer Stoffprobe mit Natronlauge: Mit Ammoniumsulfat sollte Ammoniak entstehen, mit feuchtem Indikatorpapier im Gasraum lässt sich eine basische Reaktion nachweisen.
   (NH$_4$)$_2$SO$_4$ (aq) + 2 NaOH (aq) $\longrightarrow$ 2 NH$_3$ (g) + 2 Na$^+$ (aq) + SO$_4^{2-}$ (aq)
   Alternative: Durch Zugabe einer Bariumsalzlösung lässt sich die Ammoniumsulfatlösung aufgrund des weißen Bariumsulfatniederschlags nachweisen.
   (NH$_4$)$_2$SO$_4$ (aq) + Pb^{2+} (aq) $\longrightarrow$ 2 NH$_4^+$ (aq) + PbSO$_4$ (s)

168 ☒ Kupfersulfid und Silbersulfid sind schwerlöslich.
☒ AgNO$_3$ ist sehr gut löslich.
☐ Kupfersulfid bildet eine blaue Lösung.
☒ Kupfersulfat bildet eine blaue Lösung.
☐ Schwermetallsulfide sind leicht löslich.
☒ Ag$_2$S und CuS sind schwerlöslich.

169 Leitungswasser kann in geringem Maße Chlorid-Ionen enthalten, diese können mit Silberionen zu Silberchlorid reagieren. Die Lösung würde sich eintrüben.

170 Man fängt das ausströmende Gas, indem man ein Reagenzglas über die Ausströmöffnung hält. Dann führt man eine Knallgasprobe durch. Ergibt die Knallgasprobe, dass sich noch Luft in der Apparatur befindet, muss man die Probe so lange wiederholen, bis sie reinen Wasserstoff anzeigt. Erst dann darf die Apparatur erhitzt werden.

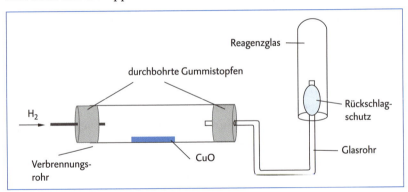

171 Positive Blindprobe:
Die nachzuweisende Substanz wird dem Analysegemisch zugesetzt. Deshalb muss die Nachweisreaktion eintreten. Tritt in diesem Fall die Nachweisreaktion (z. B. eine Farbreaktion oder das Auftreten eines Niederschlages) nicht ein, so ist der Test unzuverlässig. Ein Grund könnte sein, dass das Testreagenz überaltet ist, eine anderer, dass sich im Analysegemisch Stoffe befinden, die diese Nachweisreaktion beeinflussen.

Negative Blindprobe:
Man führt mit den Reagenzien einen Nachweis durch, ohne dass die zu untersuchende Substanz vorhanden ist, z. B. mit destilliertem Wasser. In

diesem Fall muss die Reaktion negativ sein, da ja die entsprechende Substanz nicht enthalten ist. Findet die Nachweisreaktion jedoch statt, so ist das Reagenz unbrauchbar oder verunreinigt.

172 a) Silber-Ionen können **nicht** mit Flammenfärbung nachgewiesen werden.

b) Silber-Ionen bilden mit Chlorid-Ionen einen **weißen** Niederschlag.

c) *korrekt*

d) Kohlenstoffdioxid kann **als** Calciumcarbonat nachgewiesen werden.
oder
Kohlenstoffdioxid kann mit **Kalkwasser** nachgewiesen werden.

e) Strontiumchlorid bildet mit Silbernitratlösung einen **weißen** Niederschlag.

f) Strontiumchlorid färbt die Brennerflamme **rot**.

173 Nachweis von Sulfid-Ionen S^{2-} als PbS (s).

$$Pb^{2+} (aq) + S^{2-} (aq) \longrightarrow PbS (s)$$

174 $Ag^+ (aq) + \cancel{2} Cl^- (aq) \longrightarrow AgCl_{\cancel{2}} (s)$
Nachweis von Silber- und Chlorid-Ionen

$$CaCO_3 (s) + 2 HCl (aq) \longrightarrow CaCl_2 (aq) + CO_2 (g) + H_2O$$
Nachweis von Carbonat-Ionen

$$Na_2SO_4 (aq) + BaCl_2 (aq) \longrightarrow BaSO_4 (s) + 2 NaCl (aq)$$
Nachweis von Sulfat-Ionen oder Barium-Ionen

$$CuSO_4 (s) \text{ wasserfrei, farblos} + Wasser \longrightarrow CuSO_4 (s) \cdot 5 H_2O \text{ blau}$$
Nachweis von Wasser

$$CO_2 (g) + Ca(OH)_2 \longrightarrow CaCO_3 (s) + H_2O$$
Nachweis von Kohlenstoffdioxid

175 a $\quad M(X) = \dfrac{m(X)}{n(X)} \left[\dfrac{g}{mol}\right] \qquad V_m(X) = \dfrac{V(X)}{n(X)} \left[\dfrac{L}{mol}\right] \qquad N(X) = n(X) \cdot N_A$

b $\quad n(X) = \dfrac{m(X)}{M(X)} \qquad\qquad n(X) = \dfrac{V(X)}{V_m(X)} \qquad\qquad n(X) = \dfrac{N(X)}{N_A}$

242 / Lösungen

176 Fülle die Lücken in der Tabelle. Die Werte für die relativen Atommassen findest du im Periodensystem.

Stoff X	$M(X) \left[\dfrac{g}{mol}\right]$	$m(X)$ [g]	$n(X)$ mol	$N(X)$
Mg	24,3	48,6	2	$12,044 \cdot 10^{23}$
CaO	56	7	0,125	$7,53 \cdot 10^{22}$
NaCl	58,45	11,69	0,2	$1,20 \cdot 10^{23}$
O_2	32	1,6	0,05	$3,01 \cdot 10^{22}$
$CuSO_4$	159,5	96,6	0,6	$3,61 \cdot 10^{23}$

177 1. Schritt   Aufstellen der Reaktionsgleichung:

$$Fe + S \longrightarrow FeS$$

2. Schritt   Aufstellen des Stoffmengenverhältnisses:

$$n(Fe) = n(S) = n(FeS)$$

3. Schritt   Berechnen der Stoffmenge Eisensulfid:

$$n(FeS) = \frac{m(FeS)}{M(FeS)} = \frac{1\,g}{87,84\,\frac{g}{mol}} = 0,0114\,mol$$

$\Rightarrow$ damit ist $n(Fe) = n(S) = 0,0114\,mol$

4. Schritt   Berechnen der Eisen- und Schwefelmassen:

$$m(Fe) = n(Fe) \cdot M(Fe) = 0,0114\,mol \cdot 55,84\,\frac{g}{mol} = 0,635\,g$$

$$m(S) \;\; = n(S) \cdot M(S) \;\; = 0,0114\,mol \cdot 32\,\frac{g}{mol} \;\;\; = 0,365\,g$$

178 ... denn die Anzahl der Atome kann man doch nicht durch einen Massen- oder Größenvergleich ersehen. Man muss berechnen:

$$N(\text{Au-Atome}) = n(Au) \cdot N_A \;\; = \frac{m(Au)}{M(Au)} \cdot N_A = \frac{19320\,g \cdot 6,022 \cdot 10^{23}\,\frac{1}{mol}}{197\,\frac{g}{mol}} = 5,9 \cdot 10^{25}$$

$$N(\text{Al-Atome}) = n(Al) \cdot N_A \;\; = \frac{m(Al)}{M(Al)} \cdot N_A = \frac{9110\,g \cdot 6,022 \cdot 10^{23}\,\frac{1}{mol}}{27\,\frac{g}{mol}} = 2,03 \cdot 10^{26}$$

$\Rightarrow$ Der Aluminiumwürfel enthält mehr Atome als der Goldwürfel.

179   ☒ Wasserstoff hat eine molare Masse von $2\,\frac{g}{mol}$.

   ☒ 0,5 mol Siliciumdioxid haben eine Masse von 30 g.

Lösungen 243

☐ 466,6 g BaSO₄ entspricht der Stoffmenge 3 mol.
Richtig: 466,6 g BaSO₄ entspricht der Stoffmenge 2 mol.
☐ Die Avogadrokonstante hat keine Einheit.
Richtig: Die Avogadrokonstante hat die Einheit $1/mol$ bzw. $1 \cdot mol^{-1}$.
☐ Das molare Volumen von Feststoffen ist fast gleich groß.
Richtig: Das molare Volumen von Gasen ist fast gleich groß.
☒ Das molare Volumen von Gasen ist fast gleich groß.

180 $n(U_3O_8) = \dfrac{m(U_3O_8)}{M(U_3O_8)} = \dfrac{421000\,g}{842\,\frac{g}{mol}} = 500\,mol$

$V(X) = n(X) \cdot V_m$

a Stoffmengenverhältnis: $\dfrac{n(HF)}{n(U_3O_8)} = \dfrac{16}{1}$ ⇒ $n(HF) = 16 \cdot n(U_3O_8) = 8000\,mol$

Volumenberechnung: $V(HF) = n(HF) \cdot V_m = 8000\,mol \cdot 22{,}4\,\frac{L}{mol} = 179200\,L$

b Stoffmengenverhältnis: $\dfrac{n(F_2)}{n(U_3O_8)} = \dfrac{1}{1}$ ⇒ $n(F_2) = n(U_3O_8) = 500\,mol$

Volumenberechnung: $V(F_2) = n(F_2) \cdot V_m = 500\,mol \cdot 22{,}4\,\frac{L}{mol} = 11200\,L$

c Stoffmengenverhältnis: $\dfrac{n(UF_6)}{n(U_3O_8)} = \dfrac{3}{1}$ ⇒ $n(UF_6) = 3 \cdot n(U_3O_8) = 1500\,mol$

Volumenberechnung: $V(UF_6) = n(UF_6) \cdot V_m = 1500\,mol \cdot 22{,}4\,\frac{L}{mol} = 33600\,L$

d Stoffmengenverhältnis: $\dfrac{n(H_2O)}{n(U_3O_8)} = \dfrac{8}{1}$ ⇒ $n(H_2O) = 8 \cdot n(U_3O_8) = 4000\,mol$

Volumenberechnung: $V(H_2O) = n(H_2O) \cdot V_m = 4000\,mol \cdot 22{,}4\,\frac{L}{mol} = 89600\,L$

181 a $H_2SO_4\,(l) + 2\,NaCl\,(s) \longrightarrow 2\,HCl\,(g) + Na_2SO_4\,(s)$

b Stoffmengenverhältnis $n(NaCl) = n(HCl)$

$n(HCl) = \dfrac{V(HCl)}{V_m} = \dfrac{0{,}112\,L}{22{,}4\,\frac{L}{mol}} = 0{,}005\,mol$

$m(NaCl) = n(NaCl) \cdot M(NaCl) = 0{,}005\,mol \cdot 58{,}45\,\frac{g}{mol} = 0{,}29\,g$

c Stoffmengenverhältnis $\dfrac{n(H_2SO_4)}{n(HCl)} = \dfrac{1}{2}$ ⇒ $n(H_2SO_4) = 0{,}5 \cdot n(HCl)$

(Ausbeute $n(HCl) = \dfrac{V(HCl)}{V_m} = \dfrac{0{,}112\,L}{22{,}4\,\frac{L}{mol}} = 0{,}005\,mol$)

$m(H_2SO_4) = n(H_2SO_4) \cdot M(H_2SO_4) = 0{,}0025\,mol \cdot 98\,\frac{g}{mol} = 0{,}245\,g$

$V(H_2SO_4) = \dfrac{m(H_2SO_4)}{\rho(H_2SO_4)} = \dfrac{0{,}245\,g}{1840\,\frac{g}{L}} = 0{,}00013\,L = 0{,}13\,mL$

244 / Lösungen

182 Die Kugeln stellen Atome verschiedener Elemente mit unterschiedlichen Massen dar. Auf der schiefen Ebene werden die Kugeln durch die Gravitation beschleunigt, im MS werden die Atome ionisiert und im elektrischen Feld beschleunigt. Der durch den Fön erzeugte Wind lenkt die Kugeln unterschiedlich stark ab (Trägheit der Masse), im MS lenkt ein Magnetfeld die Ionen ab. Im Modell rollen die Kugeln durch unterschiedliche Öffnungen, im MS treffen die Ionen auf unterschiedliche Detektorbereiche.

183 **a** Satz von Avogadro: Gleiche Volumina verschiedener Gase enthalten bei gleichem Druck und gleicher Temperatur gleich viele Teilchen.

b Laut Avogadro haben alle Gase das gleiche Molvolumen von $22,4\,\frac{L}{mol}$. Da die molare Masse von Sauerstoff eine konstante Größe ist, kann man problemlos die Dichte von Gasen berechnen (Zugegebenermaßen bei Normbedingungen.)

$$\rho(O_2) = \frac{m(O_2)}{V(O_2)} = \frac{M(O_2)}{V_m(O_2)} = \frac{32\,\frac{g}{mol}}{22,4\,\frac{L}{mol}} = 1,43\,\frac{g}{L}$$

c Luft hat eine Zusammensetzung von ca. 78 % Stickstoff, 21 % Sauerstoff und 1 % Argon. Die restlichen Gase werden vernachlässigt, da sie nur im Promille-Bereich auftreten.

$$M(\text{Luft}) = 0,78 \cdot M(N_2) + 0,21 \cdot M(O_2) + 0,01 \cdot M(Ar)$$

$$= 0,78 \cdot 28\,\frac{g}{mol} + 0,21 \cdot 32\,\frac{g}{mol} + 0,01 \cdot 40\,\frac{g}{mol} = 28,96\,\frac{g}{mol} \sim 29\,\frac{g}{mol}$$

$$\rho(\text{Luft}) = \frac{m(\text{Luft})}{V(\text{Luft})} = \frac{M(\text{Luft})}{V_m(\text{Luft})} = \frac{29\,\frac{g}{mol}}{22,4\,\frac{L}{mol}} = 1,29\,\frac{g}{L}$$

184 ☒ 2 mol Helium haben dieselbe Masse wie 4 mol Wasserstoff.
☐ 2 mol Helium haben dieselbe Masse wie 2 mol Wasserstoff.
☐ 2 mol Helium haben dasselbe Volumen wie 4 mol Wasserstoff.
☒ 2 mol Helium haben dasselbe Volumen wie 2 mol Wasserstoff.
☐ 2 mol Helium nehmen bei Normbedingungen ein Volumen von 22,4 L ein.
☐ 2 mol Helium nehmen bei Normbedingungen ein Volumen von 11,2 L ein.

185 Reaktionsgleichung: $2\,NaClO_{3\,(s)} \longrightarrow 2\,NaCl_{(s)} + 3\,O_{2\,(g)}$

Stoffmengenverhältnis: $\dfrac{n(NaClO_3)}{n(O_2)} = \dfrac{2}{3} \Rightarrow n(NaClO_3) = \dfrac{2}{3} \cdot n(O_2)$

$$m(NaClO_3) = n(NaClO_3) \cdot M(NaClO_3) = \frac{2}{3} \cdot n(O_2) \cdot M(NaClO_3)$$

$$= \frac{2}{3} \cdot \frac{V(O_2)}{V_m} \cdot M(NaClO_3) = \frac{2}{3} \cdot \frac{800\,L}{22,4\,\frac{L}{mol}} \cdot 106,45\,\frac{g}{mol}$$

$$= 2,53\,kg$$

186 Reaktionsgleichung: $2\,C_8H_{18\,(l)} + 25\,O_{2\,(g)} \longrightarrow 16\,CO_{2\,(g)} + 18\,H_2O_{\,(g)}$

Stoffmengenverhältnis: $\dfrac{n(C_8H_{18})}{n(CO_2)} = \dfrac{2}{16} \Rightarrow n(C_8H_{18}) = \dfrac{1}{8} \cdot n(CO_2)$

Pro km: $\quad m(C_8H_{18}) = n(C_8H_{18}) \cdot M(C_8H_{18}) = \dfrac{1}{8} \cdot n(CO_2) \cdot M(C_8H_{18})$

$$= \frac{1}{8} \cdot \frac{m(CO_2) \cdot M(C_8H_{18})}{M(CO_2)}$$

$$= \frac{1}{8} \cdot \frac{120\,g \cdot 114\,\frac{g}{mol}}{44\,\frac{g}{mol}}$$

$$= 38,86\,g$$

$$V(C_8H_{18}) = \frac{m(C_8H_{18})}{\rho(C_8H_{18})}$$

$$= \frac{38,86\,g}{700\,\frac{g}{L}} = 0,055\,L$$

Pro 100 km: $V(C_8H_{18}) = 0,055\,L \cdot 100 = 5,5\,L$

Ein Auto sollte nicht mehr als 5,5 L Benzin auf 100 km verbrauchen.

187 $190\,000\,m^3 = 190\,000\,000\,L$

a $\quad m(H_2) = n(H_2) \cdot M(H_2) = \dfrac{V(H_2)}{V_m} \cdot M(H_2)$

$$= \frac{190\,000\,000\,L}{22,4\,\frac{L}{mol}} \cdot 2\,\frac{g}{mol} = 16\,964\,285,7\,g = 16,964\,t$$

b $\quad m(He) = n(He) \cdot M(He) = \dfrac{V(He)}{V_m} \cdot M(He)$

$$= \frac{190\,000\,000\,L}{22,4\,\frac{L}{mol}} \cdot 4\,\frac{g}{mol} = 33\,928\,571,4\,g = 33,929\,t$$

c $\quad n(H_2) = \dfrac{V(H_2)}{V_m}$

$$= \frac{190\,000\,000\,L}{22,4\,\frac{L}{mol}} = 8\,482\,142,8\,mol$$

$$\Delta E_R = n(H_2) \cdot 286\,kJ$$

$$= 2\,425\,892\,857,1\,kJ = 2\,425,9\,GJ$$

246 / Lösungen

188 Reaktionsgleichung: $C_{11}H_{24\,(l)} + 17\,O_{2\,(g)} \longrightarrow 11\,CO_{2\,(g)} + 12\,H_2O_{(g)}$

Stoffmengenverhältnis: $\dfrac{n(CO_2)}{n(C_{11}H_{24})} = \dfrac{11}{1} \Rightarrow n(CO_2) = 11 \cdot n(C_{11}H_{24})$

Umrechnung Masse in Volumen: $m(C_{11}H_{24}) = V(C_{11}H_{24}) \cdot \rho(C_{11}H_{24})$

Pro 100 km: $m(CO_2)$ $= n(CO_2) \cdot M(CO_2) = 11 \cdot n(C_{11}H_{24}) \cdot M(CO_2)$

$$= \frac{11 \cdot m(C_{11}H_{24})}{M(C_{11}H_{24})} \cdot M(CO_2)$$

$$= 11 \cdot V(C_{11}H_{24}) \cdot \frac{\rho(C_{11}H_{24})}{M(C_{11}H_{24})} \cdot M(CO_2)$$

$$= 11 \cdot 61\,L \cdot \frac{800\,\frac{g}{L}}{156\,\frac{g}{mol}} \cdot 44\,\frac{g}{mol}$$

$$= 151405{,}1\,g$$

$$= 151{,}40\,kg$$

Pro km: $m(CO_2)$ $= \dfrac{151{,}40\,kg}{100} = 1{,}514\,kg$

Dieses Auto produziert bei Höchstgeschwindigkeit pro km 1,514 kg CO_2.

189 ☒ Bei der Reaktion von 1 Mol Magnesium werden 460 kJ Energie freigesetzt.

☒ Bei der Reaktion von 24,3 g Magnesium werden 460 kJ Energie freigesetzt.

☒ Wenn 460 kJ Energie abgegeben werden, entstehen 22,4 L Wasserstoff.

☐ Wenn 95,2 g Magnesiumchlorid entstehen, werden 920 kJ Energie freigesetzt. *(Richtig: 460 kJ)*

☐ Wenn 95,2 g Magnesiumchlorid entstehen, werden 230 kJ Energie freigesetzt. *(Richtig: 460 kJ)*

☐ Die Reaktion von Magnesium und Salzsäure ist eine endotherme Reaktion. *(Richtig: exotherm)*

190 Heizöl:

Reaktionsgleichung: $2\,C_{12}H_{26\,(l)} + 37\,O_{2\,(g)} \longrightarrow 24\,CO_{2\,(g)} + 26\,H_2O_{(g)}$

Stoffmengenverhältnis: $\dfrac{n(CO_2)}{n(C_{12}H_{26})} = \dfrac{24}{2} \Rightarrow n(CO_2) = 12 \cdot n(C_{12}H_{26})$

Pro kg Heizöl $\quad n(CO_2)$ $= 12 \cdot n(C_{12}H_{26}) = 12 \cdot \dfrac{m(C_{12}H_{26})}{M(C_{12}H_{26})}$

$$= 12 \cdot \frac{1000\,g}{170\,\frac{g}{mol}} = 70{,}6\,mol$$

Erdgas:

Reaktionsgleichung: $CH_4{}_{(g)} + 2\,O_2{}_{(g)} \longrightarrow CO_2{}_{(g)} + 2\,H_2O{}_{(g)}$

Stoffmengenverhältnis: $\dfrac{n(CO_2)}{n(CH_4)} = \dfrac{1}{1} \Rightarrow n(CO_2) = n(CH_4)$

Pro kg Erdgas $\quad n(CO_2) = n(CH_4) = 12 \cdot \dfrac{m(CH_4)}{M(CH_4)}$

$\qquad = \dfrac{1000\,g}{16\,\frac{g}{mol}} = 62{,}5\,mol$

Kohle:

Reaktionsgleichung: $C_{(s)} + O_2{}_{(g)} \longrightarrow CO_2{}_{(g)}$

Stoffmengenverhältnis: $\dfrac{n(CO_2)}{n(C)} = \dfrac{1}{1} \Rightarrow n(CO_2) = n(C)$

Pro kg Koks $n(CO_2) = n(C) = \dfrac{m(C)}{M(C)}$

$\qquad = \dfrac{1000\,g}{12\,\frac{g}{mol}} = 83{,}3\,mol$

Brennstoff	Heizwert $\left[\frac{MJ}{kg}\right]$ (Energiedichte)	Stoffmenge CO_2 pro kg Brennstoff [mol]
Heizöl (z. B. $C_{12}H_{26}$)	42	70,6
Erdgas (z. B. CH_4)	50	62,5
Kohle (Koks, reiner Kohlenstoff)	29	83,3

Bewertung: Erdgas hat bei größtem Heizwert die geringste CO_2-Emission, es ist hier der klimafreundlichste Brennstoff, Kohle ist mit Abstand der unfreundlichste.

191 Natriumchloridsynthese

Experiment	Beschreibung	Teilchenebene
	Festes Natriummetall befindet sich im Reagenzglas.	

 Durch Erhitzen mit dem Bunsenbrenner schmilzt Natrium und verdampft.
Sublimationsenergie: $\Delta E_S > 0$
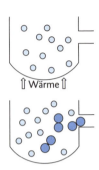 ⇑ Wärme ⇑

 Chlormoleküle werden eingespritzt.

 Die Chlormoleküle spalten sich in Chloratome und beginnen, mit den Natriumatomen zu reagieren.
Dissoziationsenergie $\Delta E_D > 0$

 Natriumatome geben ihr Valenzelektron an die Chloratome ab, es bilden sich Na$^+$- und Cl$^-$-Ionen.
Ionisierungsenergie $\Delta E_{ion} > 0$
Elektronenaffinität: $\Delta E_{EA} < 0$

 Na$^+$- und Cl$^-$-Ionen ziehen sich gegenseitig an und bilden ein Ionengitter.
Gitterenergie: $\Delta E_G \ll 0$
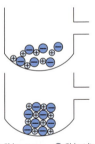

○ Chloratom   ⊖ Chloridion
○ Natriumatom   ⊕ Na$^+$-Ion

192 Sauerstoffdifluorid: OF_2 gewinkelt

Stickstofftribromid: NBr_3 trigonal pyramidal

Kohlenstoffdioxid: CO_2 linear

Schwefelwasserstoff: H_2S gewinkelt

Ethin: C_2H_2 linear

193   a   Natriumchlorid: gut wasserlöslich
Schwefel: nicht wasserlöslich
Alkohol: gut wasserlöslich
Hexan: nicht wasserlöslich

   b   **Natriumchlorid** ist ein Salz und löst sich gut in Wasser. Die Energie der Hydratisierung der Natrium-Ionen und Chlorid-Ionen ist so groß, dass die Gitterenergie von Natriumchlorid überwunden wird und sich das Salz gut in Wasser löst. Die Ionen sind von Wassermolekülen umgeben (= hydratisiert).
Schwefel ist eine unpolare Verbindung und kann sich deshalb nicht in Wasser lösen. Die Van-der-Waals-Kräfte zwischen den Schwefelmolekülen können keine Wechselwirkung mir den Wasserstoffbrückenbindungen des Wassers eingehen.
Alkohol ist ein Molekül mit einer polaren Gruppe, die mit den Wassermolekülen Wasserstoffbrückenbindungen eingehen kann. Trinkalkohol ist deshalb in Wasser löslich.
Hexanmoleküle werden durch Van-der-Waals-Kräfte zusammengehalten. Da keine Wechselwirkung mit den Wassermolekülen (Wasserstoffbrückenbindungen) möglich ist, lösen sich Hexanmoleküle nicht in Wasser.

194   a   Die Siedetemperaturkurven steigen kontinuierlich an. Zu Beginn ist der Anstieg steiler, die Kurve flacht ab. Ammoniak bildet eine Ausnahme und hat als Wasserstoffverbindung der Stickstoffgruppe die dritthöchste Siedetemperatur.

   b   Zwischen den Wasserstoffverbindungen der **Kohlenstoffgruppe** sind jeweils die gleichen Wechselwirkungen zu finden: die Van-der-

Waals-Kräfte. Der Anstieg der Siedetemperatur kommt nur durch die steigende molekulare Masse der Verbindungen zustande.

Bei der **Stickstoffgruppe** werden die Ammoniakmoleküle über Wasserstoffbrücken zusammengehalten, Phosphan durch Van-der-Waals-Kräfte, Arsan, Stiben und Bismutan durch Dipol-Dipol-Wechselwirkungen.

c Um Wasserstoffbrückenbindungen zu lösen und **Ammoniak** zum Sieden zu bringen, ist sehr viel Energie notwendig. Die Siedetemperatur von Ammoniak liegt deshalb viel höher als von Phophan und Arsan, obwohl beide Moleküle eine höhere molekulare Masse haben. Um die Dipol-Dipol-Wechselwirkungen von Stiban und Bismutan zu lösen, benötigt man weniger Energie als für Wasserstoffbrückenbindungen. Die molekulare Masse der beiden Moleküle ist aber so groß, dass die Siedetemperatur höher als bei Ammoniak liegt.

195 a

Name	Summen-formel	Valenzstrichformel	Siedetemperatur
Methan	CH_4		$-162\,°C$
Ethan	C_2H_6		$-89\,°C$
Propan	C_3H_8		$-42\,°C$
Butan	C_4H_{10}		$0{,}5\,°C$
Pentan	C_5H_{12}		$36\,°C$
Hexan	C_6H_{14}		$69\,°C$

b

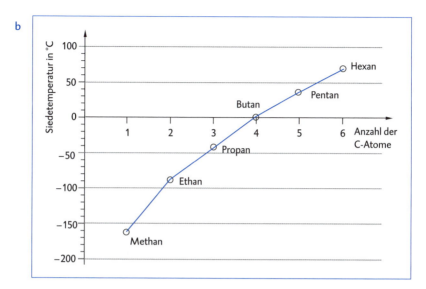

c Die Siedetemperatur der Verbindungen nimmt zu, da die molekulare Masse der Verbindungen zunimmt. Die Wechselwirkungen zwischen den Molekülen sind gleich (Van-der-Waals-Kräfte).

196 Steigende Bindungslänge: Wasserstofffluorid, Wasser, Ammoniak
Die Atome Fluor, Sauerstoff und Stickstoff haben unterschiedliche Elektronegativitäten. Fluor kann der höchste Wert zugeordnet werden, Stickstoff der geringste. Je größer der Unterschied in den Elektronegativitäten zwischen Fluor und Wasserstoff bzw. Sauerstoff und Wasserstoff bzw. Stickstoff und Wasserstoff ist, desto höher ist die Polarität innerhalb der Verbindung. Je höher die Polarität ist, desto stärker zieht der elektronegative Bindungspartner die Elektronen in der Elektronenpaarbindung zu sich hin. Als Folge verkürzt sich die Bindungslänge.

197 Methan: −162 °C; Selenwasserstoff: −41 °C; Ethanol: 65 °C; Wasser: 100 °C
Methan: Zwischen den Methanmolekülen sind Van-der-Waals-Kräfte. Es sind schwache zwischenmolekulare Wechselwirkungen, die Siedetemperatur ist sehr niedrig.
Selenwasserstoff: Die Moleküle werden von Dipol-Dipol-Wechselwirkungen zusammengehalten. Diese Wechselwirkungen sind stärker als Van-der-Waals-Kräfte, die Siedetemperatur deshalb höher als bei Methan.

252 ∥ Lösungen

Ethanol: Ethanolmoleküle werden durch zwei verschiedene Wechselwirkungen zusammengehalten: Van-der-Waals-Kräfte zwischen den C_2H_5-Anteilen, Wasserstoffbrückenbindungen zwischen den OH-Gruppen. Die Siedetemperatur ist deshalb hoch.

Wasser: Zwischen den Wassermolekülen existieren nur Wasserstoffbrückenbindungen. Diese starken Wechselwirkungen erklären die hohe Siedetemperatur von Wasser.

198

Summenformel	Valenzstrichformel	Name der räumlichen Struktur	Dipolmolekül
HBr	H——B̄r|	linear	ja
HOCl	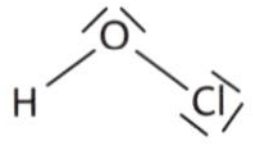	gewinkelt	ja
HCN	H——C≡N|	linear	ja
CCl_4	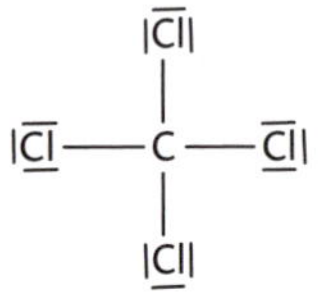	tetraedrisch	nein
SO_2	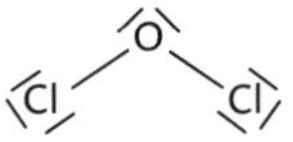	gewinkelt	ja
H_3CCOOH	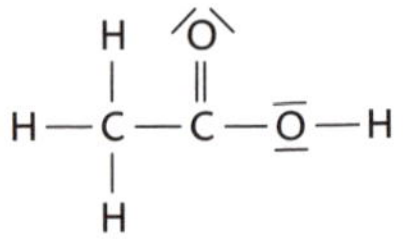	gewinkelt	ja
NH_4^+	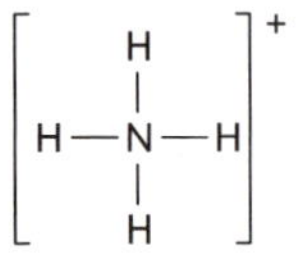	tetraedrisch	nein
C_2FCl		linear	ja

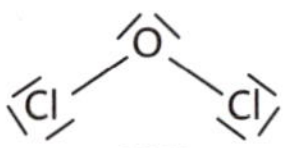

199

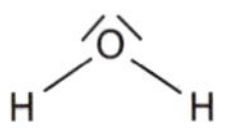

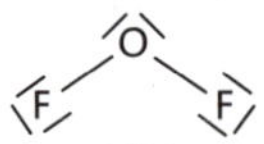

Die freien Elektronenpaare benötigen mehr Raum als die bindenden elektronenpaare. Chloratome haben einen größeren Radius als Fluoratome. Der Bindungswinkel ist deshalb bei Dichloroxid am größten.

200 a Steigende Elektronendichte: Ionenbindung ⇒ Polare Elektronenpaarbindung ⇒ unpolare Elektronenpaarbindung
Bei der Ionenbindung ziehen sich Kationen und Anionen an. Bei der polaren Elektronenpaarbindung ist die Elektronendichte zum elektronegativen Bindungspartner verschoben. Bei der unpolaren Elektronenpaarbindung ist die Elektronendichte gleichmäßig zwischen beiden Bindungspartnern verteilt.

b Ionenbindung: Natriumchlorid, NaCl
Polare Elektronenpaarbindung: Wasser, H_2O
Unpolare Elektronenpaarbindung: Chlor-Moleküle, Cl_2

201

Zwischenmolekulare Kräfte	Kennzeichen	Beispiele	
Van-der-Waals-Kräfte	Spontan auftretende schwache Kräfte zwischen unpolaren Molekülen	Kohlenwasserstoffe, Cl_2	zunehmende Stärke der Wechselwirkung
Dipol-Dipol-Kräfte	Elektrostatische Anziehung zwischen permanenten Dipolen	H_2S, IBr	
Ionen-Dipol-Kräfte	Elektrostatische Anziehung zwischen Ionen und polaren Molekülen	Hydratisierung von Ionen durch Wassermoleküle	
Wasserstoffbrückenbindungen	Anziehende Wechselwirkung zwischen einem stark elektronegativem Atom und einem positiv polarisierten Wasserstoff-Atom	H_2O, NH_3, HF	

202

gewinkelt   (trigonal) pyramidal   eben gewinkelt

203 a Brom: unpolare Elektronenpaarbindung
Kaliumbromid: Ionenbindung.

254 / Lösungen

b Brom löst sich nicht in Wasser, da diese unpolare Verbindung (Zwischenmolekulare Wechselwirkungen: Van-der-Waals-Kräfte) im polaren Lösungsmittel Wasser (Zwischenmolekulare Wechselwirkungen: Wasserstoffbrückenbindungen) unlöslich ist.
Kaliumbromid löst sich in Wasser. Die Wassermoleküle bilden eine Hydrathülle um die Kalium-Kationen und Bromid-Anionen.

c Die Schmelztemperatur von Kaliumbromid liegt wesentlich höher als von Brom, da die Anziehung zwischen den echten Ladungen überwunden werden muss.

204 Methan ist tetraedrisch aufgebaut, das Molekül-Ion CH_3^- trigonal pyramidal. Das freie Elektronenpaar des CH_3^--Moleküls benötigt mehr Platz, der Bindungswinkel wird kleiner.

205 Bei dem dreieckigen Molekül (links) muss es sich um BF_3 handeln, beim pyramidalen (rechts) um NF_3. Nach dem EPA-Modell sind die Elektronenpaare, die sich um das Zentralatom befinden, so angeordnet, dass sie möglichst weit voneinander entfernt sind. Freie Elektronenpaare beanspruchen mehr Raum als bindende Elektronenpaare. Stickstoff besitzt im Gegensatz zu Bor neben den drei bindenden Elektronenpaaren, ein freies Elektronenpaar. Da das freie Elektronenpaar mehr Raum beansprucht, ergibt sich für das NF_3-Molekül als räumlicher Bau eine Pyramide. Bei Bor müssen die drei bindenden Elektronenpaare, die jeweils ein Fluoratom binden, einen möglichst großen Abstand voneinander haben. Dies ist in einem Dreieck möglich.

206 Ammonium-Ionen sind tetraedrisch gebaut, Phosphortrichlorid trigonal pyramidal. Das freie Elektronenpaar des Phosphoratoms benötigt mehr Raum, deshalb ist der Bindungswinkel im Phosphortrichlorid kleiner.

Stichwortverzeichnis

Adsorbieren 36
Aggregatzustand 6 f., 9, 24
• Änderung 23
Aktivierung 45
Aktivierungsenergie 46, 60
Aluminium 99 f.
• -gewinnung 127
• -oxidsynthese 112
Ammoniak 136
• Eigenschaften 136
• -wasser 136
Analyse 43
Anion 114
Anode 117 f., 127
Atom 20 f., 74
• -artensymbol 51
• -bilanz 53
• -bindung 137 ff., 179, 181
• -hülle 75
• -hypothese 51
• -kern 75
• -masse 158 f.
• -radius 91, 93 f.
• -zahlverhältnis 55
atomare Masseneinheit 158
Aufbauregel 79 f.
AVOGADRO 50
Avogadro-Konstante 161

binäre Verbindung 57
Blindprobe 147
BOHR 78
Bohr'sches Atommodell 78 ff.

Chemische
• Verbindung 44, 60
• Reaktion 42 ff., 60
Chlor 101 f.
Chromatografie 36

Daltons Atomhypothese 51

DEMOKRIT 20, 74
Destillation 34
Dichte 5 f.
Dichteanomalie 186
Dipol 183
Dipol-Dipol-Kräfte 184
Dissoziationsenergie 167
Doppelbindung 137 ff.
Dreifachbindung 137 ff.

Edelgaskonfiguration 81 f.
Edelgaszustand 81
Edukt 42
Eindampfen 34
Einfachbindung 137 ff.
Einkristall 130
Eisengewinnung 128
Elektrische Leitfähigkeit 5
Elektrolyse 118, 127 f.
Elektronegativität 181
Elektronen 76
• -affinität 92, 94, 167
• -dublett 81
• -gas 128 f.
• -konfiguration 80
• -oktett 81 f.
• -paarabstoßungsmodell 180
• -paarbindung 137 ff., 180
Elektronenpaare
• bindend 137, 180
• nichtbindend 137 ff., 180
elektrostatische Anziehungskräfte 114
Element 44, 60
Elementarteilchen 76, 84
Elementsymbol 76
Emulsion 32 f.
• Trennung 35
endoenergetisch 45
endotherm 44, 60
Energiebeteiligung 42, 44, 60, 165
Energieniveau 78 f.

Erstarren 6 f.
Erstarrungstemperatur 7
Ethanol 139
exoenergetisch 45
exotherm 44, 60
Extraktion 35
fest 24
flüssig 24

Fällungsreaktion 146
Flammenfärbung 148
Formel
• Aufstellen 57, 59
• Benennung 57

gasförmig 24
Gasgemisch 31 f.
Gemenge 32 f.
Gesetz der konstanten Massenverhältnisse 49
Gesetz von der Erhaltung der Masse 48 f.
Gitterenergie 167
Glimmspanprobe 150

HABER-BOSCH-Verfahren 136
Halbleiter 100
Halbmetall 96
Hauptgruppe 88, 91 ff
Hauptquantenzahl 79
Hochofenprozess 128
Hydratation 186
Hydrate 151

Index 53
Iod-Stärke-Komplex 150
Ionen 20 f., 114
• -bindung 114
• -gitter 114 f.
• -nachweis 146 f.
Ionisierungsenergie 81 f., 91 f., 94 f., 167
Isolator 4 f.
Isotop 77, 84

Kalkwasser 151
Katalysator 47, 60
Katalyse 47
Kathode 117 f., 127
Kation 114
Kern-Hülle-Modell 75
Knallgasprobe 135, 150
Koeffizient 53
Kohlenstoffdioxid 138 f.
Kohlenstoffmonoxid 138 f.
Kondensationstemperatur 7
Kondensieren 6 f.
Koordinationszahl 115
kovalente Bindung 137 ff.
Kristallinität 20, 115
Kristallit 130
Kugelpackung 128 f.
Kunststoff 140

Legierung 31 f.
Leiter 118 f.
Leitfähigkeit, elektrisch 117, 130 f.
Linienspektrum 149
Löslichkeit 4
Lösung 31 f.
• gesättigte 4
• Trennung 34

magnetisches Verhalten 4
Magnetscheiden 35
Makromolekül 140
Massenerhaltungssatz 48 f., 60
Massenspektrometer 159
Meersalz 119
Metall 20 f., 96, 127 ff
• -charakter 92, 95
• -gitter 128 f.
metallische Bindung 128 f.
Methan 139
Mineralien 119
Mol 160
Molekül 20 f.
molekulare Stoffe 135 ff.
Molekülformel 55 f., 60

Nachweisreaktionen 146 ff.
Natriumchloridsynthese 111
Nebel 32 f.

Nebengruppe 89 f.
Neutron 76
Nichtmetall 96
Nichtmetallcharakter 93, 95
Normvolumen 2
Nukleonenzahl 76 f.

Oktettregel 137 ff., 181
Orbitalmodell 178 ff.
Ordnungsprinzipien 110

Paraffin 139
Periode 90, 93 ff.
Periodensystem der Elemente (PSE) 76 ,88
• gekürztes 90
Produkt 42
Proton 76
Protonenzahl 76 f.

Rauch 32 f.
Reaktionsenergie 46, 166
Reaktionsgleichung 52 ff., 60
Reinstoff 8 f.
relative atomare Masse 55
Resublimieren 6 f.
Rosinenkuchenmodell 74
RUTHERFORD 74

Salze 111 ff., 20 f.
• Synthese 111
• Verwendung 120
Satz von Avogadro 50
Schaum 32 f.
Schmelzelektrolyse 100
Schmelzen 6 f.
Schmelztemperatur 6 f.
Schmelzwärme 7
Sedimentation 33
Sieben 36
Siedetemperatur 6 f.
Silicium 100 f.
Spektralanalyse 149
Sprödigkeit 116
Standardvolumen 2
Steinsalz 119
Stoff 2
• poröser 32 f.
Stoffebene 22, 24, 52
Stoffeigenschaften 3, 9

Stoffgemische 31
• heterogene 31
• homogene 31
• Trennung 33 ff.
Stoffmenge 158 ff., 160
Stoffportion 2
Streuversuch 74 f.
Sublimieren 6 f.
Supraleitfähigkeit 131
Suspension 32 f.
• Trennung 33
Synthese 43

Teilchen 20 f.
Teilchenebene 22, 24, 52
Teilchenmodell 21, 24
Teilchenzahl 160
Teilgleichungen 112 f
THOMSON 74

Übergangszustand 46
Umsetzung 43

Valenzelektron 80, 83, 91, 93
Valenzstrichformel 138
Valenzstrichschreibweise 80 f., 179
Van-der-Waals-Kräfte 183
Verdampfen 6 f.
Verdampfungswärme 7
Verformbarkeit 129
Vergleichsprobe 147
Verhältnisformel 55 f., 60
Volumenbestimmung 6

Wärmeleitfähigkeit 4 f., 130
Wasser 139
Wasserstoff
• -brückenbindung 184
• Darstellung 135
• Eigenschaften 135 ff.
Wertigkeit 58, 60
Widerstand, elektrisch 131

Zentrifugation 33
Zersetzung 43
zweiatomige Moleküle 53, 60, 136,
zwischenmolekulare Kräfte 183

Ihre Meinung ist uns wichtig!

Ihre Anregungen sind uns immer willkommen. Bitte informieren Sie uns mit diesem Schein über Ihre Verbesserungsvorschläge!

Titel-Nr.	Seite	Vorschlag

Die echten Hilfen zum Lernen ... **STARK**

18-V1M

Bitte ausfüllen und im frankierten Umschlag an uns einsenden. Für Fensterkuverts geeignet.

STARK Verlag
Postfach 1852
85318 Freising

Zutreffendes bitte ankreuzen!

Die Absenderin/der Absender ist:

- ☐ Lehrer/in in den Klassenstufen: _____
- ☐ Fachbetreuer/in
- ☐ Fächer: _____
- ☐ Seminarlehrer/in
- ☐ Fächer: _____
- ☐ Regierungsfachberater/in
- ☐ Fächer: _____
- ☐ Oberstufenbetreuer/in

- ☐ Schulleiter/in
- ☐ Referendar/in, Termin 2. Staatsexamen: _____
- ☐ Leiter/in Lehrerbibliothek
- ☐ Leiter/in Schülerbibliothek
- ☐ Sekretariat
- ☐ Eltern
- ☐ Schüler/in, Klasse: _____
- ☐ Sonstiges: _____

Unterrichtsfächer: (Bei Lehrkräften!)

Absender (Bitte in Druckbuchstaben!)

Kennen Sie Ihre Kundennummer?
Bitte hier eintragen.

Name/Vorname

Straße/Nr.

PLZ/Ort/Ortsteil

Telefon privat   Geburtsjahr

E-Mail

Schule/Schulstempel (Bitte immer angeben!)

Bitte hier abtrennen

Sicher durch alle Klassen!

Lernerfolg durch selbstständiges Üben zu Hause! Die von Fachlehrern entwickelten Trainingsbände enthalten alle nötigen Fakten und viele Übungen mit schülergerechten Lösungen.

Mathematik – Training

Mathematik – Übertritt an weiterführende Schulen	Best.-Nr. 90001
Mathematik 5. Klasse Bayern	Best.-Nr. 90005
Mathematik 5. Klasse Baden-Württemberg	Best.-Nr. 80005
Mathematik 5. Klasse	Best.-Nr. 900051
Klassenarbeiten Mathematik 5. Klasse	Best.-Nr. 900301
Mathematik 6. Klasse	Best.-Nr. 900062
Bruchzahlen und Dezimalbrüche	Best.-Nr. 900061
Algebra 7. Klasse	Best.-Nr. 900111
Geometrie 7. Klasse	Best.-Nr. 900211
Mathematik 8. Klasse	Best.-Nr. 900121
Lineare Gleichungssysteme	Best.-Nr. 900122
Algebra 9. Klasse	Best.-Nr. 90013
Geometrie 9. Klasse	Best.-Nr. 90023
Klassenarbeiten Mathematik 9. Klasse	Best.-Nr. 900331
Algebra 10. Klasse	Best.-Nr. 90014
Geometrie 10. Klasse	Best.-Nr. 90024
Klassenarbeiten Mathematik 10. Klasse	Best.-Nr. 900341
Potenzen und Potenzfunktionen	Best.-Nr. 900141
Wiederholung Algebra	Best.-Nr. 90009
Wiederholung Geometrie	Best.-Nr. 90010
Kompakt-Wissen Algebra	Best.-Nr. 90016
Kompakt-Wissen Geometrie	Best.-Nr. 90026

Mathematik – Zentrale Prüfungen

Bayerischer Mathematik-Test (BMT) 8. Klasse Gymnasium Bayern	Best.-Nr. 950081
Bayerischer Mathematik-Test (BMT) 10. Klasse Gymnasium Bayern	Best.-Nr. 950001
Vergleichsarbeiten Mathematik 6. Klasse Gymnasium Baden-Württemberg	Best.-Nr. 850061
Vergleichsarbeiten Mathematik 8. Klasse Gymnasium Baden-Württemberg	Best.-Nr. 850081
Zentrale Klassenarbeit Mathematik 10. Klasse Gymnasium Baden-Württemberg	Best.-Nr. 80001
Vergleichsarbeiten Mathematik VERA 8. Klasse Gymnasium	Best.-Nr. 950082
Zentrale Prüfung Mathematik ZP 10 Gymnasium Nordrhein-Westfalen	Best.-Nr. 550001
Mittlerer Schulabschluss Mathematik Berlin	Best.-Nr. 111500
Zentrale Prüfung Mathematik Klasse 10 Gymnasium Brandenburg	Best.-Nr. 1250001
Prüfung zum Übergang in die Jahrgangsstufe 11 Mathematik Klasse 10 Gymnasium/Gesamtschule Mecklenburg-Vorpommern	Best.-Nr. 1350001
Besondere Leistungsfeststellung Mathematik 10. Klasse Gymnasium Sachsen	Best.-Nr. 1450001
Besondere Leistungsfeststellung Mathematik 10. Klasse Gymnasium Thüringen	Best.-Nr. 1650001

Physik

Physik – Mittelstufe 1	Best.-Nr. 90301
Physik – Mittelstufe 2	Best.-Nr. 90302

Deutsch – Training

Leseverstehen 5./6. Klasse	Best.-Nr. 90410
Rechtschreibung und Diktat 5./6. Klasse mit CD	Best.-Nr. 90408
Grammatik und Stil 5./6. Klasse	Best.-Nr. 90406
Aufsatz 5./6. Klasse	Best.-Nr. 90401
Grammatik und Stil 7./8. Klasse	Best.-Nr. 90407
Aufsatz 7./8. Klasse	Best.-Nr. 90403
Aufsatz 9./10. Klasse	Best.-Nr. 90404
Deutsche Rechtschreibung 5.–10. Klasse	Best.-Nr. 90402
Übertritt in die Oberstufe	Best.-Nr. 90409
Kompakt-Wissen Rechtschreibung	Best.-Nr. 944065
Kompakt-Wissen Deutsch Aufsatz Unter-/Mittelstufe	Best.-Nr. 904401
Lexikon zur Kinder- und Jugendliteratur	Best.-Nr. 93443

Deutsch – Zentrale Prüfungen

Jahrgangsstufentest Deutsch 6. Klasse Gymnasium Bayern	Best.-Nr. 954061
Jahrgangsstufentest Deutsch 8. Klasse Gymnasium Bayern	Best.-Nr. 954081
Zentrale Klassenarbeit Deutsch 10. Klasse Gymnasium Baden-Württemberg	Best.-Nr. 80402
Vergleichsarbeiten Deutsch VERA 8. Klasse Gymnasium	Best.-Nr. 954082
Zentrale Prüfung Deutsch ZP 10 Gymnasium Nordrhein-Westfalen	Best.-Nr. 554001
Mittlerer Schulabschluss Deutsch Berlin	Best.-Nr. 111540
Prüfung zum Übergang in die Jahrgangsstufe 11 Deutsch Klasse 10 Gymnasium/Gesamtschule Mecklenburg-Vorpommern	Best.-Nr. 1354001
Besondere Leistungsfeststellung Deutsch 10. Klasse Gymnasium Sachsen	Best.-Nr. 1454001
Besondere Leistungsfeststellung Deutsch 10. Klasse Gymnasium Thüringen	Best.-Nr. 1654001

(Bitte blättern Sie um)

Englisch Grundwissen

Englisch Grundwissen 5. Klasse	Best.-Nr. 90505
Klassenarbeiten Englisch 5. Klasse mit CD	Best.-Nr. 905053
Englisch Grundwissen 6. Klasse	Best.-Nr. 90506
Klassenarbeiten Englisch 6. Klasse mit CD	Best.-Nr. 905063
Englisch Grundwissen 7. Klasse	Best.-Nr. 90507
Klassenarbeiten Englisch 7. Klasse mit CD	Best.-Nr. 905073
Englisch Grundwissen 8. Klasse	Best.-Nr. 90508
Englisch Grundwissen 9. Klasse	Best.-Nr. 90509
Englisch Grundwissen 10. Klasse	Best.-Nr. 90510
Englisch Übertritt in die Oberstufe	Best.-Nr. 82453

Englisch Kompakt-Wissen

Kompakt-Wissen Kurzgrammatik	Best.-Nr. 90461
Kompakt-Wissen Grundwortschatz	Best.-Nr. 90464

Englisch Textproduktion

Textproduktion 9./10. Klasse	Best.-Nr. 90541

Englisch Leseverstehen

Leseverstehen 5. Klasse	Best.-Nr. 90526
Leseverstehen 6. Klasse	Best.-Nr. 90525
Leseverstehen 8. Klasse	Best.-Nr. 90522
Leseverstehen 10. Klasse	Best.-Nr. 90521

Englisch Hörverstehen

Hörverstehen 5. Klasse mit CD	Best.-Nr. 90512
Hörverstehen 6. Klasse mit CD	Best.-Nr. 90511
Hörverstehen 7. Klasse mit CD	Best.-Nr. 90513
Hörverstehen 9. Klasse mit CD	Best.-Nr. 90515
Hörverstehen 10. Klasse mit CD	Best.-Nr. 80457

Englisch Rechtschreibung

Rechtschreibung und Diktat 5. Klasse mit 3 CDs	Best.-Nr. 90531
Rechtschreibung und Diktat 6. Klasse mit 2 CDs	Best.-Nr. 90532
Englische Rechtschreibung 9./10. Klasse	Best.-Nr. 80453

Englisch Wortschatzübung

Wortschatzübung 5. Klasse mit CD	Best.-Nr. 90518
Wortschatzübung 6. Klasse mit CD	Best.-Nr. 90519
Wortschatzübung Mittelstufe	Best.-Nr. 90520

Englisch Übersetzung

Translation Practice 1 / ab 9. Klasse	Best.-Nr. 80451
Translation Practice 2 / ab 10. Klasse	Best.-Nr. 80452

Englisch: Zentrale Prüfungen

Jahrgangsstufentest Englisch 6. Klasse mit CD Gymnasium Bayern	Best.-Nr. 954661
Zentrale Klassenarbeit Englisch 10. Klasse mit CD Gymnasium Baden-Württemberg	Best.-Nr. 80456
Vergleichsarbeiten Englisch VERA 8. Klasse Gymnasium	Best.-Nr. 954682
Zentrale Prüfung Englisch ZP 10 NRW	Best.-Nr. 554601
Mittlerer Schulabschluss Berlin Englisch mit CD	Best.-Nr. 111550
Mittlerer Schulabschluss/Sek I Mündliche Prüfung Englisch Brandenburg	Best.-Nr. 121550
Besondere Leistungsfeststellung Englisch 10. Klasse mit CD Gymnasium Sachsen	Best.-Nr. 1454601
Besondere Leistungsfeststellung Englisch 10. Klasse Gymnasium Thüringen	Best.-Nr. 1654601

Französisch

Französisch im 1. Lernjahr	Best.-Nr. 905502
Rechtschreibung und Diktat 1./2. Lernjahr mit 2 CDs	Best.-Nr. 905501
Französisch im 2. Lernjahr	Best.-Nr. 905503
Französisch im 3. Lernjahr	Best.-Nr. 905504
Französisch im 4. Lernjahr	Best.-Nr. 905505
Wortschatzübung Mittelstufe	Best.-Nr. 94510
Zentrale Klassenarbeit Französisch 10. Klasse Gymnasium Baden-Württemberg	Best.-Nr. 80501
Kompakt-Wissen Kurzgrammatik	Best.-Nr. 945011
Kompakt-Wissen Grundwortschatz	Best.-Nr. 905001

Latein

Latein I/II im 1. Lernjahr 5./6. Klasse	Best.-Nr. 906051
Latein I/II im 2. Lernjahr 6./7. Klasse	Best.-Nr. 906061
Latein I/II im 3. Lernjahr 7./8. Klasse	Best.-Nr. 906071
Übersetzung im 1. Lektürejahr	Best.-Nr. 906091
Wiederholung Grammatik	Best.-Nr. 94601
Wortkunde	Best.-Nr. 94603
Kompakt-Wissen Kurzgrammatik	Best.-Nr. 906011

Biologie/Chemie

Chemie – Mittelstufe 1	Best.-Nr. 90731
Besondere Leistungsfeststellung Biologie 10. Klasse Gymnasium Thüringen	Best.-Nr. 1657001
Besondere Leistungsfeststellung Chemie 10. Klasse Gymnasium Thüringen	Best.-Nr. 1657301

Geschichte

Kompakt-Wissen Geschichte Unter-/Mittelstufe	Best.-Nr. 907601

Ratgeber „Richtig Lernen"

Tipps und Lernstrategien – Unterstufe	Best.-Nr. 10481
Tipps und Lernstrategien – Mittelstufe	Best.-Nr. 10482

Die echten Hilfen zum Lernen...

Bestellungen bitte direkt an:
STARK Verlagsgesellschaft mbH & Co. KG · Postfach 1852 · 85318 Freising
Tel. 0180 3 179000* · Fax 0180 3 179001* · www.stark-verlag.de · info@stark-verlag.de
* 9 Cent pro Min. aus dem deutschen Festnetz